über 2 Mio Schnäppchenführer
Das Original!

Liliana Trezzini
Heinz Waldmüller, Hrsg.

DER GROSSE SCHNÄPPCHENFÜHRER

FABRIKVERKAUF

NORDITALIEN

Die besten Marken mit Factory Outlet Centern

Mit Südtirol, Gardasee, Toskana und Rom

Schnäppchenführer-Verlag
via GeoCenter

Die Daten und Fakten für diesen Schnäppchenführer wurden nach bestem Wissen erarbeitet und geprüft. Da diese Daten jedoch ständigen Veränderungen unterliegen, kann für deren Richtigkeit keine Garantie übernommen werden.

Postfach 44 29
70782 Filderstadt
Fax: 07 11/77 72 06
E-Mail: info@schnaeppchenfuehrer-verlag.de
www.schnaeppchenfuehrer.com

Herausgeber: Heinz Waldmüller
Autorin: Liliana Trezzini
Redaktion, Produktionskoordination:
Beatrice Weber, Parkstrasse62
Kartografie: Jens Ewers, Geokarta
Satz: Frank Weber, Typo·Grafik·DTP

ISBN: 3-936161-35-6

Liebe Leserin, lieber Leser,

ich gratuliere Ihnen zu diesem Buch. Es macht Sie zum Insider. Was über sieben Millionen Italienurlauber nicht wissen, Sie wissen es jetzt: Wo gibt es die besten Vendite dirette der großen Hersteller, wo die Verkäufe der Stocchisti, wo die Factory Outlet Center, in denen viele Hersteller unter einem Dach ihre Markenware günstig verkaufen? Gerade im Norden Italiens, links und rechts der großen Autobahnen, gibt es beste Einkaufsmöglichkeiten und wer weiter ins Land hinein fährt, der macht oft in kleinsten Orten erstklassige Entdeckungen bekanntester italienischer Hersteller. Gut, dass Sie mit dem Schnäppchenführer Norditalien auf die Reise gehen. Jetzt sind Sie wirklich bestens informiert.

Unsere Autorin Liliana Trezzini hat die besten Schnäppchenadressen in Norditalien sowie in und um Rom aufgespürt. Sie sagt Ihnen klipp und klar, Seite für Seite, wer was wo mit welcher Ersparnis verkauft. Davon haben Sie den doppelten Gewinn: Fabrikverkauf ist in Italien 30 bis 50% günstiger als im italienischen Einzelhandel. Italienische Mode z.B. ist aber in der deutschen Boutique noch wesentlich teurer als in der italienischen. Als Maßstab für die Ersparnis hat unsere Autorin jedoch die Einzelhandelspreise in Italien herangezogen. Alles klar mit dem doppelten Gewinn?

Wir alle wissen, Italien ist Spitze in Mode und Design. Die ganze Welt orientiert sich an Italien. Deshalb ist es klug, auf der Urlaubsreise auf Schnäppchenjagd zu gehen. Italien ist auch modischer Trendsetter. Was Sie hier im Direktverkauf günstig als Modell der Vorsaison oder Auslaufkollektion erwerben können, liegt in Deutschland meist gerade voll im Trend.

Ein paar Kleinigkeiten noch, damit Sie bei Ihrer Shopping-Tour keine Enttäuschungen erleben: Im August und manchmal sogar in der ersten Septemberwoche haben fast alle Fabrikverkäufe und Stocchisti zwei bis drei Wochen geschlossen. Die Factory Outlet Center dagegen haben fast immer geöffnet. In dieser Zeit also unbedingt vorher anrufen, damit Sie nicht vor verschlossenen Türen stehen. In Italien gibt es auch noch den Schlussverkauf. In dieser Zeit werden die günstigen Preise in den Fabrikverkäufen etc. noch einmal zusätzlich reduziert. Sommerschlussverkauf ist Mitte Juli bis Mitte September, Winterschlussverkauf Mitte Januar bis Mitte März. Um sicher zu gehen, sollte man sich auch diesbezüglich vor dem Besuch telefonisch informieren.

Dieser Schnäppchenführer ist ein echter Tippgeber für Sie! Wir wünschen Ihnen eine genussvolle Italienreise und jede Menge erfolgreicher Einkaufserlebnisse.

Ihr
Heinz Waldmüller
Herausgeber der Schnäppchenführer

Schnäppchenführer-Programm

Im Programm des Schnäppchenführer-Verlages sind folgende Titel erhältlich:

Schnäppchenführer Deutschland 2005
Die besten Marken
Mit Einkaufsgutscheinen im Wert von 1000 €
ISBN: 3-936161-06-2

Der große Schnäppchenführer Norddeutschland
Jetzt mit Einkaufsgutscheinen
ISBN: 3-936161-55-0

Der große Schnäppchenführer NRW
Jetzt mit Einkaufsgutscheinen
ISBN: 3-936161-27-5

Der große Schnäppchenführer Baden-Württemberg
Mit Einkaufsgutscheinen im Wert von 1000 €
ISBN: 3-936161-17-8

Der große Schnäppchenführer Bayern
Mit Einkaufsgutscheinen im Wert von 1000 €
ISBN: 3-936161-22-4

Es gibt die Schnäppchenführer überall, wo es Bücher gibt oder unter www.schnaeppchenfuehrer.com.

Liebe Leserin, lieber Leser,

meine erste Begegnung mit der römischen 'Alta Moda' hatte ich als Studentin. Damals ging ich in die Via Condotti in Rom nicht zum Einkaufen oder Bummeln, sondern um einen Nebenjob zu suchen. In einer römischen Zeitung hatte Valentino eine Stellenanzeige geschaltet, in der er eine Verkäuferin für seinen Modetempel an der Spanischen Treppe suchte. Ich bewarb mich und ging ziemlich selbstbewusst zum Vorstellungstermin. Als ich den Laden betrat, fand ich mich in einer anderen Welt wieder: eine Halle voller Lichter, Glanz und Kostbarkeiten. Eine große, elegante Schönheit sprach mich an. Sie entschwand und wenige Minuten später erschien der „Zar" der Mode, Valentino, persönlich. Er war nicht viel größer als ich mit meinen 166 Zentimetern (inklusive besonders hoher Schuhe), aber seine Aura beeindruckte mich sehr. Mit eleganten, lautlosen Schritten kam er mir entgegen, schenkte mir ein bezauberndes Lächeln, war sehr freundlich, sagte aber nicht viel. Den Job bekam ich mit meiner Größe selbstverständlich nicht.

Nun lebe ich seit vielen Jahre in Deutschland und jedes Mal, wenn ich in meine Heimatstadt Rom zurückkehre, fühle ich mich dort wieder zu Hause. Hier kann man dieses besondere italienische Flair hautnah erleben.

Wenn ich nach Deutschland zurückkomme und mir die Schaufenster der Boutiquen anschaue, muss ich immer wieder feststellen, dass das Angebot oft gar nicht der aktuellen italienischen Mode enstpricht und oft lese ich die Preise zwei Mal, um mich zu vergewissern, dass ich richtig gelesen habe. So abschreckend hoch sind sie.

Deshalb verrate ich Ihnen, wo Sie in Norditalien sowie in und um Rom schicke Mode, hochwertige Freizeitbekleidung, elegante Schuhe, edle Lederwaren, raffinierte Wohnaccessoires, köstliche Spezialitäten und vieles mehr zu vernünftigen Preisen finden. Wichtig ist mir, dass es sich bei den Erzeugnissen der empfohlenen Firmen und Verkäufe nicht um Billigware, sondern um renommierte Markenartikel bzw. qualitativ absolut hochwertige Produkte handelt. Und bei Ihrer Schnäppchen-Tour werden Sie die Preisetiketten zwei Mal lesen, allerdings weil Ihnen die Preise in Anbetracht der Qualität so unglaublich günstig erscheinen. Sie werden begeistert sein!

Gehen Sie mit dem Schnäppchenführer Norditalien auf Entdeckungsreise, holen Sie sich ein bisschen italienisches Flair in Ihre Garderobe und in Ihre Wohnung.

Ich wünsche Ihnen viel Erfolg!

Ihre Liliana Trezzini
Autorin des Großen Schnäppchenführers Norditalien

Inhalt

Inhaltsverzeichnis alphabetisch nach Orten

Verkaufstypen im Überblick

In diesem Schnäppchenführer haben wir die interessantesten Einkaufsadressen in Norditalien sowie in und um Rom für Sie zusammengestellt. Dabei handelt es sich nicht nur um die klassischen Fabrikverkäufe, wie sie von Herstellern am Fabrikstandort, häufig im Firmengebäude oder auf dem Firmengelände, eingerichtet werden. Es sind ebenso Lager- oder Direktverkäufe außerhalb des Firmenstandortes, Einzelhandelsgeschäfte oder Boutiquen, die Rest- und Sonderposten anbieten oder die Factory Outlet Center, die am Rande von Ballungszentren viele Firmen unter einem Dach vereinen. Dort verkaufen die Hersteller direkt, in ihrem eigenen Ladengeschäft, Produktionsüberhänge, Muster- und Auslaufkollektionen zu Schnäppchenpreisen. Diese unterschiedlichen Typen von Verkaufsstellen werden in Italien mit verschiedenen, für uns oft verwirrenden Namen bezeichnet. Wir wollen die Unterschiede zwischen Stocchisti, Spaccio, Vendita diretta etc. erklären.

Entscheidendes Kriterium für die Aufnahme einer Adresse war für Autorin und Verlag aber nie die Art eines Verkaufs, sondern allein die Attraktivität für Sie, die Kunden.

Spaccio

Dies ist die Verkaufsstelle einer Fabrik. Sie kann sich innerhalb oder außerhalb des Fabrikgebäudes, zentral oder am Rande der Stadt befinden. Das Ambiente kann sehr unterschiedlich sein: einfach wie ein Lagerraum bis sehr elegant wie eine Boutique. Im Spaccio werden Markenwaren, Restposten, Auslauf- und Musterkollektionen, Artikel von Messen und 2.-Wahl-Waren verkauft. Die Ersparnis beträgt durchschnittlich 50 %. Es kann auch sein, dass die Firma dort Waren verkauft, die sie unter einem anderen Namen oder Label eigens für seinen Spaccio produziert hat. Der Kunde kann in einem Spaccio Ware von mittlerer bis hochwertiger Qualität günstig kaufen.

Vendita diretta / Direktverkauf

Dies ist der klassische Direktverkauf. Hier kann man auch aktuelle Mode direkt ab Fabrik kaufen. Das Angebot umfasst meist nicht nur Waren der laufenden Saison, sondern auch Artikel aus der vorangegangenen Kollektion. Beim Direktverkauf erhält man oft günstig die gleichen Waren, die parallel deutlich teurer in den Einzelhandelsgeschäften verkauft werden. Ein Vendita diretta ist meist bei der produzierenden Firma angesiedelt.

Outlet

Die Verwendung des Begriffs Outlet wird in Italien sehr großzügig gehandhabt. In einem Outlet werden Musterkollektionen, Restposten und Auslaufmodelle angeboten. Es handelt sich hierbei überwiegend um Waren, die aus unterschiedlichsten Quellen günstig eingekauft wurden und dadurch entsprechend günstig verkauft werden können. Das Angebot ist meist nicht in allen Größen vorrätig und häufigen Wechseln unterworfen. Hier sind oft Waren von verschiedenen Herstellern zu finden.

Spaccio aziendale/Factory Outlet

In einem Factory Outlet werden außerhalb der Produktionsstätte Waren, die direkt von der Fabrik kommen, verkauft. Somit entfällt die Einzelhändlerspanne. Die Preise sind herabgesetzt.

Spaccittadelle/Factory Outlet Center (FOC)

Ein Factory Outlet Center vereint zahlreiche Direktverkäufe renommierter Markenhersteller unter einem Dach. Die angebotene Produktpalette ist in der Regel riesig. Jedes FOC hat sein eigenes Ambiente und seine eigene Infrastruktur und verfügt meist über eine sehr gute Verkehrsanbindung und ausreichend Kundenparkplätze. Die Firmen bieten, ohne Umweg über den Einzelhandel, in ihren jeweils eigenen Shops direkt Waren aus aktueller Produktion, Überproduktion, Restposten, Musterkollektionen und Sonderangebote an.

Stocchisti/Stockhouse

Stocchista ist die Bezeichnung für den Händler, der in einem Stockhouse Musterwaren und Restposten von Firmen, Waren aus Geschäftsauflösungen, Großhandels- und Importwaren anbietet. Auch Markenwaren von Firmen ohne eigenen Direktverkauf kann man dort finden. Wenn der Kunde etwas Glück hat und findet, was er sucht, spart er 40 bis 50% des ursprünglichen Ladenpreises.

Grossisti con vendita al dettaglio/Großhandel mit Einzelverkauf

Ein Großhändler beliefert üblicherweise als Zwischenhändler Einzelhandelskunden. Er kann mit einer Sondergenehmigung seine Waren aber auch an Privatkunden verkaufen. Die Ersparnis liegt hierbei durchschnittlich bei 30%.

Regionale „Spezialitäten"

Wie in anderen Ländern, gibt es auch in Italien Regionen, in denen schwerpunktmäßig bestimmte Produkte hergestellt und angeboten werden. Während in den Ballungsräumen von Mailano oder Roma von allem etwas im Fabrikverkauf zu finden ist, bietet die Region von Meda bis Cantù eine auffallend reiche Auswahl an Stilmöbeln und edlen, in Handarbeit gefertigten Intarsienmöbeln.
Der Bereich der Städte Parabiago (MI), Lomazzo (CO), Cirimido (CO) ist eine Hochburg der Schuhproduktion mit vielen wohlklingenden Markennamen. Die „Strada della Lana" in der Provinz Biella bietet eine hohe Dichte an Strickwarenproduzenten. Die Via Trossi (SS 230) in der Provinz Biella ließe sich umbenennen in „Schnäppchenstraße". Hier sind die attraktiven Einkaufsadressen fast wie an einer Schnur aufgereiht. Die Gegend um den Comer See ist ein Mekka der Seidenverarbeitung. Hier können Sie aus einem riesigen Fundus an Tüchern und Stoffen wählen. In der Provinz Novara finden Sie Alessi, aber auch andere, nicht ganz so bekannte, jedoch durchaus lohnende Hersteller von Haushaltswaren. In Busto Arsizio (VA) gibt es eine auffallende Häufung von Kinderbekleidungsherstellern. Keramikliebhaber werden mit Sicherheit in Bassano del Grappa, Marostica oder Nove fündig.

Die Provinzen und ihre Kürzel

Zur besseren Orientierung und zum leichteren Auffinden der Adressen, stehen hinter den Ortsnamen immer auch die Abkürzungen für die Provinzen, in denen sich die Orte befinden. Wenn Sie gezielt Einkaufsadressen in bestimmten Provinzen suchen, benutzen Sie das Register nach Provinzen am Ende des Buches.

Nachstehend finden Sie eine Liste der Provinzen, in denen wir Einkaufsadressen aufgeführt haben, mit den entsprechenden Abkürzungen:

AL – Alessandria
AN – Ancona
AR – Arezzo
BG – Bergamo
BI – Biella
BL – Belluno
BO – Bologna
BS – Brescia
BZ – Bolzano
CO – Como
FI – Firenze
FO – Forli-Cesena
MI – Milano
MN – Mantova
MO – Modena
NO – Novara
PD – Padova
PE – Pescara
PN – Pordenone
PO – Prato
PR – Parma
RE – Reggio Emilia
RM – Roma
RN – Rimini
SI – Siena
SO – Sondrio
TE – Teramo
TN – Trento
TO – Torino
TV – Treviso
UD – Udine
VA – Varese
VB – Verbania
VC – Vercelli
VE – Venezia
VI – Vicenza
VR – Verona

Vor- und Nachteile des Fabrikverkaufs

Vorteile

- Konkurrenzlos preisgünstige Einkaufsmöglichkeit.
- Markenqualität: Als Einkäufer ab Fabrik mit Markenbewusstsein treffe ich im Vorfeld meine Entscheidung, welcher Marke ich mein Vertrauen gebe.
- Sehr gute Preis-Leistungs-Relation (Qualität zum halben Preis).
- Produktpalette der jeweiligen Marke/Firma meist in großer Auswahl.
- Kennenlernen des Produktionsbetriebes und der Produktionsbedingungen.
- Fabrikverkauf als Chance für Kurzurlaub (Anlässe für Kurzurlaub schaffen oder Freunde besuchen).

Nachteile

- Nicht immer jeder Artikel in jeder Größe und Farbe vorhanden.
  Tipp: Winterware schon im September/Oktober, Frühjahrs- und Sommerware ab Mitte Februar einkaufen. Anrufen, ob die neue Ware schon da ist.
- Oft nur Ware eines Herstellers.
- Vor Ort kein Waren-, Preis- und Qualitäts-Vergleich mit anderen Produkten anderer Firmen möglich.
  Tipp: Sich schon zu Hause informieren evtl. auch über Kataloge oder Internet.
- Anfahrtswege oft lang, Zeitverlust, Benzinkosten.
  Tipp: Fahrgemeinschaften mit Nachbarn, Freunde besuchen, Wochenendausflug, Shoppingurlaub, Schnäppchenreise oder Einkaufen ab Fabrik in normale Reiseroute einbeziehen.
- Kaufrausch, weil Ware so preisgünstig ist oder wenig Ware. Gefahr, dass man ohne Einkauf zurückkommt oder Ware kauft, die einem gar nicht gefällt.
  Tipp: Vor der Schnäppchentour Reiseroute ausarbeiten, die mehrere Fabrikverkäufe einbezieht.
- Preisgünstige Ware oft mit kleinen Fehlern. Kein Umtausch bei fehlerhafter Ware.
  Tipp: Ware genau anschauen.
- Kaum Beratung. Lagerhallen-Atmosphäre.
  Tipp: Solche Firmen auswählen, die inzwischen ihren Fabrikverkauf zu ihrer Visitenkarte gegenüber dem Endverbraucher gemacht haben. Mit aktueller Ware, ansprechendem Ambiente und sehr fachkundigen Kundenberaterinnen. Das ist der Trend im Fabrikverkauf.

Was spart man im Fabrikverkauf

Zugegeben, eine schwierige Frage, weil echte Vergleiche zum Teil unmöglich sind. Der Fachhandel bietet die hochaktuelle Ware an. Zum Abverkauf in der Fabrik kommt dagegen auch Ware der vergangenen Saison. Wenn die identische Ware in den Fachgeschäften nicht zu finden ist, ist ein exakter Preisvergleich nicht möglich. Der Verbraucher will jedoch wissen, wie hoch die Ersparnis ist. Deshalb wurden für die Ermittlungen der Ersparnis Hilfskonstruktionen gesucht. Beispiel aus dem Bekleidungsbereich: Es wurde die vergleichbare neue Kollektion als Maßstab herangezogen, auch wenn es nicht die gleiche Ware, sondern allenfalls vergleichbare Ware ist.
Als Faustregel lässt sich sagen: Im Textil- und Schuhbereich, bei Wohnaccessoires und italienischen Spezialitäten sparen Sie im Fabrikverkauf in Italien 30 bis 50%. Als Maßstab hat unsere italienische Autorin die Einzelhandelspreise in Italien herangezogen. Da aber z.B. italienische Mode in deutschen Boutiquen wesentlich teurer angeboten wird als die gleiche Ware in Italien im Einzelhandel, liegt die Ersparnis in der Regel noch höher.

Korrekturstand der vorliegenden Ausgabe: Februar 2005.

Tipps erwünscht!

In dieser Reihe haben wir bisher ca. 3000 Fabrikverkäufe vor Ort recherchiert. Wir haben jedoch die Spreu vom Weizen getrennt und nur die besten Marken ausgewählt und veröffentlicht. Das heißt nicht, dass wir wirklich schon alle hervorragenden Einkaufsquellen aufgespürt hätten. Wir bitten hier um Ihre Mithilfe. Nachdem es nichts gibt, was man nicht noch besser machen könnte, bitten wir um Ihre Geheimadressen, aber auch um Ihre Anregungen und Ihre Kritik. Bitte teilen Sie uns auch mit, wenn Ihnen Herstelleradressen nicht gefallen haben und warum. Wir prüfen jede Kritik und nehmen Hersteller, über die es Beschwerden gibt, aus unseren Schnäppchenführern heraus. Wir sind allein Ihnen verpflichtet und sonst niemandem. Für die besten 100 Vorschläge von neuen Adressen gibt es Buchprämien.

Der große Schnäppchenführer Norditalien
Liliana Trezzini
Schnäppchenführer-Verlag GmbH
Postfach 44 29
70782 Filderstadt
Fax: 07 11/77 72 06
E-Mail: info@schnaeppchenfuehrer-verlag.de
Internet: www.schnaeppchenfuehrer.com

Zum Gebrauch

Die Übersichts- und Großraumkarten auf den Seiten 24 bis 31 zeigen deutlich, wo sich die Orte mit Fabrikverkauf oder die Hersteller befinden. Diese Karten sind eine erste Orientierung für Ihre Schnäppchentour.

Das Inhaltsverzeichnis nach Orten (Seite 6 bis 17) gibt nun genauere Angaben. Hier werden in alphabetischer Reihenfolge alle Orte mit Fabrikverkauf aufgeführt. Bei den Ortsnamen sind zur besseren Orientierung die Kürzel für die Provinz, in der sich der jeweilige Ort befindet, angegeben. Darunter die Firmen, wiederum alphabetisch, nach Firmennamen, nicht nach Markenbegriffen sowie deren Warenangebot.

Anwendungsbeispiel Orte: Sie möchten wissen, welche Fabrikverkäufe es in Milano gibt. Im Inhaltsverzeichnis unter Milano stehen mehrere Firmen. Die Details finden Sie auf Seite 151 ff. Von der Anreisebeschreibung über die Karten bis hin zu Warenangebot, Ersparnis, Ambiente und Öffnungszeiten erfahren Sie hier Seite für Seite die Spezialinformationen zu jeder einzelnen Firma.

➤ Dieser Pfeil in den Orientierungskarten zeigt Ihnen den Standort der jeweiligen Firma an.

Ein Firmen- und Markenregister (Seite 276 ff.) und ein **Warenregister** (Seite 274 ff.) dienen als weitere Suchhilfen. Diese beiden Register geben darüber hinaus erste Hinweise auf die jeweiligen Warengruppen einer Verkaufsstelle.

Anwendungsbeispiele Firmen: Sie suchen die Firma Sergio Tacchini. Sie finden das Unternehmen am schnellsten im **Firmen- und Markenregister**. Zusätzlich erhalten Sie die Information, dass diese Firma Sportbekleidung ab Fabrik verkauft (Seite 75 und 122). Sie suchen Designermode. Hier gehen Sie am besten ins **Warenregister**. Dort erfahren Sie unter dem Stichwort Designermode, auf welchen Seiten entsprechende Hersteller beschrieben sind.

Im **Postleitzahlenregister** (Seite 282 ff.) oder aber im **Register nach Provinzen** (Seite 285 ff) können Sie rasch feststellen, wie viele und vor allem welche Firmen es in Ihrer Zielregion gibt.

Wichtig noch: Jede Firmenbeschreibung ist eine Momentaufnahme. Redaktionsschluss war im Februar 2005. Falls sich die Einkaufssituation geändert hat, berichten Sie uns Ihre Erfahrungen. Ihnen viel Spaß und Erfolg beim Einkaufen.

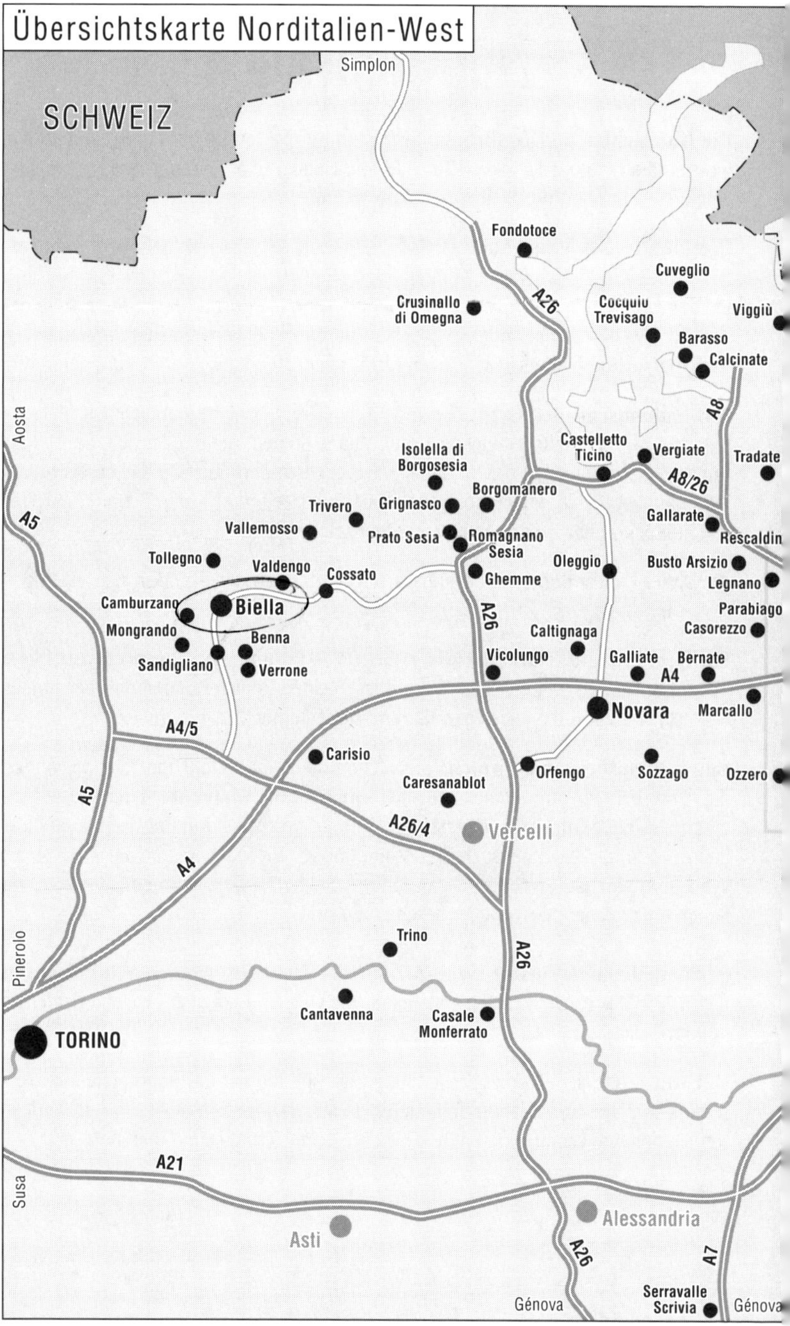
Übersichtskarte Norditalien-West
SCHWEIZ
Simplon
Fondotoce
Cuveglio
Crusinallo di Omegna
A26
Cocquio Trevisago
Viggiù
Barasso
Calcinate
A8
Aosta
Castelletto Ticino
Vergiate
Tradate
Isolella di Borgosesia
A8/26
Borgomanero
Trivero
Grignasco
Gallarate
A5
Vallemosso
Prato Sesia
Romagnano Sesia
Rescaldina
Tollegno
Valdengo
Oleggio
Busto Arsizio
Cossato
Ghemme
Legnano
Camburzano
Biella
Parabiago
Mongrando
Caltignaga
Casorezzo
Benna
Vicolungo
Galliate
Bernate
Sandigliano
Verrone
A4
Novara
Marcallo
A4/5
Carisio
Orfengo
Sozzago
Ozzero
Caresanablot
A26/4
Vercelli
A4
Pinerolo
Trino
Cantavenna
Casale Monferrato
TORINO
A21
Susa
Alessandria
Asti
A7
Serravalle Scrivia
Génova
Génova

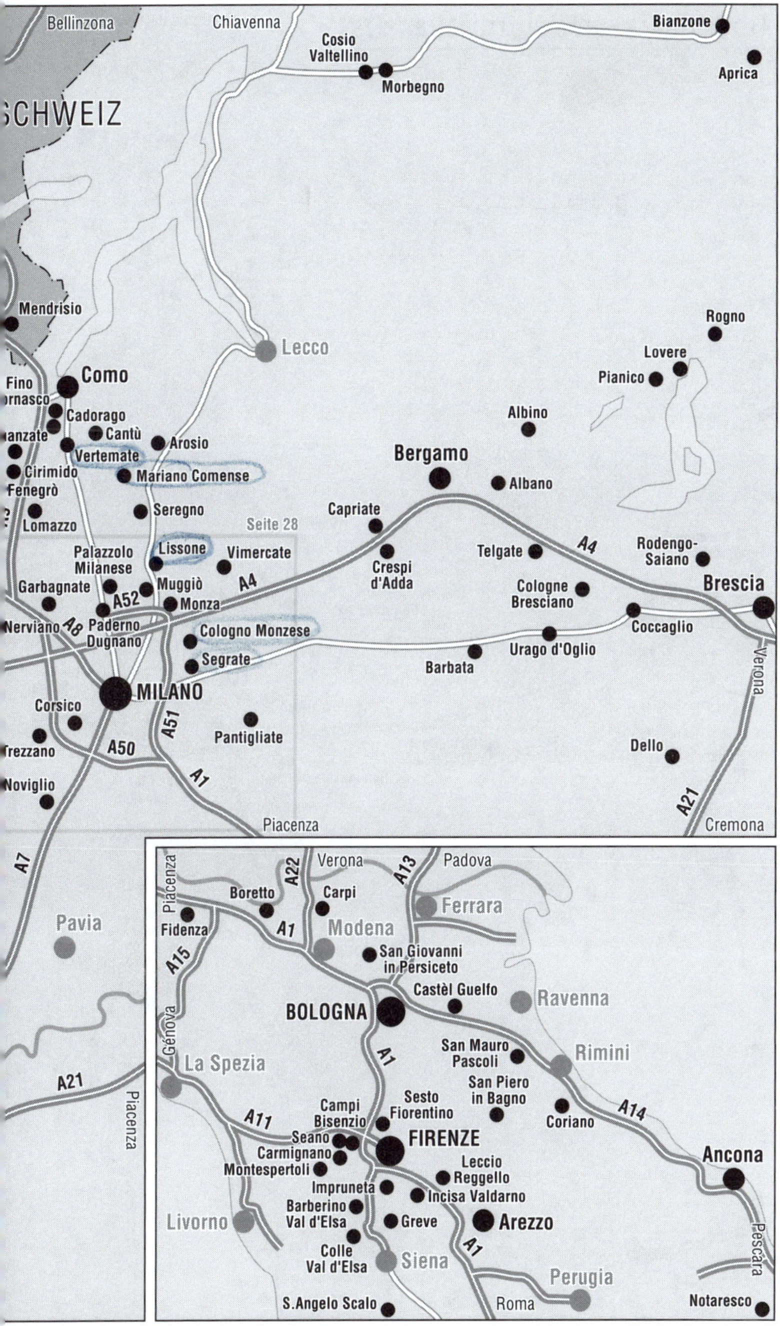
Bellinzona
Chiavenna
SCHWEIZ
Cosio
Valtellino
Morbegno
Bianzone
Aprica
Mendrisio
Lecco
Rogno
Lovere
Pianico
Como
Fino
Cadorago
Cantù
Arosio
Vertemate
Albino
Cirimido
Mariano Comense
Fenegrò
Bergamo
Albano
Lomazzo
Seregno
Capriate
Seite 28
Lissone
Vimercate
Palazzolo
Milanese
Crespi
d'Adda
Telgate
A4
Rodengo-
Saiano
Garbagnate
Muggiò
Cologne
Bresciano
Brescia
A52
Monza
Nerviano
A8
Paderno
Dugnano
Cologno Monzese
Coccaglio
Segrate
Urago d'Oglio
Barbata
Verona
MILANO
Corsico
A51
Pantigliate
Dello
A50
Noviglio
A1
A21
Piacenza
Cremona
A7
Pavia
A21
Piacenza
Verona
Padova
A22
A13
Piacenza
Boretto
Carpi
Ferrara
Fidenza
A1
Modena
A15
San Giovanni
in Persiceto
Castèl Guelfo
BOLOGNA
Ravenna
Genova
San Mauro
Pascoli
Rimini
La Spezia
A1
San Piero
in Bagno
Sesto
Fiorentino
Campi
Bisenzio
A11
Coriano
A14
Seano
FIRENZE
Carmignano
Ancona
Montespertoli
Leccio
Reggello
Impruneta
Incisa Valdarno
Barberino
Val d'Elsa
Livorno
Greve
Arezzo
Colle
Val d'Elsa
A1
Siena
Pescara
Perugia
S.Angelo Scalo
Roma
Notaresco

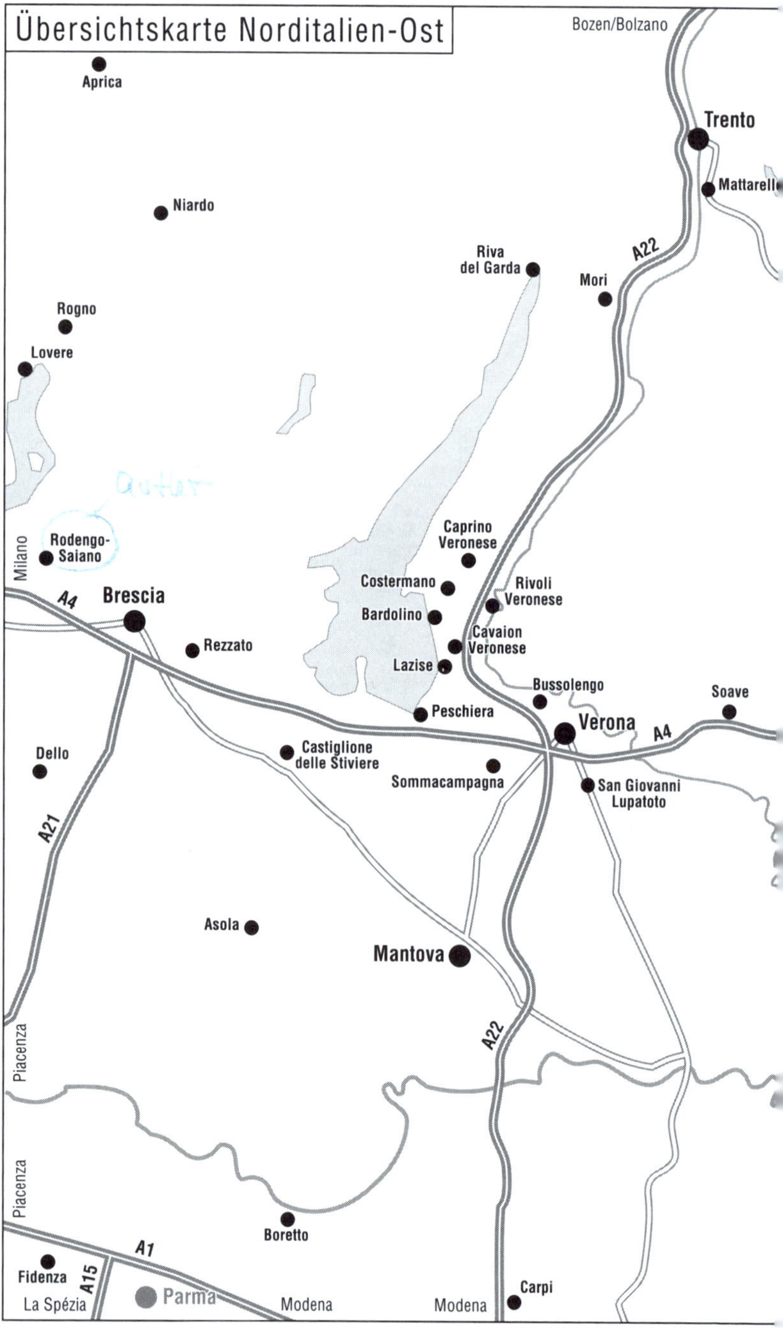
Übersichtskarte Norditalien-Ost
Bozen/Bolzano
Aprica
Trento
Mattarell
Niardo
A22
Riva del Garda
Mori
Rogno
Lovere
Caprino Veronese
Rodengo-Saiano
Milano
Costermano
Rivoli Veronese
A4
Brescia
Bardolino
Cavaion Veronese
Rezzato
Lazise
Bussolengo
Soave
Peschiera
Verona
A4
Dello
Castiglione delle Stiviere
Sommacampagna
San Giovanni Lupatoto
A21
Asola
Mantova
A22
Piacenza
Piacenza
Boretto
A1
Fidenza
A15
La Spézia
Parma
Modena
Modena
Carpi

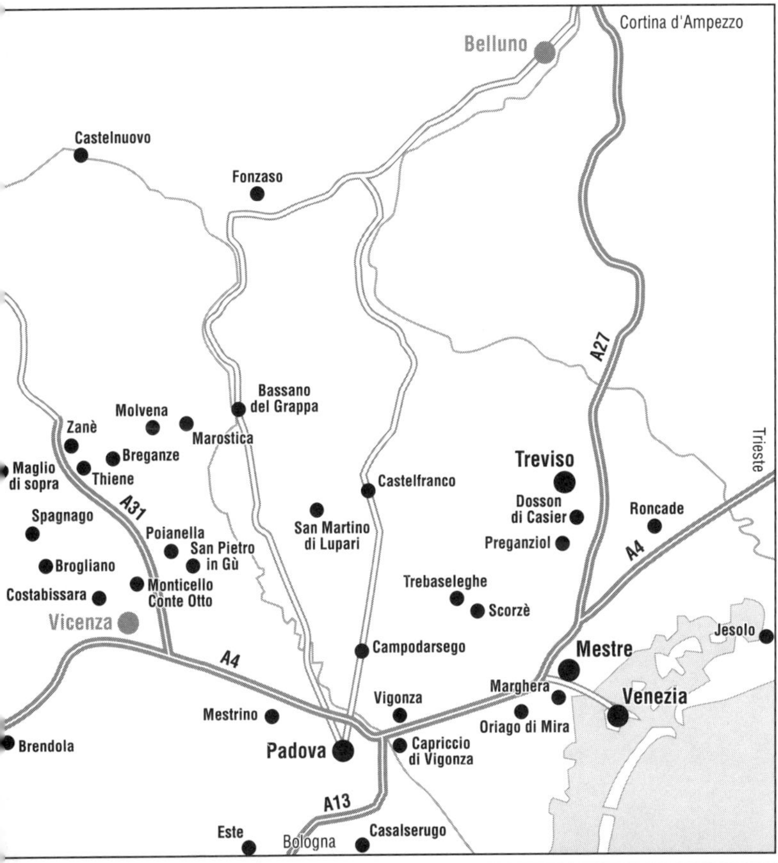
Cortina d'Ampezzo
Belluno
Castelnuovo
Fonzaso
A27
Bassano
del Grappa
Molvena
Marostica
Zanè
Breganze
Maglio
di sopra
Thiene
Treviso
Castelfranco
Dosson
di Casier
Roncade
Trieste
A31
Spagnago
Poianella
San Martino
di Lupari
Preganziol
San Pietro
in Gù
Brogliano
A4
Trebaseleghe
Monticello
Conte Otto
Costabissara
Scorzè
Vicenza
Jesolo
Mestre
Campodarsego
A4
Marghera
Venezia
Vigonza
Mestrino
Oriago di Mira
Capriccio
di Vigonza
Brendola
Padova
A13
Este
Bologna
Casalserugo

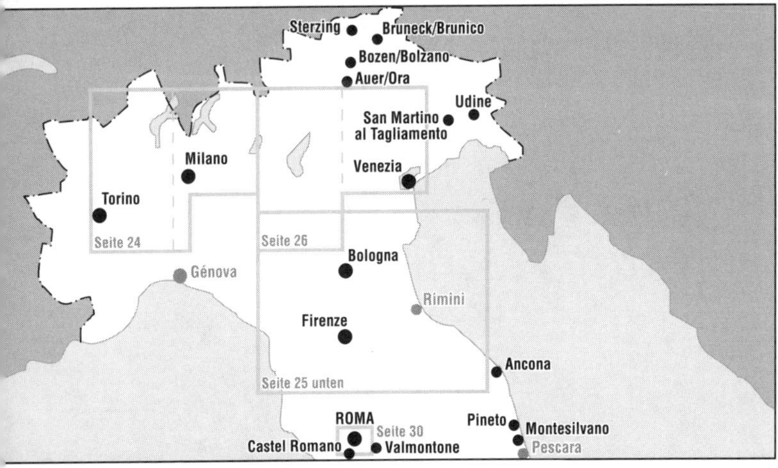
Sterzing
Bruneck/Brunico
Bozen/Bolzano
Auer/Ora
Udine
San Martino
al Tagliamento
Milano
Venezia
Torino
Seite 24
Seite 26
Bologna
Génova
Rimini
Firenze
Ancona
Seite 25 unten
ROMA
Seite 30
Pineto
Montesilvano
Castel Romano
Valmontone
Pescara

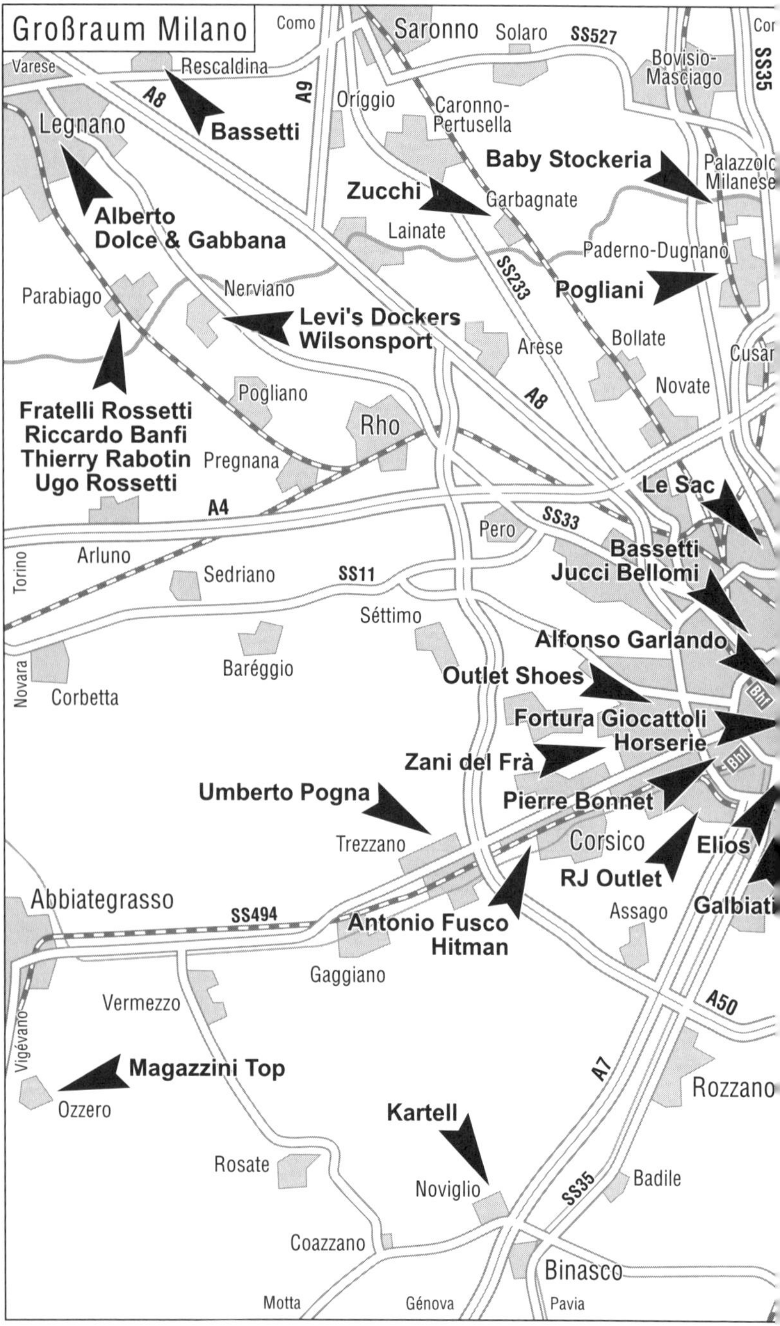
Großraum Milano
Como
Saronno
Solaro
SS527
Varese
Rescaldina
A8
Bassetti
A9
Oríggio
Caronno-Pertusella
Bovisio-Masciago
SS35
Legnano
Alberto
Dolce & Gabbana
Baby Stockeria
Palazzolo Milanese
Zucchi
Garbagnate
Lainate
Paderno-Dugnano
SS233
Pogliani
Parabiago
Nerviano
Levi's Dockers
Wilsonsport
Arese
Bollate
Novate
Pogliano
Rho
A8
Fratelli Rossetti
Riccardo Banfi
Thierry Rabotin
Ugo Rossetti
Pregnana
Le Sac
A4
SS33
Pero
Bassetti
Jucci Bellomi
Torino
Arluno
Sedriano
SS11
Séttimo
Alfonso Garlando
Novara
Baréggio
Corbetta
Outlet Shoes
Fortura Giocattoli
Horserie
Zani del Frà
Umberto Pogna
Pierre Bonnet
Trezzano
Corsico
Elios
RJ Outlet
Abbiategrasso
SS494
Assago
Antonio Fusco
Hitman
Gaggiano
Vermezzo
A50
Vigévano
Magazzini Top
A7
Ozzero
Rozzano
Kartell
Rosate
Noviglio
SS35
Badile
Coazzano
Binasco
Motta
Génova
Pavia

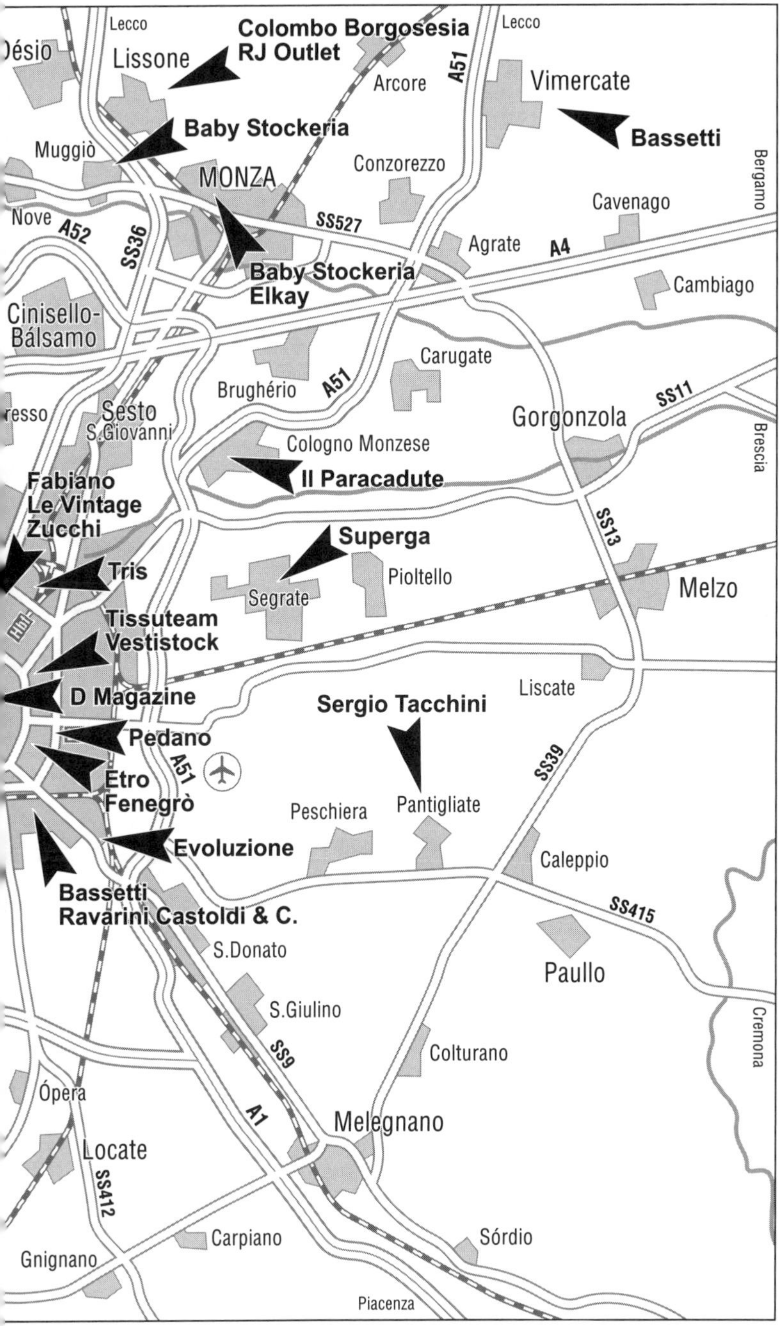
Lecco
Désio
Lissone
Colombo Borgosesia
RJ Outlet
Arcore
A51
Lecco
Vimercate
Bassetti
Baby Stockeria
Muggiò
MONZA
Conzorezzo
Bergamo
Cavenago
Nove
A52
SS36
SS527
Agrate
A4
Baby Stockeria
Elkay
Cambiago
Cinisello-
Bálsamo
Carugate
Brughério
A51
Gorgonzola
SS11
Sesto
S.Giovanni
Cologno Monzese
Brescia
Fabiano
Le Vintage
Zucchi
Il Paracadute
SS13
Superga
Tris
Pioltello
Segrate
Melzo
Tissuteam
Vestistock
D Magazine
Liscate
Sergio Tacchini
Pedano
A51
SS39
Etro
Fenegrò
Peschiera
Pantigliate
Evoluzione
Caleppio
Bassetti
Ravarini Castoldi & C.
SS415
S.Donato
Paullo
S.Giulino
Cremona
SS9
Colturano
Ópera
A1
Melegnano
Locate
SS412
Carpiano
Sórdio
Gnignano
Piacenza

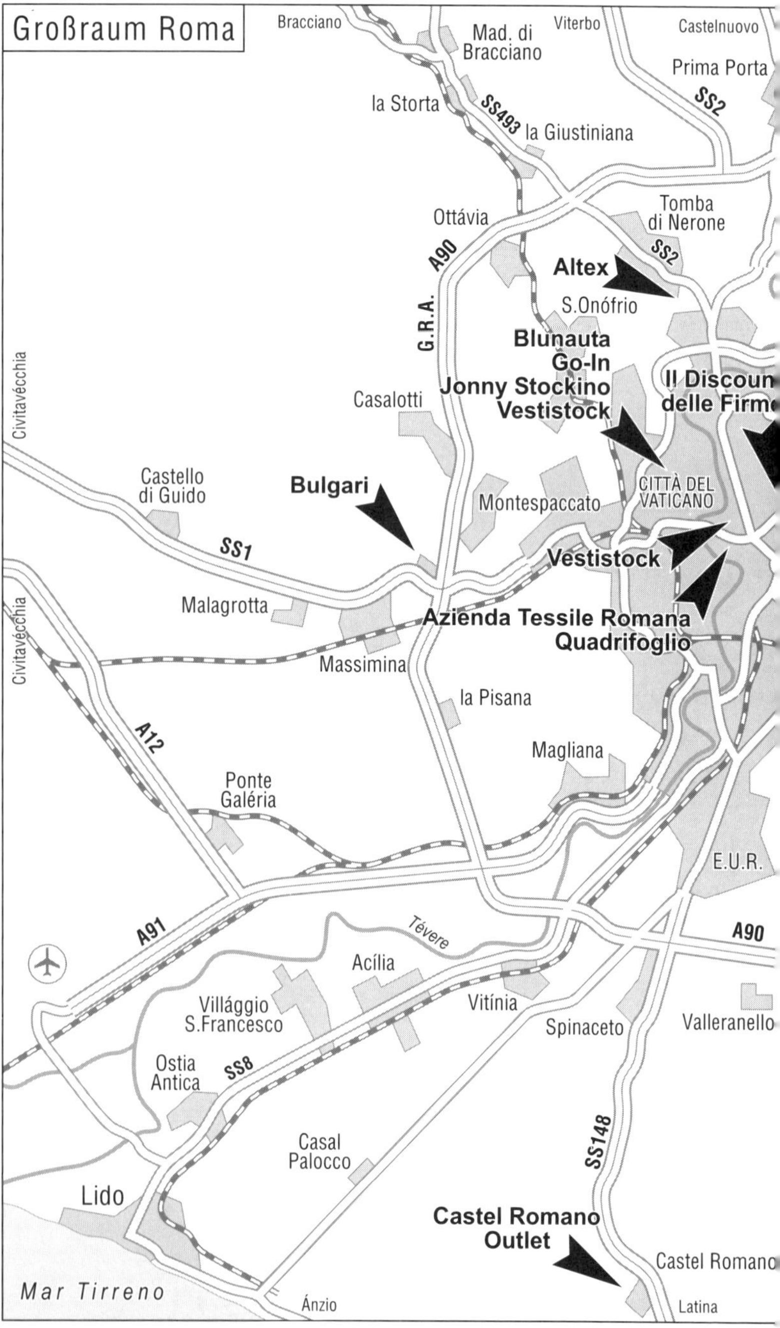
Großraum Roma
Bracciano
Mad. di Bracciano
Viterbo
Castelnuovo
Prima Porta
SS2
la Storta
SS493
la Giustiniana
Tomba di Nerone
Ottávia
SS2
A90
Altex
S.Onófrio
G.R.A.
Blunauta
Go-In
Jonny Stockino
Vestistock
Casalotti
Civitavécchia
Castello di Guido
Bulgari
CITTÀ DEL VATICANO
Montespaccato
SS1
Vestistock
Malagrotta
Azienda Tessile Romana
Quadrifoglio
Civitavécchia
Massimina
la Pisana
A12
Magliana
Ponte Galéria
E.U.R.
A91
Tévere
A90
Acília
Villággio S.Francesco
Vitínia
Spinaceto
Valleranello
Ostia Antica
SS8
SS148
Casal Palocco
Lido
Castel Romano Outlet
Castel Romano
Mar Tirreno
Ánzio
Latina

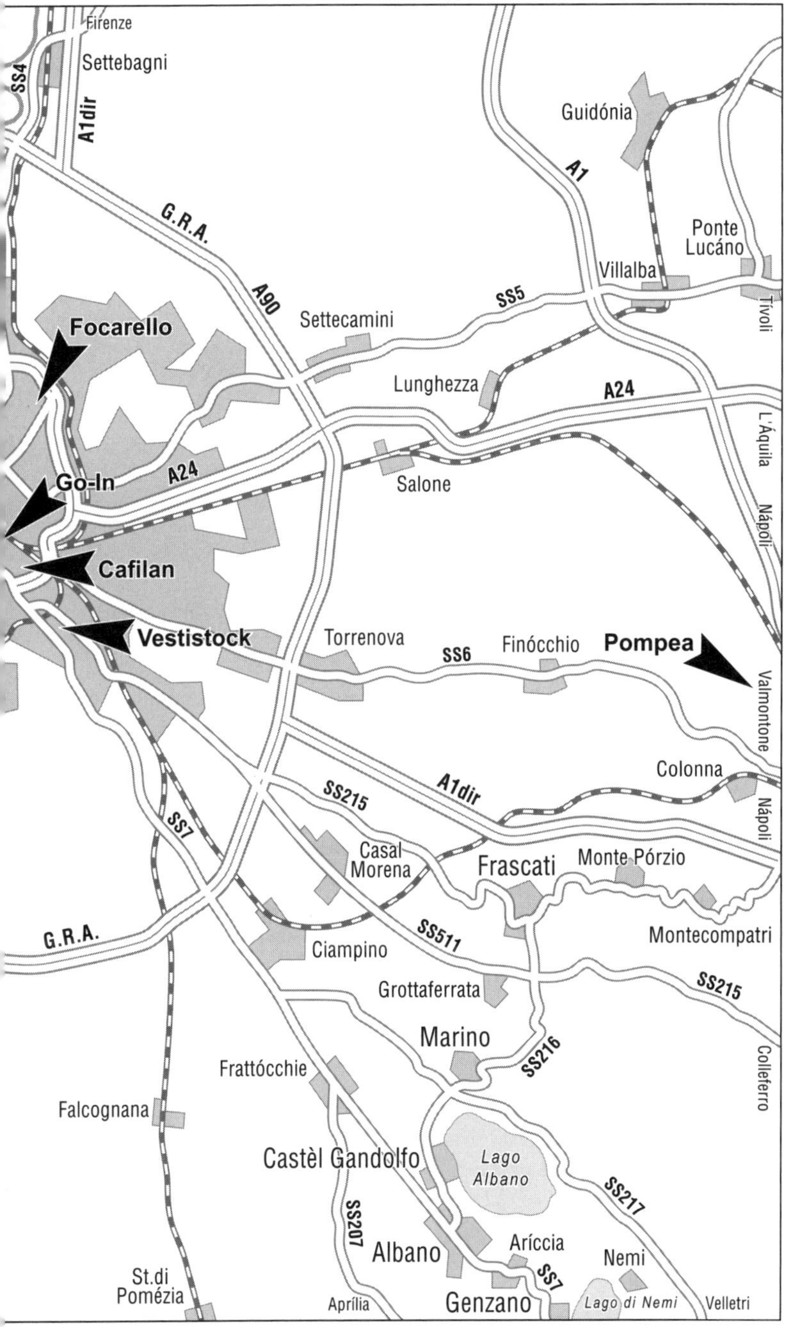
Firenze
Settebagni
SS4
A1dir
G.R.A.
A90
Guidónia
A1
Ponte Lucáno
Villalba
SS5
Tívoli
Settecamini
Focarello
Lunghezza
A24
L'Áquila
A24
Go-In
Salone
Nápoli
Cafilan
Vestistock
Torrenova
SS6
Finócchio
Pompea
Valmontone
Colonna
A1dir
SS215
Nápoli
SS7
Casal Morena
Frascati
Monte Pórzio
Montecompatri
G.R.A.
SS511
Ciampino
Grottaferrata
SS215
Marino
SS216
Colleferro
Frattócchie
Falcognana
Castèl Gandolfo
Lago Albano
SS217
SS207
Albano
Aríccia
Nemi
SS7
St.di Pomézia
Aprília
Genzano
Lago di Nemi
Velletri

-30%-70% OUTLET CENTER

LaGalleria
Seriate A4

Ein elegantes Outlet Center mit Produkten bekannter Firmen hat das britische Großunternehmen AWG in der Nähe von Bergamo errichtet. Unter einem Dach werden zur Zeit Waren von Herstellern wie Timberland, Baldinini, Vestebene, Massimo Rebecchi, Golden Lady, Savini, Playtex, Coin, Cleopatra Parfums u.v.m. angeboten.

Wo immer die Sonne scheint

Warenangebot
Damen-, Herren-, Teenager- und Kinderbekleidung, Wäsche, Schuhe, Strümpfe, Brillen, Schmuck, Parfum und Accessoires. Angeboten wird Ware aus Auslaufkollektionen.

Ersparnis
30 bis 70 %.

Ambiente
La Galleria war das erste italienische Outlet in einem geschlossenen Gebäudekomplex. In dem angenehmen und komfortablen Ambiente stört kein Wind und kein Wetter, daher lautet der Firmenslogan: „Das ganze Jahr scheint die Sonne". Da kommt beim Shopping Freude auf. Und das nur 30 Autominuten von Milano entfernt. Gute Parkmöglichkeiten.

Adresse
La Galleria Outlet Center, Via Tonale, 101 - 24061 Albano S. Alessandro (BG), Telefon: 035/58 46 11, Fax: 4 52 12 61, E-Mail: info@lagalleriaoutletcenter.it, Internet: www.lagalleriaoutletcenter.it.

Öffnungszeiten
Montag bis Samstag 10.00 bis 21.00 Uhr.

Anreise
A4 Milano-Venezia, Ausfahrt Bergamo, Richtung Lovere auf der SS 42, nach ca. 10 km den Richtungspfeilen bzw. den Schildern mit dem Logo La Galleria folgen. Oder: A4 Venezia-Milano, Ausfahrt Seriate, Richtung Lovere auf der SS 42, dann den Schildern mit dem Logo La Galleria folgen.

SCORPION BAY

Immer häufiger wird heute Sportbekleidung zu modischer Freizeitbekleidung oder gar zum Kult. Beispiele wie Snowboard-Outfit oder Inlineskater-Ausrüstungen kennt jeder. Auf dieser Welle bewegt sich auch die Firma Maglieria Gipsy. Neue, flippige Sportklamotten dieser Firma kann man zu beinahe jedem Ereignis tragen.

Sport und Mode

Warenangebot
Poloshirts, Outdoor-Jacken, Hosen in flippigem Styling, Jeans, Bermudas, Aerobicdresses, Surfbekleidung, Sporttaschen, Badeanzüge, Westen, Pullis.

Ersparnis
20 bis 40 %.

Ambiente
Großer Fabrikverkauf mit vielen Sonderangeboten und riesiger Auswahl, der unzählige Überraschungen bereit hält. Ausreichend Umkleidemöglichkeiten.

Adresse
Maglieria Gipsy S.p.A., Via Sottoprovinciale, 24 - 24021 Albino-Comenduno (BG), Telefon: 0 35/75 34 19, Fax: 75 12 08.

Öffnungszeiten
Montag bis Samstag 9.00 bis 12.30 und 15.00 bis 19.30 Uhr.

Anreise
In Bergamo Richtung Val Seriana. Durch Albino hindurch in den Teilort Comenduno. In Comenduno an der Ampel rechts und gleich wieder links in die Via Sottoprovinciale. Diese Straße bis ganz ans Ende fahren. Dort befinden sich das Fabrikgebäude und der Verkauf.

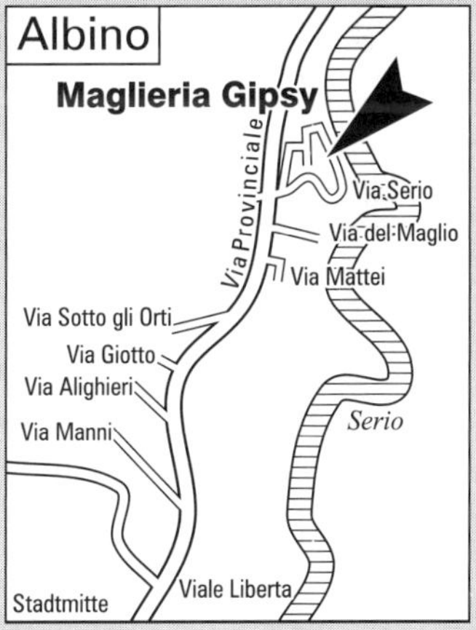

Genny gehört zu der internationalen Designer-Elite für anspruchsvolle, fetzige und auch klassische Damenbekleidung, bürgt für hohe Qualität und flotten Stil und kreiert für jede Garderobe den passenden Schuh.

Nicht nur für Genny

Warenangebot
Kostüme, Hosenanzüge, Kleider, Blusen, Pullis, Röcke, Bermudas, Hosen, Mäntel, Lederbekleidung, Wäsche, Schuhe und Accessoires. Das Angebot ist nicht immer komplett; vor allem am Saisonanfang und -ende ist es klein.

Ersparnis
30 bis 40 %.

Ambiente
Heller, großer Verkaufsraum mit Lagerhallencharakter auf dem Fabrikgelände. Relativ wenig Umkleidekabinen. Sehr freundliches Verkaufspersonal. Handtaschen müssen eingeschlossen werden. Am Verkauf klingeln. Öffnungszeiten werden nicht so genau eingehalten.

Adresse
Genny Moda S.p.A., SS 16, Zona P.I.P. Baraccola - 60131 Ancona (AN), Telefon: 071/87 17, Fax: 8 71 72 25.

Öffnungszeiten
Montag bis Samstag 10.00 bis 19.00 Uhr, Sonntag 15.00 bis 19.00 Uhr. Im August auf jeden Fall vorher anrufen!

Anreise
A 14, Ausfahrt Ancona Sud, auf der SS 16 in Richtung Ancona. An der SS 16 liegt rechts ein riesiges, edles Fabrikgebäude mit Schriftzug Genny auf schwarzem Glashintergrund. Melden Sie sich an der Pforte und folgen Sie dann dem Wegweiser Spaccio.

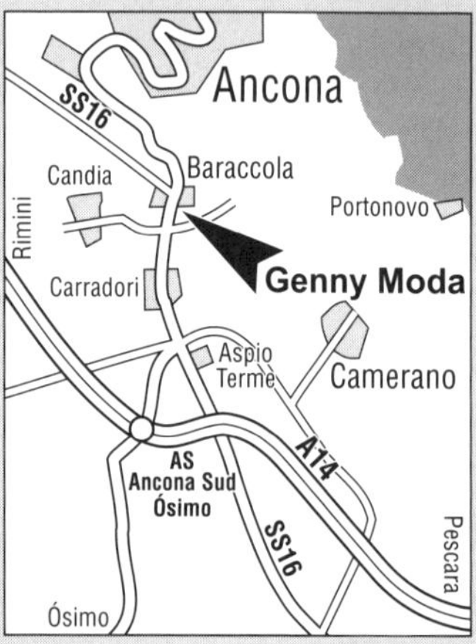

GIAMPAOLI

Italien ist nicht nur bekannt für Pizza und Pasta, auch süße Leckerbissen zählen zu den Spezialitäten. Schon der Duft auf dem Fabrikgelände dieser „Zuckerbäckerei" bestätigt diese Kunst.

Für Naschkatzen

Warenangebot
Begrenzte Auswahl an typischen Kuchen, Keksen verschiedener Art und sonstigen Backwaren mittlerer Qualität.

Ersparnis
Bis 50%.

Ambiente
Kleiner Verkaufsraum in der Keksfabrik. Am Verkauf klingeln. Die Ware befindet sich in Regalen und Kartons. Das Verkaufspersonal ist gleichzeitig in der Fertigung beschäftigt. Parkplätze auf dem Werksgelände.

Adresse
Giampaoli, Industria Dolciaria S.p.A., SS 16, km 307, Zona Baraccola, Via Luigi Albertini, 14 - 60131 Ancona (AN), Telefon: 071/8047093 oder 8047094, Fax: 8047076, E-Mail: giagiamp@tin.it.

Öffnungszeiten
Montag bis Freitag 8.30 bis 12.30 und 14.30 bis 18.30 Uhr.

Anreise
A14, Ausfahrt Ancona Sud, auf der SS 16 in Richtung Ancona. An der SS 16, liegt bei km 307 rechts, gleich nach der Firma Genny, unübersehbar die Fabrik mit dem Verkauf.

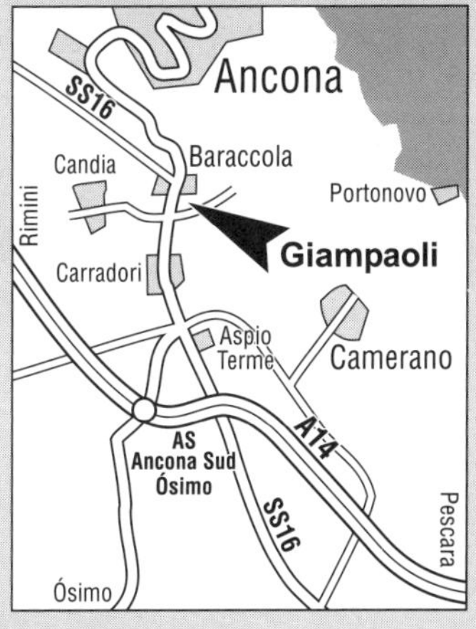

MARZOTTO

Dies ist ein Factory Outlet der Marzotto/Lebole-Unternehmensgruppe mit weit mehr als den Marken Borgofiori, Missoni, Valentino, Ferré. Dazwischen ist auch mal ein Kleid oder ein Kostüm von Laura Biagiotti, allerdings nur für Damen, die höchstens eine italienische Größe 40 tragen, sonst müssen Sie zu Laura Più greifen.

Für Beruf, Feste, Ferien

Warenangebot
Sie können hier die ganze Familie von Kopf bis Fuß einkleiden – allerdings ohne Schuhe.

Ersparnis
20 bis 70 %.

Ambiente
Großer Lagerverkauf, der auch Ziel mancher Busreise ist.

Adresse
Marzotto Factory Store, Via G. Ferraris, 20 - 52100 Arezzo (AR), Telefon: 05 75/ 33 30 02, Fax: 40 73 23.

Öffnungszeiten
Montag bis Samstag 9.30 bis 13.00 und 15.00 bis 19.00 Uhr. Jeden 1. Sonntag im Monat 9.30 bis 13.00 und 15.00 bis 19.30 Uhr.

Anreise
A1 Florenz-Rom, Ausfahrt Arezzo-Raccordo, Autostradale Richtung Centro. Beim Übergang in die Viale Gaetano Salvemini liegt rechts am Anfang der Via G. Ferraris unübersehbar der Lagerverkauf.

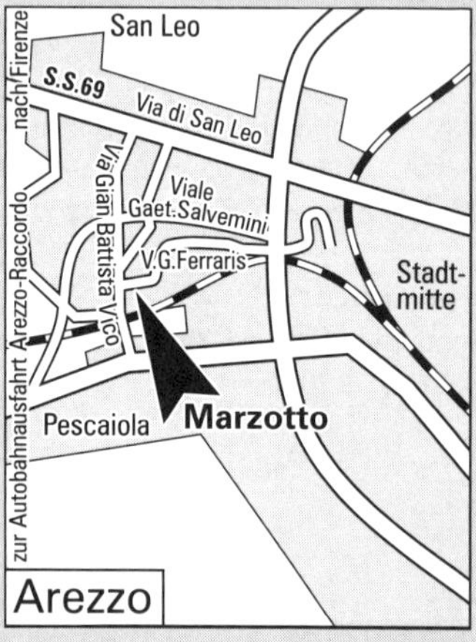

Hier kommt man ins Kinderparadies und findet alles für das Baby, aber auch für das Schulkind. Verspielt, schlicht und zweckmäßig sind die Produkte der bekannten Marke Chicco.

Alles fürs Kind

Warenangebot
Riesenauswahl an T-Shirts, Kleidchen, Strampelanzügen, Schuhen, Jeans, Kinderwagen und Wippen, Spielzeug und Windeln.

Ersparnis
10 bis 50 %, viele Sonderangebote.

Ambiente
Fast unüberschaubarer, neuer, großer Verkaufsraum mit Wühltischen, Regalen und reihenweise Kleiderständern. Extra Ecke mit Sonderangeboten von Kinderbetten, -wagen und Spielzeug.

Adresse
Chicco Factory Outlet, Don Baj, 6/ Angolo Via Marconi - 22060 Arosio (CO), Telefon: 031/758222.

Öffnungszeiten
Montag 14.30 bis 19.00 Uhr, Dienstag bis Freitag 9.30 bis 13.00 und 14.30 bis 19.00 Uhr, Samstag 9.30 bis 19.30 Uhr.

Anreise
Von Cantù Richtung Mariano Comense über Mirabello. Am Kreisverkehr in Richtung Carugo abbiegen, nach ca. 3 km erreicht man Arosio. In Arosio nach der Tankstelle an der 1. Ampel rechts. Links befindet sich, nicht zu übersehen, Chicco vor dem Ortsschild Carugo.

Pompea ist ein führender Markenhersteller von Mikrofasertextilien. Gute Qualität und Passform kennzeichnen die hier hergestellten Produkte.

„Dress no stress"

Warenangebot
Umfangreiches Angebot für Sie und Ihn, auch in Übergrößen. Wäsche, Strümpfe, Sportsocken, Badehosen, Badeanzüge, Fitnessbekleidung verschiedener Marken. Für Mädchen Wäsche und Bademoden der Marke Barbie.

Ersparnis
20 bis 40 %.

Ambiente
Der Verkauf ist in der Nähe des Fabrikgeländes. 160 m² Verkaufsfläche, übersichtliche Warenpräsentation.

Adresse
Spaccio Aziendale Pompea, Strada per Ca' di Marco, 2, Zona Industriale die Asola - 46041 Asola (MN), Telefon und Fax: 03 76/72 64 58, E-Mail: outletasola@pompea.com, Internet: www.pompea.com.

Öffnungszeiten
Dienstag bis Freitag 11.30 bis 19.30 Uhr, Samstag 10.00 bis 19.30 Uhr, Sonntag und Montag geschlossen.

Weitere Verkaufsstellen
- 00038 **Valmontone (RM)**, Località Pascolan Fashion District Outlet Village, Telefon und Fax: 06/95 99 50 22.
- 40023 **Castel Guelfo di Bologna (BO)**, Value Outlet, Via del Commercio, 12 - Località Poggio Piccolo.
- 46031 **Bagnolo San Vito (MN)**, Fashion District, Via Marco Biagi, Località Basse di Mezzo, Telefon/Fax: 03 76/41 44 54.

Anreise
A21 Piacenza–Brescia, Ausfahrt Cremona. Auf der SS10 Richtung Mantova. Nach ca. 15 km die abknickende Staatsstraße verlassen und geradeaus Richtung Asola. Vor dem Ort von der Umgehungsstraße rechts in die Stadt. Am Bahnhof vorbei, nächste Möglichkeit vor der Brücke links.

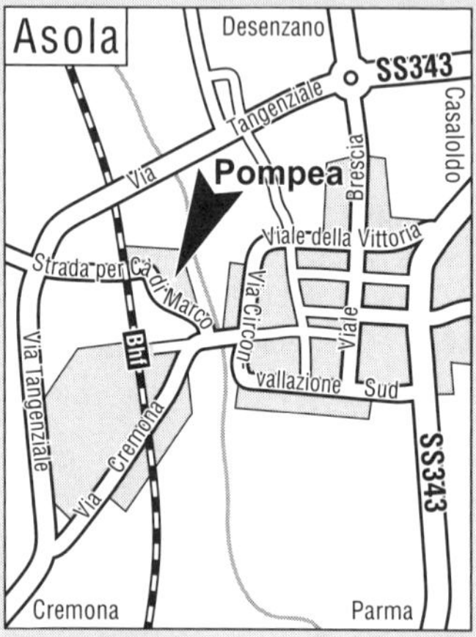

spadafora

Die Strickwaren und -ensembles von Spadafora und Gispa sind von guter Qualität, modisch aber nicht unbedingt im neuesten Trend, eher klassische, zeitlose Modelle.

Klassisch und unkompliziert

Warenangebot
Damen- und Herrenpullover der Marken Spadafora und Gispa, Strickjacken, auch aus Cashmere, Poloshirts, T-Shirts, Strickröcke und -hosen mit passenden Strickjacken oder -mänteln, Freizeitjacken und Pullover aus Polartec für Sie und Ihn. Auch einige Kleider – nicht nur aus Strick – und Mode für den Abend.

Ersparnis
40 bis 60 %.

Ambiente
Neuer, großer Verkaufsraum gegenüber dem Firmenkomplex.

Adresse
Spadafora S.p.A., Lahnstraße 18/Via Lahn, 18 - 39040 Auer/Ora (BZ), Telefon: 0471/815301, Fax: 815313, E-Mail: patriziaspadafora@spadafora.it.

Öffnungszeiten
Montag bis Freitag 9.00 bis 13.00 und 14.00 bis 18.00 Uhr.

Anreise
A22 Gotthard-Milano, Ausfahrt Egna Ora/Auer, links auf der SS12 Richtung Bozen. Durch Auer hindurch und am Ortsende rechts zum Industriegebiet. Nach 200 m befindet sich auf der rechten Seite der neue Verkauf von Spadafora mit Schaufenstern zur Straße hin.

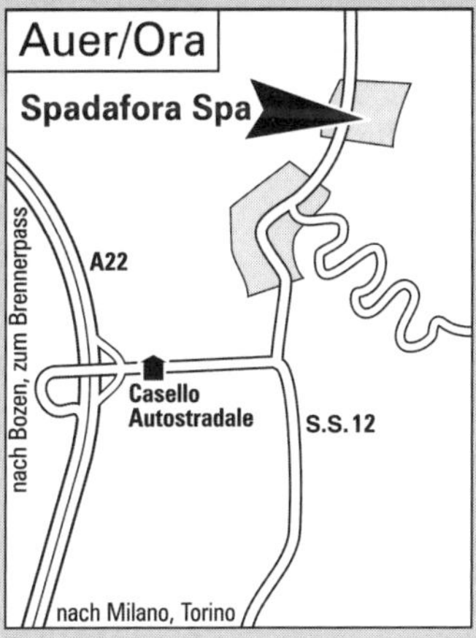

APEX

Den Wunsch nach mehr Durchblick im Dschungel der Handtasche erfüllt Ihnen Apex. Durchdachte, funktionale Lösungen, raffinierte Details und eine großzügige, modische Auswahl an Accessoires finden Sie hier im Fabrikverkauf.

Praktische Begleiter

Warenangebot
Hand-, Brief- und Reisetaschen, Geldbeutel, Gürtel und Geschenkartikel in einer großen Auswahl von 1500 verschiedenen Artikeln.

Ersparnis
Etwa 30 %.

Ambiente
Großer Verkaufsraum bei Fabrik und Lager.

Adresse
Apex S.r.l., Via F. Rossi, 43 - 21020 Barasso (VA), Telefon: 03 32/74 40 20, Fax: 73 54 13.

Öffnungszeiten
Montag 15.00 bis 19.00 Uhr, Dienstag bis Samstag 10.00 bis 12.30 und 15.00 bis 19.00 Uhr. 2. und 3. Woche im August geschlossen.

Weitere Verkaufsstelle
● 21034 **Cocquio Trevisago (VA)**, Via Verdi 56, Telefon: 03 32/70 05 85, Anreise über SP Gavinate-Laveno.

Anreise
Barasso befindet sich an einer kleinen Verbindungsstraße von Varese nach Gavirate in Richtung Laveno/ Lago Maggiore, nördlich der SS 394, ca. 20 km von Varese entfernt. Am Ortsende von Barasso links in die Via Rossi und nach 500 m, gegenüber dem Bahnhof, wieder links in den Fabrikkomplex „Vargomma".

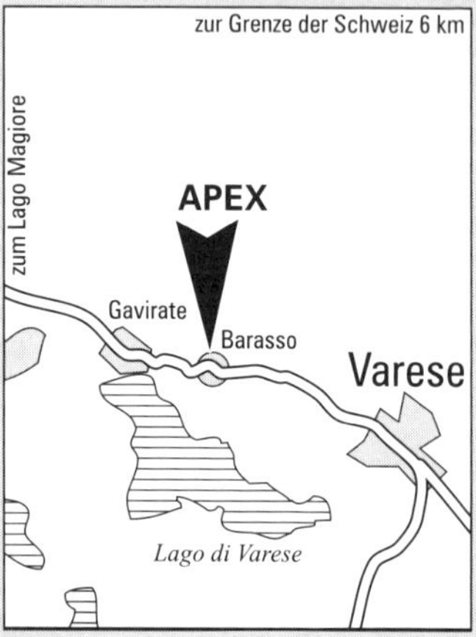

GENTE & MODA

In großer Auswahl bietet Gente & Moda dem Kunden alle Vorzüge der italienischen Mode. Beste Stoffe, geschmackvoll bis ins Detail und immer sehr stilvoll. Wenn Sie sich in Milano jemals gefragt haben, wo diese gut gekleideten Männer wohl einkaufen, es könnte bei Gente & Moda gewesen sein.

Mode für Gentlemen

Warenangebot
Die Marken von Gente & Moda, Luca Palazzi und Ferrari bieten alles, was Herrenmode ausmacht: Anzüge, Sakkos, Hosen, Jeans, Hemden, Krawatten.

Ersparnis
30 bis 40 %.

Ambiente
Vor allem im klassischen Bereich bleibt kein Wunsch offen und kein Hemd ohne Anzug. Für italienisch sprechende Kunden bleibt noch die ausgezeichnete Beratung zu erwähnen.

Adresse
Gente & Moda, Strada Statale, 11 - 24040 Barbata (BG), Telefon: 03 63/91 40 84.

Öffnungszeiten
Montag 15.00 bis 19.00 Uhr, Dienstag bis Samstag 9.00 bis 12.00 und 15.00 bis 19.00 Uhr. Von September bis Juni auch Sonntag 14.30 bis 18.30 Uhr geöffnet.

Anreise
Der Verkauf liegt direkt an der SS 11 zwischen Milano und Brescia. Kurz nach Isso geht es rechts nach Barbata. Nicht abbiegen, sondern bis zum Hinweisschild „Gente & Moda" am Ortseingang von Antegnate fahren. Dann rechts auf den Parkplatz. Von hier ist der Verkauf, der sich in einer Fabrikhalle befindet, schon zu sehen.

GHERILUCE s.r.l.
LAMPADARI

Die beiden Schwestern Patrizia und Monica Gheri managen eine kleine Produktion und einen Handel mit renommierten Marken, zum Beispiel der italienischen Edelfirmen Flos, Metalspot, Sil Lux, Murano Due, Artemide. Qualitativ hoch angesiedelte Programmpalette.

Wo jedem ein Licht aufgeht

Warenangebot
Moderne Designerlampen: Steh-, Tisch-, Wand- und Deckenlampen, Cotto und italienische Keramik.

Ersparnis
15 bis 20%. Einige Marken nur 10% unter den italienischen Ladenpreisen, doch das Niveau der italienischen Ladenpreise liegt erheblich unter dem der deutschen.

Ambiente
Die Halle ist für den Lagerverkauf in zwei Bereiche aufgeteilt. Einer für moderne und einer für klassische Produkte.

Adresse
Gheriluce S.r.l., Via Pisana, 36, Loc. Ponte Spada - 50021 Barberino Val d'Elsa (FI), Telefon: 055/8078328, Fax: 8078016, E-Mail: gheriluce@interfree.it.

Öffnungszeiten
Im Sommer: Montag bis Samstag 9.30 bis 13.00 und 16.30 bis 20.00 Uhr. Im Winter: Montag 16.30 bis 20.00 Uhr, Dienstag bis Samstag 9.30 bis 13.00 und 16.30 bis 20.00 Uhr, Sonntag 16.30 bis 20.00 Uhr.

Anreise
A1 Bologna–Roma, Ausfahrt Firenze/Certosa, weiter auf der vierspurigen Superstrada Richtung Siena, Ausfahrt Poggibonsi Nord. Der Ausschilderung Empoli San Gimignano folgen, am Supermarkt 1. Kreisverkehr Richtung Empoli, im 2. Kreisverkehr weiter Richtung Empoli, nach 20 m rechts befindet sich Gheriluce.

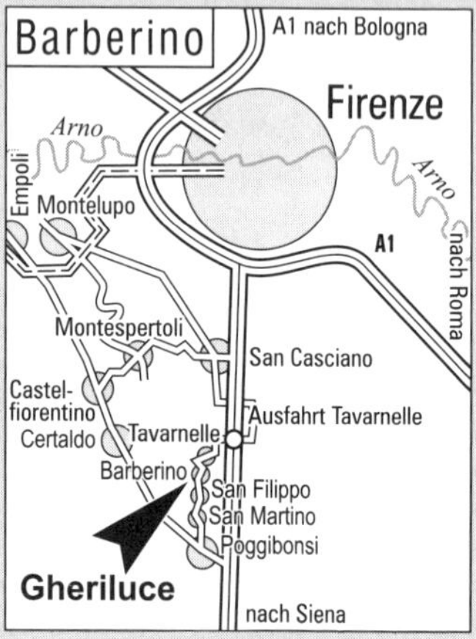

LENOTTI

Bei der Firma Lenotti wird vom Anbau bis zur Abfüllung alles im eigenen Unternehmen gemacht und man legt Wert darauf, dass trotz moderner, kompetenter Bearbeitung, die dem Wein eigene Passion erhalten bleibt. Die eigenen Weinberge befinden sich mitten in der Moränenhügellandschaft um Bardolino direkt am Gardasee.

Fachliche Passion

Warenangebot
Neben Klassikern wie Bardolino Classico, Chiaretto Bardolino oder Valpolicella gibt es die Spezialitäten Amarone della Valpolicella DOC Classico und Recioto della Valpolicella DOC Classico. Außerdem sind Spumante, Grappa und Olivenöl zu kaufen.

Ersparnis
15 %. Der Wein wird nur kartonweise verkauft.

Ambiente
Der Verkaufsraum liegt an der Straßenseite des Firmengebäudes und ist sehr gut ausgeschildert. Innen ist er in dunklem, rustikalem Holz möbliert und sieht genau so aus, wie man es von einem Weinverkauf erwartet.

Adresse
Cantine Lenotti, Via S. Cristina, 1 - 37011 Bardolino (VR), Telefon: 0 45/7 21 04 84, Fax: 6 21 27 44, E-Mail: info@lenotti.com, Internet: www.lenotti.com.

Öffnungszeiten
Montag bis Freitag 9.00 bis 12.00 und 14.30 bis 18.00 Uhr, Samstag 9.00 bis 12.00 Uhr.

Anreise
N 249 Peschiera-Lazise nach Bardolino. An der Ortsdurchfahrt Bardolino befindet sich die Cantina Lenotti auf der rechten Straßenseite und ist gut beschildert.

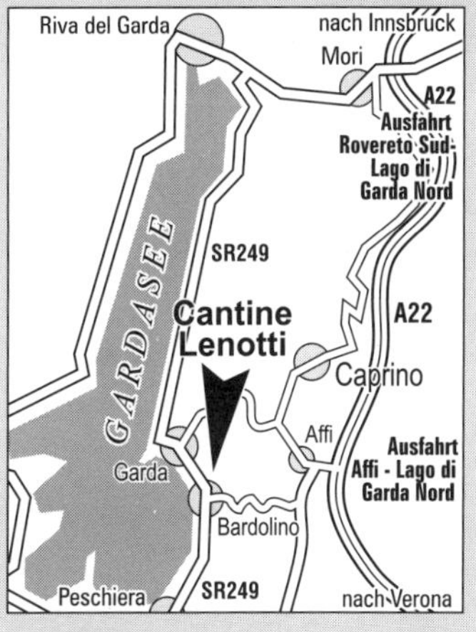

Oleificio Sociale di Bardolino

In Bardolino kreuzt die Weinstraße die Ölstraße. En miniature findet das auch hier statt, keine 150 Meter trennen den Laden von der Cantina Lenotti.

Gut geölt ist halb gewonnen

Warenangebot

Vor allem Olivenöl verschiedener Qualitäten in 1l-Flaschen, 0,5l-Flaschen und 5l-Fässern. Im Frühsommer gibt es auch das besonders intensiv schmeckende ungefilterte Olivenöl. Außerdem noch Essig, Wein und andere Kleinigkeiten.

Ersparnis

15 %.

Ambiente

Kleiner Laden, in dem sich gut sortiert die Flaschen und Kanister türmen. Parkplätze vor der Tür.

Adresse

Oleificio Sociale di Bardolino S.r.l., Via S. Cristina 15 - 37011 Bardolino, Telefon: 045/7210214, Fax: 7211310.

Öffnungszeiten

Montag bis Samstag 8.30 bis 12.30 und 14.30 bis 19.30 Uhr.

Anreise

N 249 Peschiera-Garda. In Bardolino, kurz vor der Abzweigung zur Autobahnauffahrt, weist ein großes Schild auf den Laden hin.

A.B.C.

Dies ist ein Keramikhersteller mit großem Ausstellungsraum. Die Ware ist zurückhaltend, aber nicht ohne dekorative Schnörkel, deshalb auch die hohe Exportquote. Die Gegend um Bassano del Grappa, Marostica und Nove ist ein richtiges Keramikzentrum mit vielen Vergleichsmöglichkeiten.

So buchstabiert man Keramik

Warenangebot
Nicht die großen Säulen und Töpfe, sondern die kleinen Teile, Teller und Behälter sind hier zu finden.

Ersparnis
50 bis 70 %.

Ambiente
Man klingelt an der Tür zum Büro, neben der Fabrikhalle. Der Showroom liegt im ersten Stock, dort kann man einkaufen.

Adresse
A.B.C. Ceramiche, Vicolo Ca' Erizzo, 15 - 36061 Bassano del Grappa (VI), Telefon: 04 24/52 43 64, Fax: 52 40 47.

Öffnungszeiten
Dienstag bis Freitag 9.00 bis 12.00 und 14.00 bis 16.30 Uhr.

Anreise
Bassano del Grappa erreicht man über die SS 47 von Padova her oder über die SS 248 aus Richtung Vicenza. Auf der Hauptdurchgangsstraße durch Bassano Richtung Trento fahren. Von der Via Brigata Basilicata, die dann zur Via S. Vito wird, geht es etwa 2 km nach der Stadtmitte links steil ein kleines Sträßchen, den Vicolo Ca' Erizzo, hinunter. An der Abzweigung steht ein Hinweisschild.

COTTON WOOL LEONARD PARIS

In dieser modernen Fabrik werden sowohl Waren der Marken Cotton Wool als auch der bekannten Labels Leonard, Piero Garbossa und Vincenza Moda hergestellt. Klassische Farben, klare Formen und edles Material zeichnen diese flotte Mode aus.

Aber bitte mit Fashion

Warenangebot
Damen- und Herrenstrickwaren aus Wolle, Seide, Baumwolle, „Filo di Scozia" (edle Baumwolle), Cashmere, auch Mischgewebe. Klassisch aktuelle Mode aus Vorführkollektionen und viel 2.-Wahl-Ware, auch in Übergrößen.

Ersparnis
Bis 40 %.

Ambiente
Der Direktverkauf befindet sich innerhalb des Fabrikgeländes, vom Eingangstor her nicht zu übersehen. Mittelgroße Verkaufsfläche, übersichtlich geordnetes Warenangebot, freundliches und hilfsbereites Personal. Parkplätze vor dem Eingangstor.

Adresse
Cotton Wool, Via Colomba, 23 - 36061 Bassano del Grappa (VI), Telefon: 04 24/ 52 18 60.

Öffnungszeiten
Montag bis Freitag 15.00 bis 19.00 Uhr, Samstag 9.00 bis 12.00 und 15.00 bis 19.00 Uhr.

Anreise
Bassano del Grappa erreicht man über die SS 47 von Padova oder über die SS 248 aus Richtung Vicenza. In Bassano del Grappa auf der SS 47 geradeaus zur Piazzale Trento. Weiterfahren bis zur Piazzale Luigi Cadorna, von dort in die Via Colomba.

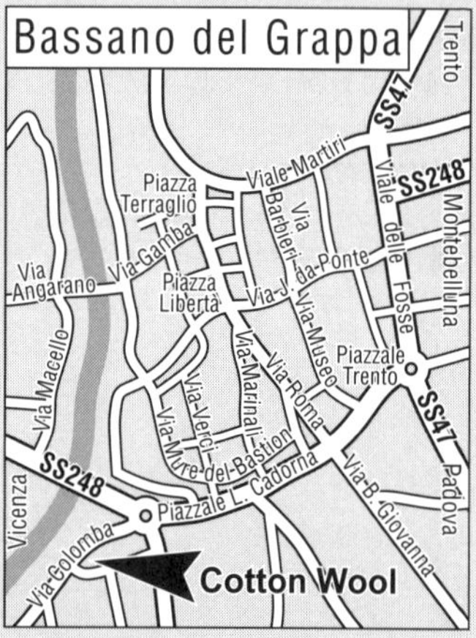

Schon das Schaufenster dieses kleinen Geschäfts mit den vielen Spezialitäten ist einladend. Wenn man den Laden betritt, steigen dem Besucher herrliche Düfte in die Nase. Das riesige Warenangebot ist so beeindruckend, dass man sich zuerst einmal in Ruhe umschauen muss.

Köstliche Genüsse

Warenangebot
Grappe, getrocknete Pilze, Weine, Honig, Marmelade, Kekse, Teigwaren, Pasteten, Soßen, verschiedene Arten von Balsamico-Essig und Olivenöle. Eingelegte Gemüse etc. in Öl, Trüffelcreme, Gewürze, getrocknete Tomaten, Hülsenfrüchte, Salami nach Art der Region Veneto, Whisky etc.

Ersparnis
3 bis 5%.

Ambiente
Der Laden befindet sich im historischen Zentrum, direkt neben dem Schloss von Bassano del Grappa. Typisch traditionelle Einrichtung, unendlich vielseitiges Angebot. Die Produkte sind übersichtlich in Regalen. Die sehr freundliche Signora ist mit Rat und Tat behilflich.

Adresse
Zonta Funghi e Grappe di Padrin Paolo ec. s.n.c., Via Bonamigo, 39 - 36061 Bassano del Grappa (VI), Telefon und Fax: 04 24/ 52 35 52, E-Mail: padrin@virgilio.it.

Öffnungszeiten
Im Sommer: Dienstag bis Samstag 9.00 bis 13.00 und 16.00 bis 21.00 Uhr. Im Winter: Dienstag bis Samstag 9.00 bis 13.00 und 15.30 bis 19.30 Uhr. Montag geschlossen.

Anreise
Bassano erricht man über die SS 47 von Padova oder über die SS 248 aus Richtung Vicenza. Der Verkauf ist im historischen Zentrum, Piazza Terraglio/Castello Azzelini, gegenüber Albergo-Hotel „Al Castello". Über dem Laden befindet sich eine weiße Markise mit der Aufschrift: „Funghi Secchi e Grappe di Bassano".

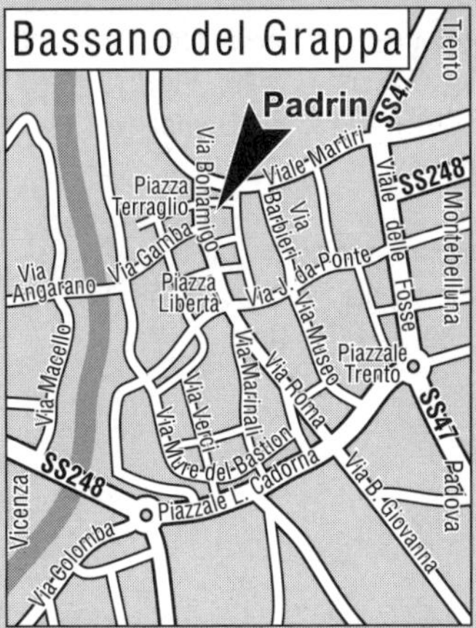

perdomello 70
ceramiche

Der Weg zu einem ungewöhnlichen Tisch führt über den Glaser und Perdomello 70. Eine Glasplatte und zwei Säulen, der Antike nachempfunden, schaffen die richtige Verbindung und Highlights für Ihre Wohnung. Kapitelle als Mini-Konsolen werden zu persönlichen kleinen Ablagen.

Das gips doch!

Warenangebot
Kapitelle, Konsolen, Stuck- oder Keramiksäulen, Reliefporträts, Büsten, Standtiere aus Keramik.

Ersparnis
30 bis 50%.

Ambiente
Verstaubter Ausstellungsraum über der Werkstatt und ein vielbeschäftigter Chef, der in der Werkstatt mitarbeitet. Der Staub kommt nicht vom Alter der Ware, sondern aus der Werkstatt.

Adresse
Perdomello 70 ceramiche, Perdomello Pio Guiseppe, Viale Vicenza, 93C - 36061 Bassano del Grappa (VI), Telefon und Fax: 0424/502118.

Öffnungszeiten
Montag bis Freitag 7.30 bis 12.30 und 13.30 bis 18.30 Uhr.

Anreise
Auf der SS248 von Vicenca nach Bassano del Grappa. An dieser Straße befindet sich, vor Erreichen der Altstadt, der Verkauf.

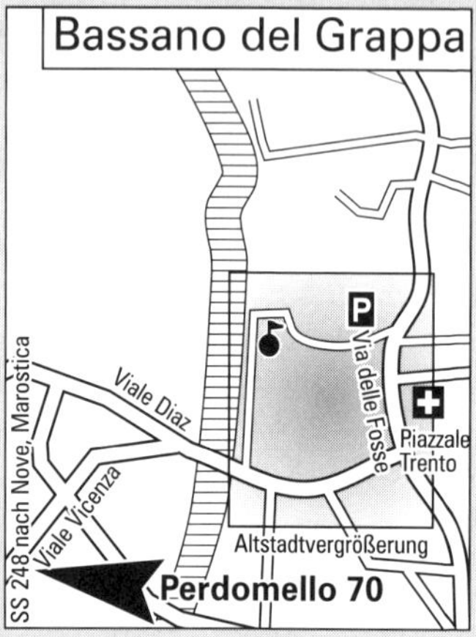

LAIFEL

Prêt-à-Porter, so nennt Laifel seine Mode und es ist wirklich Mode, die man auch gut in Paris tragen kann. Aber auch wenn man in nächster Zeit nur einen Besuch in der Stuttgarter Innenstadt plant, wird diese Mode ihre Besitzerin erfreuen.

Prêt-à-Porter

Warenangebot
Kostüme, Blusen und Röcke in großer Auswahl sowie ein riesiges Angebot an Jacken und Mänteln.

Ersparnis
Etwa 40 %, die Ersparnis ist sehr saisonabhängig. Nach Auslieferung der jeweiligen Saisonware, gibt es im Verkauf die Reste noch viel billiger (Sconti!).

Ambiente
Großer Verkaufsraum im Untergeschoss, alle gängigen Größen sind vorhanden.

Adresse
Laifel S.r.l., Strada Trossi, 12 - 13871 Benna (BI), Telefon: 0 15/5 82 12 41.

Öffnungszeiten
Montag bis Freitag 15.00 bis 19.00 Uhr, Samstag 9.00 bis 12.00 und 15.00 bis 19.00 Uhr.

Anreise
SS 230, Strada Trossi, Vercelli-Biella. Nicht Richtung Benna abzweigen, sondern geradeaus weiter Richtung Biella. Kurz nach dieser Abzweigung befindet sich auf der rechten Straßenseite die Firma Laifel. Hinweisschild beachten.

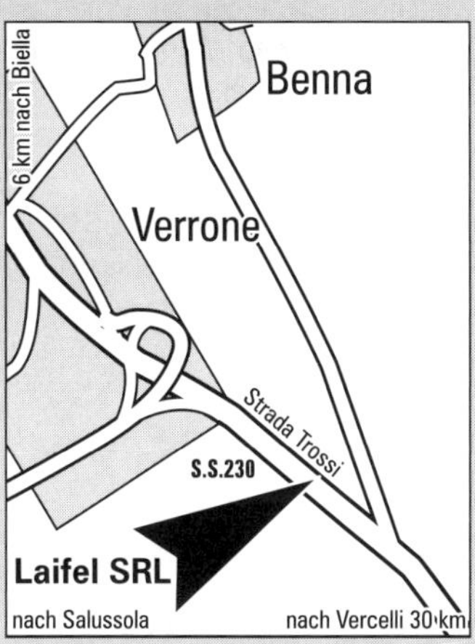

REGGIANI TESSILE

Im spartanisch eingerichteten Spaccio des riesigen Firmenkomplexes Reggiani finden Sie topmodische Basics der Extraklasse zu erstaunlich günstigen Konditionen. Loggia dei Fiori ist eine der dort angebotenen Marken.

Modemomente

Warenangebot
Damenkleider, Kostüme, Hosenanzüge, Röcke, Hosen, Oberteile, Herrenanzüge, Hemden und Krawatten.

Ersparnis
Bis 50 %.

Ambiente
Großer, sehr einfacher Lagerverkauf an der Außenseite des Firmenkomplexes. Der Hinweis Spaccio ist von der Circonvallazione Plorzano aus zu sehen.

Adresse
Reggiani Tessile, (Spaccio), Viale Giulio Cesare, 33 - 24010 Bergamo (BG), Telefon: 0 35/23 14 88.

Öffnungszeiten
Dienstag bis Freitag 9.00 bis 13.00 und 14.00 bis 19.00 Uhr, Samstag 9.00 bis 13.00 Uhr. Montag geschlossen.

Anreise
A4 Verona–Milano nach Bergamo. Dort Richtung SS 470 Val Brembana, Ausfahrt Kreisverkehr Largo Decorati al Valor Civile. Hier in die Via Bianzana einbiegen und gleich rechts in die Filippo Corridoni und links in die Tito Legrenzi. Von hier aus ist der Verkauf zu sehen.

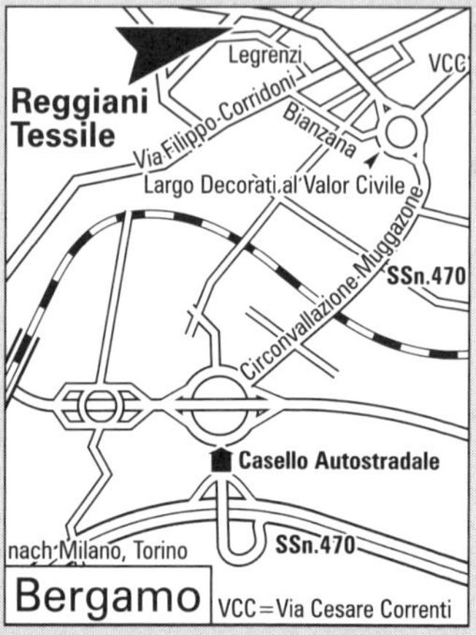

SCAGLIONE
cashmere

Hier findet sich für jeden Geldbeutel das passende Kleidungsstück zu wahrlich geldbeutelfreundlichen Preisen: Strickwaren in reinem Cashmere, Wolle mit Cashmereanteil, Merinowolle.

Hochwertige Masche

Warenangebot
Poloshirts, Pullis in allen Variationen, aber auch Hemden, Röcke und Blusen. Alles sehr gute Materialien in stilvollem Design. Vorwiegend Basics, nur für Damen auch ausgefallenere Stücke. Sommerware (März bis August): Strickwaren, Hemden und Hosen aus 100% Leinen und 100% Pima Baumwolle, in verschiedenen Farben und Modellen. Ab September Winterware, hauptsächlich aus Cashmere in klassischen Farben und klassischem Stil.

Ersparnis
20 bis 50%.

Ambiente
Kleiner, übersichtlich arrangierter Laden mit sehr freundlichem, teilweise auch Englisch sprechendem Personal.

Adresse
Maglificio R. Scaglione, Via G. Lochis, 12 - 24129 Bergamo Longuelo (BG), Telefon: 035/4373338, Fax: 4373306.

Öffnungszeiten
Montag bis Samstag 9.30 bis 12.30 und 14.30 bis 19.00 Uhr. Normalerweise im August 2. und 3. Woche geschlossen.

Anreise
A4 Milano-Venezia, Ausfahrt Bergamo Centro, über die Circonvallazione (Umgehungsstraße) Richtung SS 342 Como-Lecco und an der Rotonda A. Locatelli geradeaus in die Via V. Bellini, dann rechts in die Via G. Lochis.

Intimo Fashion Group SPA

Rubacuori

Die Firma Intimo Fashion hat sich auf die Herstellung von Unterwäsche und Nachtwäsche für die ganze Familie spezialisiert. Das dazu verwendete Material besteht aus reiner Baumwolle. Für Baumwolle-Liebhaber ist es eine echte Freude hier einzukaufen.

Kuscheliges aus Baumwolle

Warenangebot
Alles, was der Wäsche-Sektor für Damen, Herren und Kinder zu bieten hat. Bademäntel, Nachthemden, Schlafanzüge, T-Shirts, Damenstrickwaren, Miederwaren, Strandkleider. Auch in Übergrößen. Produkte der Marken Gendi, Rubacuori, Gianca, Infil, Contessa etc.

Ersparnis
50 bis 80 %.

Ambiente
300 m² große Verkaufshalle auf dem Fabrikgelände. Im Angebot sind ca. 10.000 Artikel, auf Ständern angeordnet und übersichtlich sortiert. Parkplätze auf dem Fabrikgelände vorhanden.

Adresse
Intimo Fashion Group S.p.A., Via del Lavoro, 23 - 20010 Bernate Ticino (MI), Telefon: 02/97 25 59 31, Fax: 97 25 56 74, E-Mail: intimofashion@tiscalinet.it.

Öffnungszeiten
Montag 14.30 bis 19.00 Uhr, Dienstag bis Samstag 9.30 bis 12.30 und 14.30 bis 19.00 Uhr.

Anreise
A4 Milano–Torino, Ausfahrt Boffalora Ticino, weiter Richtung SS 11 Padana Superiore und Magenta. Nach der Autobahnbrücke sofort links, weiter in die Via Carlo Gavazzi und danach Via del Lavoro.

LFC OUTLET

Cerruti, das ist einer der Namen, die in Nobelboutiquen nach sehr teuren Kleidungsstücken klingen. Hier sind die Preise jedoch verführerisch günstig. Was bleibt sind die hervorragenden Stoffe und das umwerfende Design.

Styled by Cerruti

Warenangebot
Großes Angebot an Damen- und Herrenbekleidung. Klassische Herrenmode: Anzüge, Sakkos, Hemden, Hosen und Krawatten. Damenmode: Blazer, Blusen, Kostüme und Röcke. Junge Mode: Jeans, Sweatshirts, Freizeithemden, Jacken, Poloshirts und allerlei ausgefallene Stücke.

Ersparnis
40 %.

Ambiente
Zweistöckiges Verkaufsgebäude: im Erdgeschoss Herrenmode, oben junge Mode und Damenmode.

Adresse
LFC Outlet - Spaccio Aziendale dei Fratelli Cerruti, Via Cernaia, 40 - 13051 Biella (BI), Telefon: 0 15/3 59 11.

Öffnungszeiten
Dienstag bis Freitag 9.30 bis 13.00 und 15.00 bis 19.00 Uhr, Samstag 9.30 bis 19.00 Uhr. Montag geschlossen.

Weitere Verkaufsstelle
● 15069 **Serravalle Scrivia (AL)**, Il Lanificio-McArthurGlen, Via della Moda 1, Telefon: 01 43/6 21 52.

Anreise
A4 Milano–Torino, Ausfahrt Santhià, auf der SP143 nach Biella. In Biella Richtung Cossato–Arona über die mit Pflastersteinen ausgelegte Via Cernaia hinunter ins Tal. An der Ampel, kurz vor der Brücke, rechts hinunter zur Firma. Im Firmengelände, nach 100 m, ist rechts das Verkaufsgebäude.

In diesem Verkauf wird hauptsächlich qualitativ gute Wäsche zu günstigen Preisen angeboten. Das Angebot umfasst aber neben Wäsche auch Kinder- und Freizeitbekleidung mit zunehmend gutem Preis-Leistungs-Verhältnis.

Lovely Liabel

Warenangebot
Wäsche, BHs, Polohemden, Jeans, Pyjamas, Kinderbekleidung, Fleecepullis und -westen, Accessoires. Umfassendes Angebot an 2.-Wahl-Ware.

Ersparnis
30 %.

Ambiente
Nach der Renovierung erwartet Sie nun eine angenehme Atmosphäre. Klimaanlage vorhanden.

Adresse
Liabel, Via Padre G. Greggio, 8 - 13051 Biella (BI), Telefon: 0 15/8 48 74 26.

Öffnungszeiten
Montag 14.00 bis 18.50 Uhr, Dienstag bis Freitag 9.00 bis 12.00 und 14.00 bis 18.50 Uhr, Samstag 9.00 bis 12.30 und 14.00 bis 18.50 Uhr.

Weitere Verkaufsstellen
- 23013 **Cosio Valtellino (SO)**, Viale Orobie, 8, Telefon: 03 42/63 72 80.
- 24042 **Capriate San Gervasio (BG)**, Via Crespi, 23a, Telefon: 02/9 09 10 57.

Anreise
A4 Milano–Torino, Ausfahrt Santhià, auf der SP143 nach Biella. Von Gaglianico kommend auf der Piazza Adua links ab auf die Viale Macallè. Am Ende der Via Macallè weiter auf die Via Piacenza, an der 1. Kreuzung rechts in die Via Salvo d'Acquisto. Nach 400 m links erreicht man die Via Padre Greggio. Dort befindet sich die Fabrik. Der Verkauf (Spaccio) ist ausgeschildert.

dimensione

Sparen Sie sich das Suchen der Verkaufsräume und bestellen Sie in aller Ruhe von zu Hause aus zunächst den Katalog und dann die gewünschten Bauhausklassiker. Dimensione vertreibt Nachbildungen z.B. von Corbusier-Sofas, die in hochwertiger Qualität von renommierten Herstellern gefertigt werden.

Bauhaus-Möbel auf Bestellung

Warenangebot
Sofas, Sessel, Tische, Stühle, Lampen, alles im Bauhausstil, außerdem Bürostühle. Über das Bauhaus-Angebot hinaus gibt es eine wachsende Kollektion moderner Designermöbel. Die Möbel werden unter dem Namen Moderni vertrieben.

Ersparnis
Bis zu 60%; immer wieder Sonderaktionen.

Ambiente
Bestellen Sie per Katalog und ohne Risiko die gewünschten Möbel. Sie können sich für Ihre Auswahl Stoff- und Ledermuster schicken lassen. Bezahlt wird bei Lieferung. Auf alle Möbel erhalten Sie 5 Jahre Garantie.

Adresse
Dimensione, Casella Postale 1688, 40121 Bologna (BO), Telefon: 051/6492569, Fax: 6492629, Internet: www.dimensione-bauhaus.com.

Öffnungszeiten
Rund um die Uhr (Internet).

Anreise
Es gibt keine Verkaufsräume, aufgrund des wachsenden Sortiments gibt es aber umfangreiches Katalogmaterial mit Materialproben zu den verschiedenen Kollektionen.

Bolgheri FACTORY OUTLET

Bei Bolgheri können sich die modebewussten Herren ein komplettes, stilgerechtes Outfit von der gehobenen Freizeitkleidung bis zur Businesskleidung zusammenstellen.

Modisch perfekt

Warenangebot

Anzüge, Sakkos, Mäntel, Hosen, Hemden, Krawatten, Gürtel und Accessoires von sportlich bis klassisch. Umfangreiches Angebot in allen Größen und Stilrichtungen.

Ersparnis

50 % auf Kleidung der Vorsaison, 70 % bei Musterteilen.

Ambiente

Großzügiges Ambiente, mit qualifiziertem Personal und ausgezeichnetem Service, auch Änderungsarbeiten werden vorgenommen.

Adresse

Bolgheri Factory Outlet, Via Goleto, 13d - 42022 Boretto (RE), Telefon: 05 22/ 96 31 24, E-Mail: bolgheri_boretto@ zegnaermenegildo.it.

Öffnungszeiten

Montag bis Samstag 9.00 bis 12.30 und 15.00 bis 19.30 Uhr. Im Dezember auch sonntags geöffnet.

Anreise

A1 Milano–Bologna, Ausfahrt Parma. Auf der SP62 nach Brescello und weiter Richtung Guastalla. In Boretto nach der Kirche rechts ab auf die Hauptstraße und an der Viale Umberto I wieder rechts. Am Ortsende die letzte Möglichkeit links ab ist die Via Goleto.

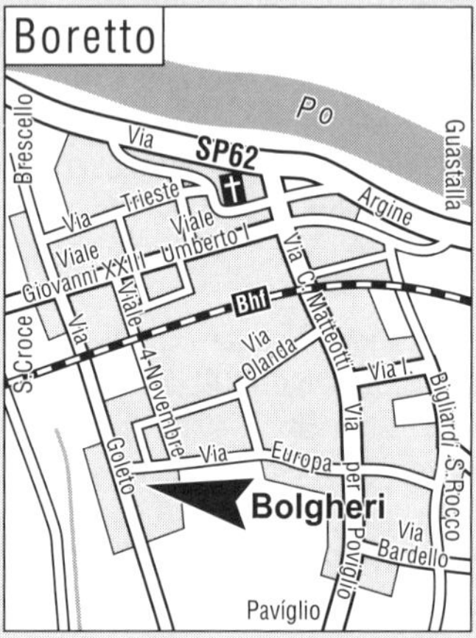

M&G
BORGOMANERO

Es ist außergewöhnlich, sein Brautkleid direkt aus Italien zu beziehen. Sie können es hier in einem großen Showroom aussuchen und anprobieren, doch dann wird es direkt auf Sie zugeschnitten und hat eine Lieferzeit von drei bis vier Monaten. Bei Centro Spose wird jeder Wunsch erfüllt. Hochwertige Stoffauswahl, vielfältige Modelle passende Accessoires.

Für Frauen, die sich trauen

Warenangebot
Große Auswahl an Brautkleidern von schlicht bis aufwändig, Brautschleier, Handschuhe, Hüte und Ausstattung für die Blumenmädchen. Jeder Wunsch wird bei Centro Spose erfüllt. Ausgewählte, hochwertige Stoffe, perfekte Schnitte, anschmiegsame Modelle, passende Accessoires und das Ganze zu konkurrenzfähigen Preisen.

Ersparnis
20 bis 25 %. Preisbeispiele: ein sehr aufwändiges Taft-Brautkleid mit Stickerei und riesiger Schleppe kostet um 1700,- Euro, ein schlichteres Satinkleid mit Spitze 1500,- Euro.

Ambiente
Großer Showroom, in dem Sie freundlich und zuvorkommend bedient und beraten werden.

Adresse
Centro Spose M & G, Via Novara, 302 - 28021 Borgomanero (NO), Telefon und Fax: 03 22/83 60 54, E-Mail: info@centrospose.it, Internet: www.centrospose.it.

Öffnungszeiten
Montag bis Samstag 9.00 bis 12.30 und 14.30 bis 19.30 Uhr.

Anreise
An der SS 229 Omegna-Novara befindet sich am Ortsende von Borgomanero auf der rechten Seite das Centro Spose.

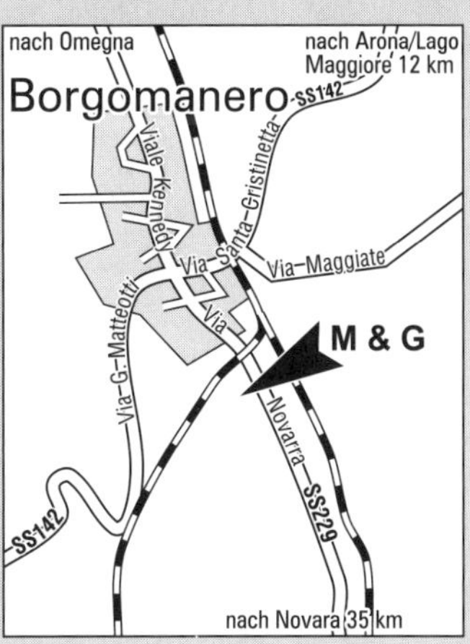

THUN

Thun zählt zu den renommiertesten Keramik- und Kachelherstellern in Italien. Die Südtiroler Handwerkskunst bietet eine Welt von Geschenkideen. Der Original Bozener Engel von Thun ist inzwischen weit über Südtirol hinaus bekannt.

Fantasie und Tradition

Warenangebot
Engel, Weihnachtskrippen und viele andere Figuren sowie Porzellanservice und Ofenkacheln.

Ersparnis
35 bis 50% bei 2. Wahl. Sie können im Thun Store innerhalb des Thuniversums zum regulären Preis das ganze Sortiment des Hauses kaufen. Reduzierte Ware gibt es im Factory Outlet mit 2.-Wahl-Artikeln und Auslaufserien.

Ambiente
Thuniversum mit Panoptikum, Bistro „Caffè al volo" und Factory Outlet.

Adresse
Thuniversum, Via Galvani Strasse, 29 - 39100 Bozen/Bolzano (BZ), Telefon: 04 71/24 52 54.

Öffnungszeiten
Montag bis Samstag 9.00 bis 18.30 Uhr.

Weitere Verkaufsstelle
● 37010 **Rivoli Veronese (VR)**, Loc. Ca' Campagna, Telefon: 0 45/6 20 56 31. Anreise über die A22, Ausfahrt Affi/Lago di Garda Sud Richtung Rivoli.

Anreise
A22, Ausfahrt Bozen Sud, rechts zum Industriegebiet. Der Verkauf befindet sich 150 m vom neuen Messegelände entfernt, vor dem Haupteingang zum Eispalast.

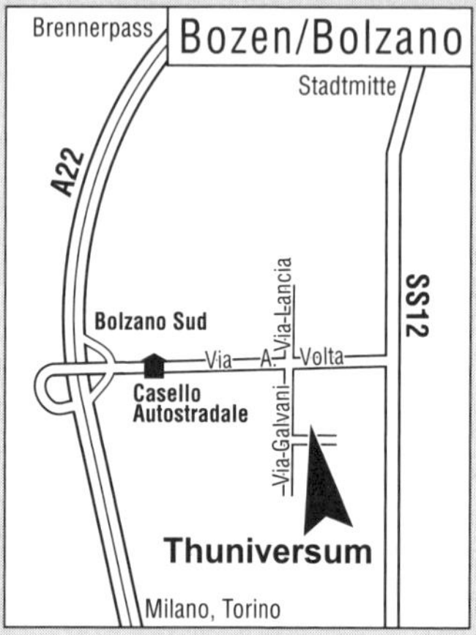

Gold Knit®
maglierie

Gold Knit ist ein überregional bekannter Strickwarenhersteller mit hohem Exportanteil. Das Design der Ware ist auf die eher nicht mehr ganz junge Generation ausgerichtet.

Golden Girls und Men

Warenangebot
Pullover in Merinowolle oder Cashmere für Damen und Herren, Sweater, Kleider, Hosenanzüge.

Ersparnis
50 bis 60 %.

Ambiente
Große Einkaufshalle direkt bei der Fabrik.

Adresse
Gold Knit s.a.s., Via Roma, 13 - 36042 Breganze (VI), Telefon: 04 45/87 31 56, Fax: 30 72 24, E-Mail: goldknit@tiscali.it.

Öffnungszeiten
Im Sommer: Montag 15.30 bis 19.30 Uhr, Dienstag bis Samstag 9.00 bis 12.00 und 15.30 bis 19.30 Uhr. Im Winter: Montag 15.00 bis 19.00, Dienstag bis Samstag 9.00 bis 12.00 und 15.00 bis 19.00 Uhr.

Anreise
Die Firma liegt direkt an der Straße zwischen Bassano del Grappa und Thiene. Am Ortsende von Breganze befindet sich die Firma, von Bassano kommend, auf der rechten Seite. Von hier aus ist es nicht mehr weit nach Thiene.

VOLCAR FERRAMOSCA

Die Strickerei Volcar stellt sehr schöne, qualitativ hochwertige Strickwaren her, die in guten Boutiquen zu finden sind. Die Palette reicht von modisch bis klassisch und von beschwingt bis elegant.

Trend-Impulse

Warenangebot
Großes Angebot an Damenstrickwaren: modische Kurzpullis, Twinsets, elegante Longpullis, beschwingte Kleider mit Strickoberteil. Für Herren: Pullis und Strickjacken.

Ersparnis
50 %, bei Sonderangeboten und 2. Wahl mehr.

Ambiente
Kleiner Laden, der dem Fabrikgebäude angeschlossen ist. Aus der Fabrik werden auch Modelle geholt, die im Verkauf nicht in der passenden Größe vorhanden sind.

Adresse
Volcar S.p.A., Via Cantarella, 12 - 36040 Brendola (VI), Telefon: 04 44/40 08 05, Fax: 40 09 77.

Öffnungszeiten
Montag bis Freitag 9.00 bis 12.00 und 15.00 bis 18.30 Uhr, Samstag 9.00 bis 12.00 Uhr.

Anreise
A4 Milano–Vicenza, Ausfahrt Montecchio Maggiore. Links Richtung Brendola und wieder links nach Brendola einbiegen. Kurz vor dem Ortszentrum, nach einer hohen Hecke, vor der Fina-Tankstelle links in die Via Cantarella (ganz schmale Straße) einbiegen, nach ca. 50 m kommen Sie zum Fabriktor, dahinter können Sie parken und nach links zum hinteren Teil des Fabrikgebäudes gehen. Dort ist der Verkauf. Wenn geschlossen ist, können Sie sich in der Fabrik melden.

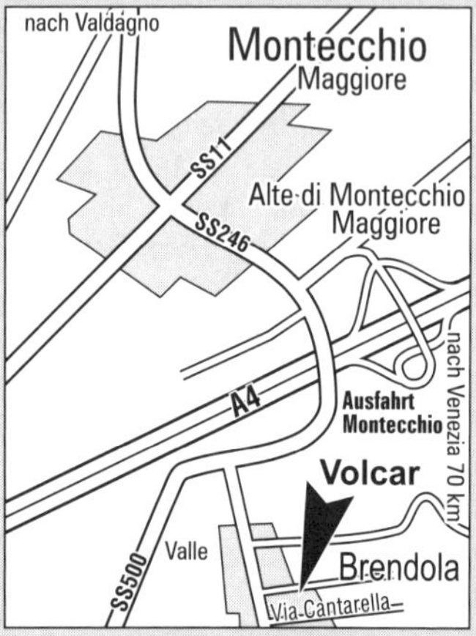

Mit Erzeugnissen dieser Firma ist man den ganzen Tag über perfekt gekleidet. Die edlen Produkte von Colombo verkörpern Komfort und schlichte Eleganz für Business und Freizeit.

Stilvolle Harmonie

Warenangebot
Damen- und Herrenstrickwaren, Mäntel, sportliche Jacken, Kostüme, Herrenanzüge, Hosen, Röcke, Hemden, Schals, Mantillas, Plaids, Hausschuhe und die typischen „Scoffoni Valesiani" aus reinem Cashmere und anderen Edelfasern, außerdem Hüte und Taschen.

Ersparnis
30 %.

Ambiente
Modern eingerichteter Verkauf auf 1000 m² Verkaufsfläche. Gepflegtes Ambiente, vielseitiges Warenangebot, fachkundiges Personal.

Adresse
Lanificio Luigi Colombo S.p.A., Viale della Bornata, Borgo Wührer - 25100 Brescia (BS), Telefon: 030/2594695, Internet: www. lanificiocolombo.it.

Öffnungszeiten
Montag 15.00 bis 19.00 Uhr, Dienstag bis Samstag 10.00 bis 19.00 Uhr.

Anreise
A4 Milano-Verona oder A21 von Cremona bis zur Ausfahrt Brescia Centro. An der SS11 vorbei Richtung Innenstadt. Danach rechts ab Richtung S. Eufemia. Dem Ortshinweis über die Via della Maggia, Via Lucio Fiorentini und Via Vittorio Gatti folgen. An der Hauptstraße nach der Bahnunterführung links Richtung Brescia in die Viale della Bornata abbiegen. Der Verkauf befindet sich nach wenigen Metern auf der rechten Seite.

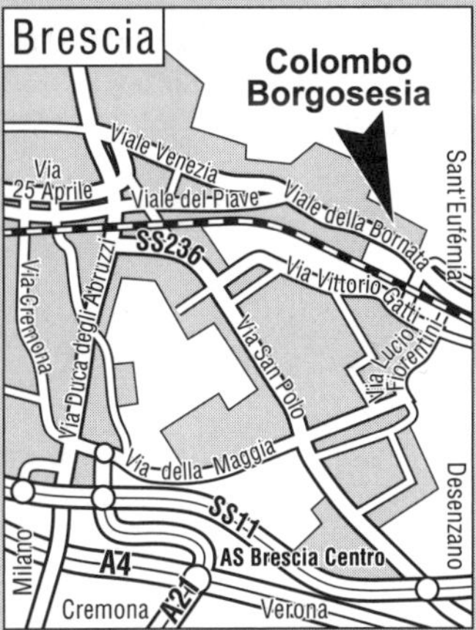

BIEMME

Biemme ist ein Hersteller von Radsportbekleidung aller Art. Ob beim Straßenrennen oder im Gelände – im richtigen Trikot fahren Sie immer vorneweg!

Gut im Rennen

Warenangebot
Radlerhosen, kurz und lang, Radlertrikots, Radleranzüge, Fußballtrikots, Trainingsanzüge und Regenjacken, Handschuhe und einige Radhelme.

Ersparnis
25 bis 50 %.

Ambiente
Großer, gepflegter Fabrikverkauf.

Adresse
Biemme Sport S.r.l., Via Oltre Agno, 32 - 36070 Brogliano (VI), Telefon: 04 45/ 94 73 66, Fax: 94 76 86.

Öffnungszeiten
Montag 15.00 bis 19.00 Uhr, Dienstag bis Samstag 9.00 bis 12.00 und 15.00 bis 19.00 Uhr.

Anreise
SS 246 Montecchio Maggiore-Valdagno. Vor Cornedo befindet sich links ein großes Fabrikgebäude. Fahren Sie an dem nicht zu übersehenden Hinweisschild links in den Feldweg, parken Sie vor dem Fabriktor und gehen Sie an der Pforte vorbei zum Spaccio.

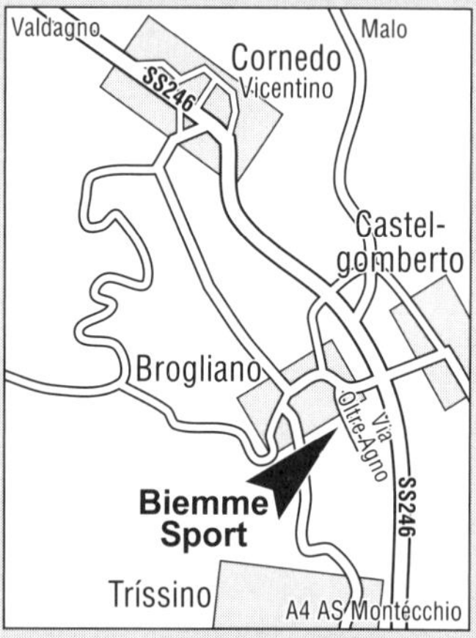

KUNSTWEBEREI
FRANZ
TESSITURA ARTISTICA

Seit neun Generationen praktiziert diese Kunstweberei die Webkunst aus reinsten Naturfasern wie Leinen, Baumwolle und Wolle und pflegt die alte Tiroler Kunst der Ornamente.

Aus Urgroßmutters Truhe

Warenangebot
Große, erlesene Auswahl an Bett- und Tischwäsche, Servietten und Handtücher mit Spitzen, Hohlsaum, Fransen und Knoten für Küche und Bad sowie Vorhänge nach Maß und Meterware.

Ersparnis
30 %, bei Auslaufartikeln 50 %.

Ambiente
Großer Verkaufsraum mit Schaufenstern. Die Ware wird übersichtlich in Regalen und auf Tischen präsentiert.

Adresse
Kunstweberei/Tessitura Artistica Franz, Michael-Pacher-Strasse 9/Via M. Pacher, 9 - 39031 Bruneck/Brunico (BZ), Telefon: 04 74/55 53 85, Fax: 55 16 18.

Öffnungszeiten
Montag bis Freitag 8.30 bis 12.00 und 15.00 bis 19.00 Uhr, Samstag 8.30 bis 12.00 Uhr. In der Hauptsaison auch Samstag 15.00 bis 19.00 Uhr.

Weitere Verkaufsstelle
● 39031 **Bruneck/Brunico (BZ)**, Graben 8/Via Bastioni, 8.

Anreise
A22, Ausfahrt Brixen/Bressanone (Pustertal). Auf der SS49 nach Bruneck/Brunico. Am Ortsbeginn von Bruneck/Brunico kommen Sie direkt in die Via M. Pacher.

MOESSMER TUCHFABRIK

Die vor 110 Jahren gegründete Tuchfabrik ist heute der größte Loden- und Walkproduzent Europas. Berühmt ist das Unternehmen auch für seine hochwertigen Tweed-, Donegal- und Shetlandstoffe.

Die Nr. 1 in Loden und Walk

Warenangebot
Eigene Kollektionen und renommierte Fremdmarken, Ware aus der Vorjahreskollektion und 1B-Ware. Große Auswahl an klassischer Mode für Damen, Herren und Kinder in reinem Cashmere, Wolle, rein oder gemischt mit Cashmere, Seide, Alpaka, Angora, in Loden, Tweed oder Walk. Außerdem Accessoires, Garne sowie hochwertige Decken aus der eigenen Produktion.

Ersparnis
Bis zu 50 %.

Ambiente
Großes, schönes Fachgeschäft in unmittelbarer Nachbarschaft der berühmten Tuchfabrik.

Adresse
Moessmer Tuchfabrik – Fabrikabverkauf Bruneck, Walther-von-der-Vogelweide-Straße 6, 39031 Bruneck/Brunico (BZ), Telefon: 0474/411267 oder 411402, Internet: www.Moessmer.it.

Öffnungszeiten
Montag bis Freitag 9.00 bis 12.30 und 14.30 bis 18.30 Uhr, Samstag 9.00 bis 12.30 Uhr. An jedem 1. Samstag im Monat 9.00 bis 12.30 und 14.30 bis 18.00 Uhr. Im gesamten August und im Dezember jeden Samstag ganztägig geöffnet.

Anreise
A22, Ausfahrt Brixen/Bressanone (Pustertal). Auf der SS49 nach Bruneck/Brunico, durch die Michael-Pacher-Strasse und den Graben (Zentrum) zum Kapuzinerplatz. Über den Fluss Rienz rechts in die Stuckstrasse, weiter auf der Bruder-Willram-Strasse und geradeaus in die Walther-von-der-Vogelweide-Strasse. Hinweisschilder sind angebracht.

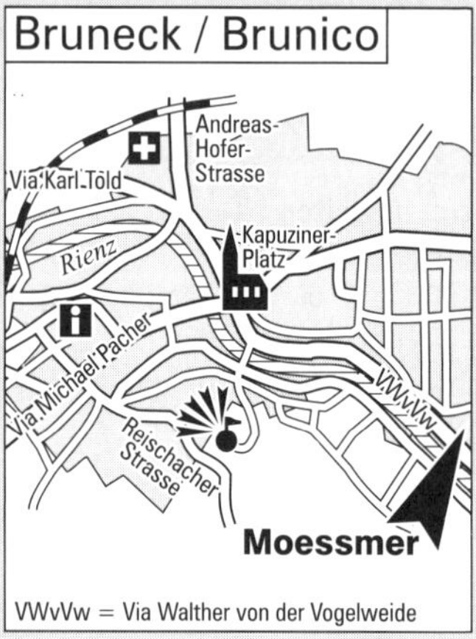

KUNSTWEBEREI ULBRICH TESSITURA ARTISTICA

Seit 1908 ist diese Kunstweberei spezialisiert auf die Herstellung hochwertiger Tischwäsche und pflegt altes Kunsthandwerk, das mit modernen Möbeln gut in Einklang zu bringen ist.

Wie aus vergangenen Zeiten

Warenangebot
Große, erlesene Auswahl an Tischwäsche und Handtüchern mit Spitzen, Hohlsaum und Fransen in edlen und teueren Materialien, wie Leinen und Baumwolle.

Ersparnis
10 bis 70 %.

Ambiente
Kleiner Verkaufsraum mit Schaufenstern. Parkplätze vor dem Haus.

Adresse
Kunstweberei/Tessitura Artistica Ulbrich OHG, Tieltpromenade 17/A/ Passeggiata Tielt, 17/A - 39031 Bruneck/Brunico (BZ), Telefon: 0474/555900, Fax: 555910, E-Mail: info@ulbrich.it, Internet: www.ulbrich.it.

Öffnungszeiten
Montag bis Freitag 9.00 bis 12.00 und 14.30 bis 18.30 Uhr, Samstag 9.00 bis 12.00 Uhr.

Weitere Verkaufsstelle
● 39031 **Bruneck / Brunico (BZ)**, Graben 4/A /Via Bastioni, 4/A.

Anreise
A22, Ausfahrt Brixen/Bressanone (Pustertal). Auf der SS49 nach Bruneck/Brunico, durch die Via Michael Pacher und den Graben zum Zentrum, über die Brücke des Fiume Rienza, rechts in die Via Stuck, dann in die Via Bruder Willram und die Via Walther-von-der-Vogelweide. Sie sehen dann rechts über dem Fluss die Kunstweberei.

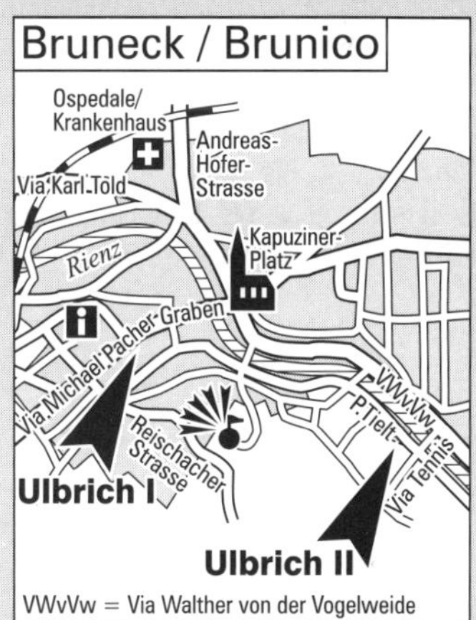

DOCKERS®

xtilien, Tischwäsche

ibt es auch in der Nähe des Gardasees inzwischen
ry Outlet mit Restposten und 2.-Wahl-Ware zu

Anziehungspunkte

Warenangebot
Das in Jeansgeschäften übliche Angebot, auch für Kinder. Es gibt Röcke, Strickwaren, Sweatshirts, Freizeitjacken und natürlich Jeans, Jeansjacken und Hemden.

Ersparnis
50 bis 70 %.

Ambiente
Großes, neues Factory Outlet mit Parkmöglichkeiten.

Adresse
Levi's Dockers Factory Outlet, Via Gardesana, 76 - 37012 Bussolengo (VR), Telefon und Fax: 0 45/6 70 42 36.

Öffnungszeiten
Montag 15.30 bis 19.30 Uhr, Dienstag bis Samstag 9.30 bis 12.30 und 15.30 bis 19.30 Uhr.

Anreise
Von der A4 bei Verona auf die A22 Richtung Trento, Ausfahrt Verona Nord. Weiter auf der SS 12 Richtung Pescantina, Ausfahrt Bussolengo. Auf der SP 5 stadteinwärts Richtung Lago di Garda. Der Verkauf befindet sich direkt an der Hauptstraße, fast am Ortsende auf der rechten Seite. Der dunkle Glasbau ist kaum zu übersehen.

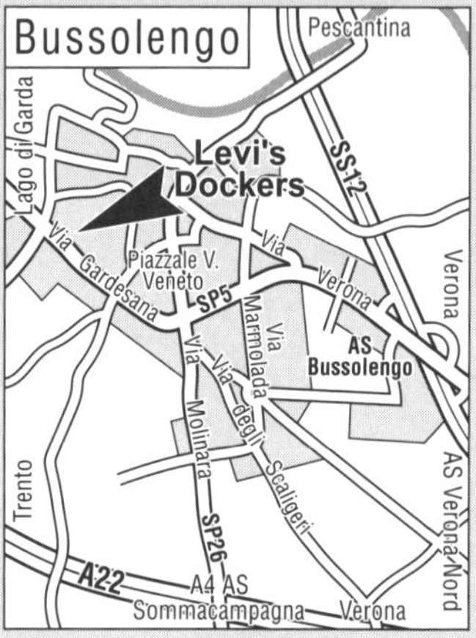

NUOVA LALFA LAMPADARI

Eine schöne Gegend ist es nicht gerade, in der sich die Fabrikation und der Lampenverkauf befinden. Es herrscht viel Verkehr in jeder Richtung, aber der Lampenverkauf mit der Außenanlage ist wie eine Oase.

Ric's Cafè

Warenangebot
Großes Angebot an Steh-, Wand- und Deckenlampen - nicht die modernen Designerlampen, sondern vorwiegend Kronleuchter und Tiffanylampen und eine große Auswahl an Ventilatoren.

Ersparnis
30 %.

Ambiente
Verkauf über zwei Stockwerke wie im Fachgeschäft.

Adresse
Nuova Lalfa Lampadari Fabbrica Artigiana di Bertolo Mario S.r.l., Località Ca' di Capri 106/B - 37012 Bussolengo (VR), Telefon: 045/6767019, Fax: 6767180.

Öffnungszeiten
Montag 15.00 bis 19.30 Uhr, Dienstag bis Samstag 8.30 bis 12.30 und 15.00 bis 19.30 Uhr.

Anreise
SS 11 Peschiera-Verona, direkt vor der Autobahnauffahrt Verona Nord, rechts.

SWINGER INTERNATIONAL

Vor 20 Jahren waren Swinger-Jeans die „Number One". Damals waren es klassische Jeans in Topform. Inzwischen geht der Stil von Swinger mehr zur dekorativen Jeans mit Goldnieten, Rüschen und Applikationen. Hier wird auch für die Marken RoccoBarocco, Laura Biagiotti Roma und Byblos Blu produziert.

Der Dekorateur

Warenangebot
Jeans und Sportswear von klassisch bis raffiniert, auf jeden Fall aber variantenreich. Außerdem gibt es im oberen Stock des Fabrikverkaufs eine große Auswahl an Stoffresten.

Ersparnis
40 bis 70 %.

Ambiente
Typischer Jeansladen mit Beratung.

Adresse
Swinger International S.p.A., Via Festara Vecchia, 44 - 37012 Bussolengo (VR), Telefon: 0 45/6 71 98 11, Fax: 6 71 98 50.

Öffnungszeiten
Dienstag bis Samstag 9.30 bis 12.30 und 15.00 bis 19.00 Uhr.

Anreise
SS11 Peschiera-Verona, nicht weit von der Auffahrt zur A22 Verona Nord, in der Nähe des Einkaufszentrums „La Grande Mela" gegenüber von Il Quadrante, geht es rechts in die Via Festara Vecchia zu Swinger Jeans.

EMMEGITI

Mit diesen Hemden ist die Herrenwelt in jeder Beziehung fein raus. Hochwertige Stoffe, zu zeitloser, lässiger Mode verarbeitet, ideal zu eleganten Blazer-Kombinationen oder einfach zu Jeans.

Fein raus

Warenangebot
Hemden und Krawatten, überwiegend aus Baumwolle und Seide in Uni-, Streifen- oder Fun-Mustern. Es gibt auch 2.-Wahl-Angebote, Musterkollektionen und vereinzelt Pullover.

Ersparnis
20 bis 40 %.

Ambiente
Große Auswahl im ebenerdigen Verkaufsraum. Die Ware ist übersichtlich und gut sortiert. Parkmöglichkeiten direkt vor dem Haus oder rechts um die Ecke, im Hof ist Parkverbot.

Adresse
Emmegiti, Via Ugo Foscolo, 13 - 21052 Busto Arsizio (VA), Telefon: 03 31/ 63 24 49, Fax: 62 31 73.

Öffnungszeiten
Montag bis Freitag 9.00 bis 12.00 und 15.00 bis 19.00 Uhr, Samstag 9.00 bis 12.15 Uhr.

Anreise
A8 Milano–Varese, Ausfahrt Castellanza-Busto Arsizio. Richtung Stadtmitte über die Via Per Busto Arsizio und Via G. Borri. Vor der Bahnüberführung links in die Via Muratori. Von der Via Muratori in die Via Gaeta, nächste links und dann rechts in die Via Ugo Foscolo.

MIRTILLO

Mirtillo gehört zu den Großen im Kindermodenbereich. Hier wird Mode mit Pfiff für Kinder von den ersten Tagen an bis ins Teenager-Alter produziert.

Klein aber „oho“

Warenangebot
Alle Arten von Bekleidung für Kinder und Jugendliche von 0 bis 16 Jahre: Jacken, Hosen, Kleider und Accessoires.

Ersparnis
30 % bei der eigenen Marke, 20 % bei den zugekauften Marken.

Ambiente
Große, in zwei Räume aufgeteilte Verkaufsfläche hinter der Mauer um die Firma versteckt. Die Kleidung ist gut sortiert. In jedem Raum sind zwei Umkleiden mit jeweils zwei Kabinen. Der Fabrikverkauf ist sehr modern eingerichtet.

Adresse
Maglificio Barbara S.r.l., Via Lega Lombarda, 7 - 21052 Busto Arsizio (VA), Telefon: 03 31/32 71 25.

Öffnungszeiten
Montag 15.30 bis 19.30 Uhr, Dienstag bis Samstag 9.30 bis 12.30 und 15.30 bis 19.30 Uhr.

Anreise
A8 Milano–Varese, Ausfahrt Castellanza–Busto Arsizio. Richtung Stadtmitte über die Via Per Busto Arsizio und Via G. Borri. Vor der Bahnüberführung links in die Via Muratori und die 3. Querstraße wieder links in die Via Milazzo. Am Ende dieser Straße rechts in die Via C. Ferrini und wieder rechts in die Via Lega Lombarda.

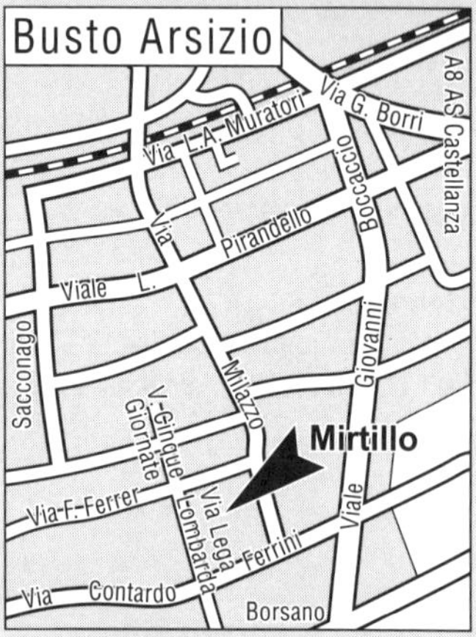

MIRTILLO SPACCIO

Hier wird vielseitige und beliebte Kinderbekleidung vom Baby- bis zum Teenager-Alter zu Fabrikverkaufspreisen angeboten.

Modisches Outfit für die Kids

Warenangebot
Vielseitiges Angebot an Kinder- und Jugendbekleidung von 0 bis 16 Jahre. Kleider, Hosen, Jacken und mehr. Hierbei handelt es sich um Musterwaren, Restposten, 2. Wahl und Sonderangebote.

Ersparnis
50 bis 70% gegenüber den aktuellen Ladenpreisen.

Ambiente
Die 250 m² große Verkaufshalle hat eine zweckmäßige Einrichtung und ist ca. 200 m von der Fabrik in der Via Lega Lombarda entfernt.

Adresse
Mirtillo Spaccio, Via Cinque Giornate, 14 - 21052 Busto Arsizio (VA), Telefon: 03 31/65 37 35.

Öffnungszeiten
Dienstag bis Freitag 14.30 bis 18.00 Uhr, Samstag 9.00 bis 12.30 Uhr.

Weitere Verkaufsstelle:
- 21052 **Busto Arsizio (VA)**, Mirtillo Outlet Factory Store, Piazza San Michele, 4, Telefon: 03 31/63 38 99. Montag bis Samstag 9.30 bis 12.30 Uhr und 15.30 bis 19.30 Uhr.

Anreise
A8 Milano-Varese, Ausfahrt Castellanza-Busto Arsizio. Richtung Stadtmitte über die Via Per Busto Arsizio und Via G. Borri. Vor der Bahnüberführung links in die Via Muratori und die 3. Querstraße wieder links in die Via Milazzo. Am Ende dieser Straße rechts in die Via C. Ferrini und wieder rechts in die Via Lega Lombarda. 200 m von der Mirtillo Fabrik entfernt in die Via Cinque Giornate.

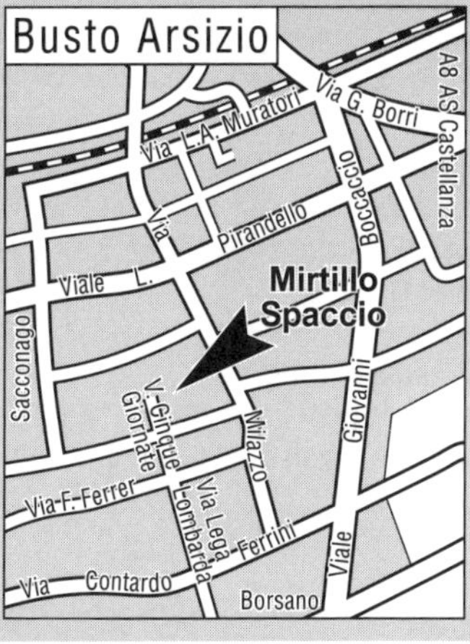

pappa ciccia

Pappa & Ciccia steht für Kinder-Trendkleidung: jung, modern in Design und Farbe, gute Qualität. Fröhliche und lustige Kindermode von der Wiege bis etwa zum achten Lebensjahr.

Spritzig-frische Mode

Warenangebot
Kinderbekleidung, überwiegend im Shirtbereich: T-Shirts, Sweatshirts, Hemden, Kleider, Hosen, Jeans und Röcke.

Ersparnis
30 % bei der Vorjahreskollektion, 50 % bei älteren Modellen.

Ambiente
Kleiner Laden im Innenhof des Firmengeländes, Ware unterteilt in 1.- und 2.-Wahl-Ware. Von den ausgezeichneten Preisen werden die Prozente noch abgezogen. Um in das Firmengelände zu kommen, muss man an der Pforte klingeln. Parkmöglichkeiten direkt vor der Firma.

Adresse
Pappa & Ciccia, Via Ferrer, 13 - 21052 Busto Arsizio (VA), Telefon: 03 31/ 66 22 11.

Öffnungszeiten
Montag bis Freitag 8.30 bis 12.30 und 14.30 bis 18.30 Uhr, Samstag 8.30 bis 12.30 Uhr.

Anreise
A8 Milano-Varese, Ausfahrt Castellanza-Busto Arsizio. Richtung Stadtmitte über die Via Per Busto Arsizio und Via G. Borri. Vor der Bahnüberführung links in die Via Muratori und die 3. Querstraße wieder links in die Via Milazzo und von dort rechts in die Via Ferrer.

OUTLET RATTI

Ratti folgt der langen Tradition der Seidenweberei in der Region um den Comer See. Die Seidentücher von Valentino, Ungaro u. v. a. werden bei Ratti hergestellt. Inzwischen gibt es bei Ratti auch Wolle, Cashmere und Baumwolle und aus diesen Stoffen gefertigte Bekleidung.

Am seidenen Faden

Warenangebot
Seidentücher und Stoffe, Krawatten, Stolen, Schärpen, Damenblusen, Herrenhemden, Anzüge, Kostüme, Taschen, Gürtel und Krawatten.

Ersparnis
25 %.

Ambiente
Großes, neues Factory Outlet mit Parkmöglichkeiten.

Adresse
Carnet divisione Collezioni Grandi Firme S.p.A., Cadorago Outlet, Via Vivaldi, 6 - 22071 Cadorago (CO), Telefon: 0 31/ 8 86 62 80.

Öffnungszeiten
Montag 15.00 bis 19.00 Uhr, Dienstag bis Samstag 9.30 bis 19.00 Uhr.

Anreise
A9 Milano–Como, Ausfahrt Lomazzo. Richtung Appiano Gentile. In Guanzate nach ca. 1 km von der Via XXV Aprile rechts abbiegen in die Via L. Ariosto. Am Kreisverkehr Richtung Como in die Via Madonna, nach ca. 500 m erreicht man den Stoffverkauf Ratti in Guanzate und nach weiteren 300 m das o.g. Outlet in Cadorago, in einer Querstraße der Via Madonna (links abbiegen), der Via Vivaldi.

PRINCIPE

Wie schon der Name sagt, werden hier aristokratische Lederwaren hergestellt. Durch den Direktverkauf sind die Preise aber volkstümlich. Das Angebot ist vielseitig und reicht von der Tasche bis zu Lederaccessoires. Das Ganze im klassisch zeitlosen Stil.

Klassisch, aristokratisch

Warenangebot
Breites Angebot an Taschen, Reisetaschen, Koffern, Brieftaschen, Gürteln, Regenschirmen, Schuhen, Aktentaschen. Alles Markenartikel bekannter Hersteller wie Principe, Cerruti, Diesel, Marie Claire.

Ersparnis
20 bis 50 %.

Ambiente
Verkaufsraum neben der Fabrik, übersichtliche Warenpräsentation, qualifizierte Beratung. Parkplätze sind ausreichend vorhanden.

Adresse
Outlet Principe, Via Lungolago Duca degli Abruzzi, 166 - 21100 Calcinate del Pesce (VA), Telefon: 03 32/32 76 11, Fax: 32 76 40, E-Mail: principe@principe.it.

Öffnungszeiten
Montag bis Samstag 8.30 bis 12.00 und 14.30 bis 18.30 Uhr.

Anreise
A8 Milano–Varese, Ausfahrt Lago di Varese, SP1 Richtung Gavirate am Lago entlang. In Calcinate del Pesce von der SP1 zuerst rechts in die Via Ettore Ponti, dann sofort links in die Straße Via Lungolago Duca degli Abruzzi.

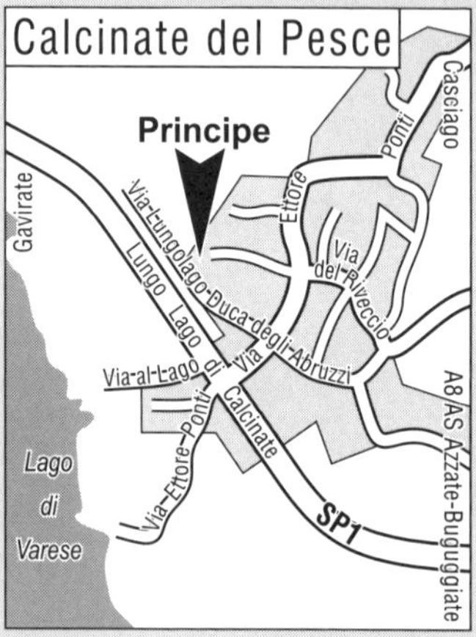

SERGIO TACCHINI

Sergio Tacchini ist in Deutschland bei Alt und Jung als Hersteller von Tennisbekleidung bekannt. Das Angebot in Caltignaga geht jedoch weit über das hinaus, was bei uns dieser Marke zugeordnet wird. Oder haben Sie gewusst, dass auch der Golfer in Kleidung von Sergio Tacchini zum Golfplatz kommt?

Angemessen sportlich

Warenangebot
Tennisbekleidung, Tennisschuhe, Golfbekleidung, Bademoden, Skibekleidung, Accessoires, Freizeitbekleidung, Freizeitschuhe für Damen, Herren und Kinder.

Ersparnis
20 bis 50 % bei Vorjahres- oder Vorvorjahresmodellen.

Ambiente
Riesiger Verkauf in einer lagerähnlichen Halle, Umkleidekabinen sind vorhanden. Der Verkauf ist stark besucht, Parkplätze gibt es auf der anderen Straßenseite.

Adresse
Sergio Tacchini, SS 229, km 8 - 28010 Caltignaga (NO), Telefon: 03 21/65 18 00.

Öffnungszeiten
Montag 15.00 bis 19.00 Uhr, Dienstag bis Freitag 10.00 bis 12.00 und 15.00 bis 19.00 Uhr, Samstag 10.00 bis 19.00 Uhr, Sonntag 10.00 bis 12.00 und 15.00 bis 19.00 Uhr.

Weitere Verkaufsstellen
- 15069 **Serravalle Scrivia (AL)**, McArthurGlen Designer Outlet, Via della Moda, 1, Telefon: 01 43/68 63 24.
- 20090 **Pantigliate (MI)**, Strada Veccia Paullese, 9, Telefon: 02/90 68 73 82.
- 21013 **Gallarate (VA)**, Via Milano, 169, SS del Sempione, Telefon: 03 31/79 03 47.
- 28053 **Castelletto Ticino (NO)**, SS 33 del Sempione, 159, Telefon: 03 31/91 42 88.
- 28060 **Vicolungo (NO)**, Via S. Martino Zuziagna/Angolo Via S. Lorenzo.

Anreise
Der Verkauf befindet sich bei Caltignaga an der SS 229 Omegna-Novara auf der rechten Straßenseite.

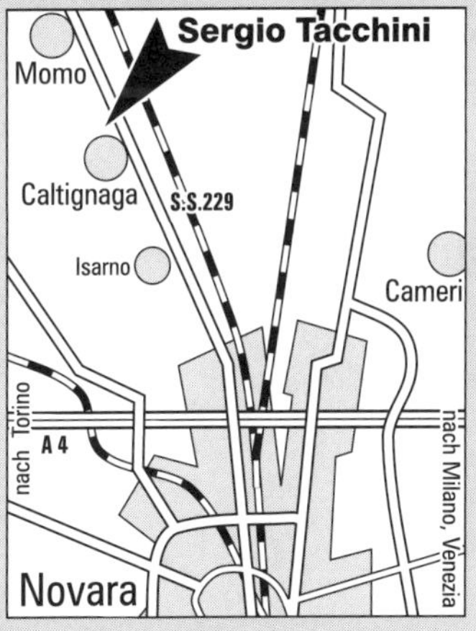

Cesare Gatti
cashmere

In Paris, Mailand, Santa Margherita und Cannes finden Sie Boutiquen von Cesare Gatti mit edelsten Cashmere-, Alpaca-, Woll- und Seidenprodukten, mit Sorgfalt behandelt vom Garn über die Färbung bis zum fertigen Produkt.

Federleichtes Cashmere

Warenangebot
Plaids, Decken, Schals und Cashmere-Strickwaren von ausgesuchter Qualität.

Ersparnis
25 % und dennoch keineswegs billig. Ein Wollschal kostet 40,- Euro, ein Damen-Cashmere-Twinset 350,- Euro.

Ambiente
Verkaufsraum im UG der Fabrik. Klingeln Sie beim Büro, dann begleitet Sie eine Verkäuferin zum Verkauf, wo Sie sich in Ruhe umsehen können. Kartenzahlung ist hier ausnahmsweise nicht möglich.

Adresse
Cesare Gatti S.r.l., Via Occhieppo, 20 - 13891 Camburzano (BI), Telefon: 015/ 59 28 02.

Öffnungszeiten
Montag 14.30 bis 18.30 Uhr, Dienstag bis Samstag 9.30 bis 12.30 und 14.30 bis 18.30 Uhr.

Anreise
Von Biella Richtung Mongrando/ Ivrea. In Occhieppo inferiore dem ersten Wegweiser rechts nach Camburzano und dann gleich links dem Wegweiser Gatti folgen.

Conte of Florence.
SPORTSWEAR SINCE 1952

„Es ist ebenso schwierig, die Marke einer Firma über Jahre hin unverändert zu lassen, wie deren Philosophie zu wahren", sagt Romano Boretti, Management Direktor der Firma Conte of Florence. Seit 1952 ist Conte of Florence Hersteller von Freizeitbekleidung in klassisch sportlicher Eleganz.

Adel verpflichtet

Warenangebot
Breites Angebot an Damen-, Herren- und Kinderfreizeitbekleidung der Marke Conte of Florence. Restposten, 1.- und 2.-Wahl-Ware. Hosen, Jacken, Hemden, Poloshirts, Bademoden, Golfbekleidung, Westen, viele Accessoires wie Schals, Handschuhe, Mützen, Hüte u.v.m.

Ersparnis
30 bis 50 %.

Ambiente
Direkt neben der Produktionsstätte, befindet sich der Fabrikverkauf. Der 300 m² große Verkaufsraum ist in vier Abteilungen gegliedert: Damen-, Herren-, Kinderbekleidung und Accessoires. Selbstbedienung, moderne Einrichtung, Ware in Regalen geordnet und gut sortiert. Das Angebot ist so umfangreich, dass der Kunde viel Zeit und Geduld braucht, aber es lohnt sich. Freundliches Personal. Ausreichend Parkplätze.

Adresse
Conte of Florence, Via di Limite, 170 - 50013 Campi Bisenzio (FI), Telefon: 0 55/89 86 82 33, Fax: 8 96 94 84, E-Mail: outlet.firenze@conteofflorence.com, Internet: www.conteofflorence.com.

Öffnungszeiten
Dienstag bis Sonntag 10.30 bis 19.00 Uhr, Montag geschlossen.

Anreise
A11 Firenze-Pisa, Ausfahrt Prato Est. Richtung Campi Bisenzio, geradeaus am Centro Comerciale I Gigli vorbei Richtung Firenze. Nach der Ampel rechts in die Viale Allende, danach, vor der Autobahnbrücke, links in die Via di Limite.

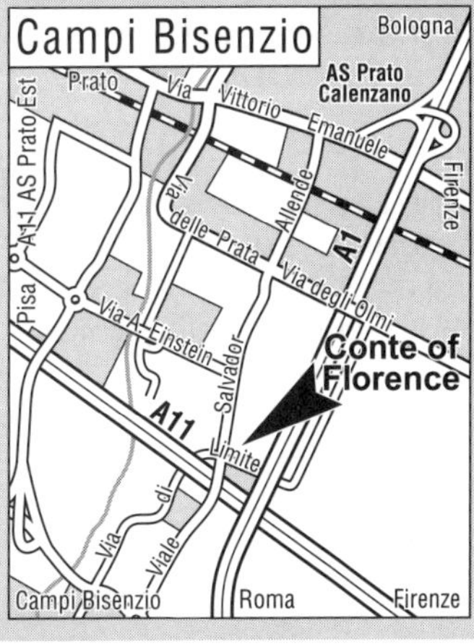

L'ARTE DEL CASHMERE
the art of cashmere

Hier werden seit den 50er-Jahren Strickwaren produziert. Seit 20 Jahren hat sich die Firma auf Strick aus 100 % Cashmere spezialisiert. Die Artikel werden in alter Handwerkstradition mit dem sogenannten doppelten Faden gefertigt.

Auf Cashmere spezialisiert

Warenangebot
Große Auswahl an Strickjacken und Pullis für Damen und Herren, Handschuhen, Schals und sogar Kissen, alles aus reinem Cashmere. Alle Modelle werden im italienischen Design und Stil angefertigt. Durch den Direktverkauf in der Fabrik sind die Preise für diese hochwertigen Strickwaren besonders günstig.

Ersparnis
50 %.

Ambiente
Großer Verkauf bei der Fabrik. Kreditkarten (Visa, Mastercard und American Express) werden akzeptiert.

Adresse
Maglieria Artigiana S.r.l., Via A. Einstein, 35 interno 39 - 50013 Campi Bisenzio (FI), Telefon: 0 55/8 97 44 79, Fax: 89 84 82, E-Mail: simone@maglieriaartigiana.it.

Öffnungszeiten
Montag bis Freitag 9.00 bis 13.00 und 14.30 bis 19.00 Uhr.

Anreise
A11 Firenze–Pisa, Ausfahrt Prato Est, Richtung Campi Bisenzio, geradeaus am Centro Commerciale I Gigli vorbei. Nach dem Centro Commerciale, im Kreisverkehr, geradeaus fahren. Hier beginnt die Via Einstein Nach 300 m geht es über eine kleine Brücke, auf der linken Seite befindet sich der Industriekomplex „Officine Galileo". Hinter dem Parkplatz der Firma Officine Galileo ist der Verkauf gut ausgeschildert.

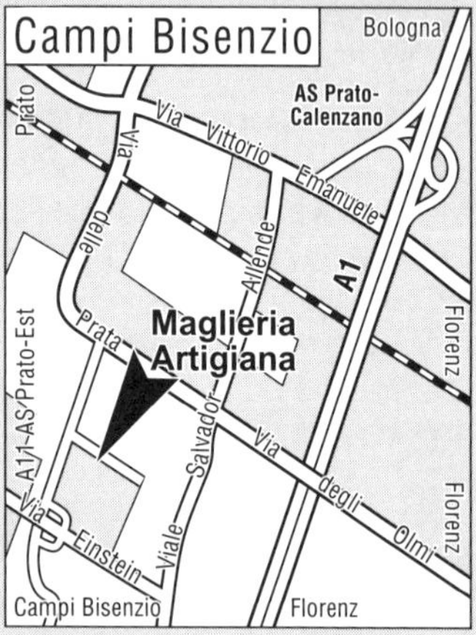

Cantina del Rubino

Auf den Monferratohügeln, die sanft zum Po hin abfallen, gedeihen auf einer Höhe von 250 bis 400 m ausgewählte Traubensorten, die von den Eigentümern der Cantina del Rubino nach traditionellen Methoden umweltschonend angebaut und verarbeitet werden.

Nicht nur rubinrot

Warenangebot
Typische DOC-Weine: Rubino di Cantavenna, Rubino di Cantavenna „Riserva dal Vaslot", Barbera di Monferrato, Barberino, Pinot. Die nach piemontesischer Tradition aus den Traubensorten Barbera und Grignolino hergestellten Weine gibt es offen und in Flaschenabfüllungen, außerdem regionale Spezialitäten wie Grappa di Moscato u.a.

Ersparnis
Deutlich günstiger als in Deutschland.

Ambiente
Großer Verkaufsraum, gut sortiertes Angebot. Freundliche Atmosphäre, fachkundige Beratung durch Signora Piera. Großer Parkplatz vor dem Haus.

Besonderheiten
Die Cantina ist landschaftlich wunderschön gelegen.

Adresse
Cantina del Rubino, Piazza della Libertà, 10 - 15020 Cantavenna (AL), Telefon: 01 42/94 50 31 oder 94 50 60.

Öffnungszeiten
Montag, Dienstag und Donnerstag bis Sonntag 10.00 bis 12.00 und 15.00 bis 18.00 Uhr. Mittwoch geschlossen.

Anreise
A4 Milano–Torino, dann A26 Genova Voltri–Gravellona, Richtung Alessandria/Santhiá, Ausfahrt Vercelli Ovest. Auf der SS 455 zunächst Richtung Trino und weiter Richtung Asti bis zur SP7 nach der Po-Querung. Dort abfahren, durch Pontestura bis kurz vor Camino auf der SP 7. Dann links ab auf die SP 5 Richtung Gabiano bis Cantavenna.

BORGHI

Klassisch modische Strickwaren für Damen und Teenager in besonders edler Qualität und zeitloser Form aus feinstem Material und in ausgeklügeltem Design.

Mit italienischem Flair

Warenangebot
Große Auswahl an Kleidern, Röcken, Hosen, Jacken, Mänteln, Westen, Pullis, Tops und Bodys aus Materialien wie Cashmere, Seide, Wolle, Baumwolle. Keine Modegags, aber ausgesucht schöne Modelle.

Ersparnis
20 bis 25 %, bei 2. Wahl mehr. Die Ware ist nicht ausgezeichnet, Preise auf Nachfrage. Gehobene Preisklasse.

Ambiente
Gepflegter Laden mit acht Schaufenstern und Garten, extrem freundliches und hilfsbereites Personal.

Adresse
Borghi Studio 54, Via Dante, 17 - 22063 Cantù (CO), Telefon und Fax: 031/ 7073516.

Öffnungszeiten
Montag 15.30 bis 19.30 Uhr, Dienstag bis Samstag 9.30 bis 12.30 und 15.30 bis 19.30 Uhr.

Anreise
A9 Como–Milano, Ausfahrt Fino Mornasco. Der Beschilderung Cantù Centro folgen. Die neue Verkaufsstelle von Borghi Studio 54 befindet sich im historischen Zentrum der Stadt.

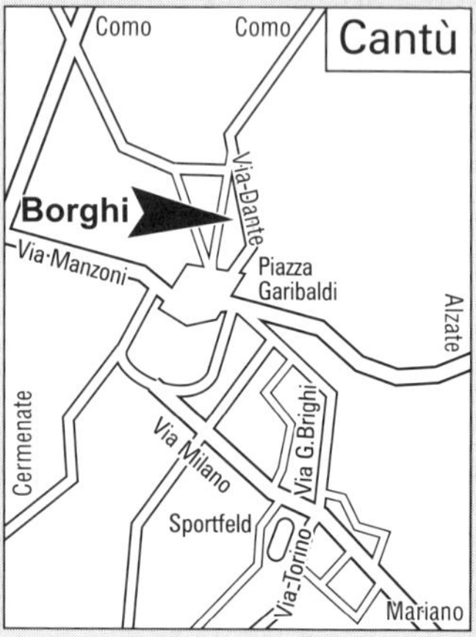

La Permanente Mobili Cantù

dal 1893

Durch den Zusammenschluss von 38 Möbelwerkstätten ist diese renommierte Adresse für außergewöhnliche Stil- und extravagante Designermöbel entstanden.

Jedes Stück ein Kleinod

Warenangebot
Überwältigende Auswahl an Vitrinen, Konsolen, Sekretären, Beistelltischen, Ess-, Wohn- und Schlafzimmern, auch einzelne Betten, Sofas und Sessel sowie Chefbüros.

Ersparnis
Eine Angabe in Prozent ist nicht möglich. Diese Möbel sind sonst kaum zu finden. Preisbeispiele: Sideboard in Palisander mit Intarsien um 8000,- Euro, Intarsien-Kirschbaum-Beistelltisch um 1600,- Euro, funktionelles Designer-Nussbaumregal ca. 1400,- Euro.

Ambiente
Großes, vierstöckiges, altes Gebäude, auf allen Etagen luxuriöse und extrem dekorative Ausstellungsstücke, sehr freundliche und fachmännische Beratung, gebührenpflichtige Parkmöglichkeit auf der Piazza Garibaldi.

Adresse
Consorzio La Permanente Mobili Cantù, Piazza Garibaldi, 9 - 22063 Cantù (CO), Telefon: 031/712539, Fax: 720412, E-Mail: info@permanentemobilicantu.com, Internet: www.permanentemobilicantu.com.

Öffnungszeiten
Montag bis Samstag 9.00 bis 12.30 und 14.30 bis 19.00 Uhr.

Anreise
A9 Como-Milano, Ausfahrt Fino Mornasco, Richtung Cantù Centro auf die Piazza Garibaldi.

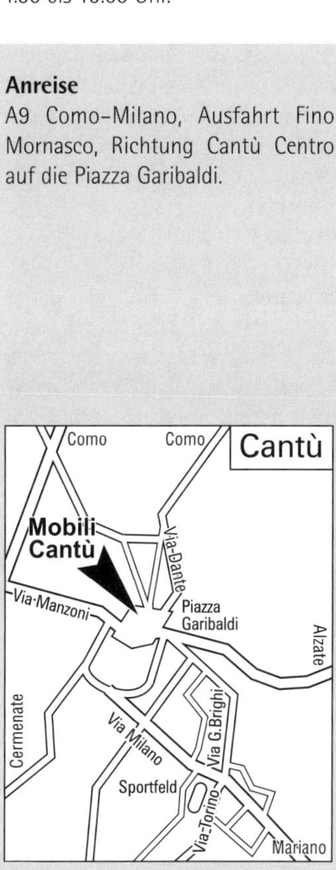

ZANIN
CALZATURE

Zanin ist eine kleine Schuhfabrik, die hier in der Nähe der „Straße der Schuhmacher" produziert. Es gibt in dieser Gegend unendlich viele kleine und auch sehr bekannte Schuhfabriken, aber Zanin ist der einzige Direktverkauf, den wir gefunden haben.

Immer auf dem „Laufenden"

Warenangebot
Große Auswahl aus einem anspruchsvollen und edlen Sortiment an sportlichen, klassischen und modischen Damen- und Herrenschuhen. Schuhe aus eigener Produktion und von anderen Firmen.

Ersparnis
20 bis 50 %.

Ambiente
Feiner Laden auf einer Fläche von ca. 120 m². Die Ware ist sehr übersichtlich in Regalen präsentiert. Wenn Sie Wert auf Beratung legen, können Sie hier gepflegt einkaufen. Großer Parkplatz vor der Verkaufsstätte vorhanden.

Adresse
Zanin, Via Venezia, 88 - 35010 Capriccio di Vigonza (PD), Telefon: 0 49/9 80 14 30, Fax: 9 80 14 30.

Öffnungszeiten
Montag 15.00 bis 19.00 Uhr, Dienstag bis Samstag 9.30 bis 19.00 Uhr.

Anreise
A4 Verona-Venezia, Ausfahrt Padova Est (Ost). An der SS 11 Richtung Venezia finden Sie Zanin rechts, unübersehbar, ca. 1 km nach dem Schuhzentrum Rossi.

CALZATURIFICIO STEPHY
di Segattini Andrea & C.

Calzaturificio Stephy ist ein riesiges Factory Outlet, in dem es eine Vielzahl von Schuhen und Sportbekleidung bekannter Marken wie Lotto, Champion, Fila, Sergio Tacchini, Navigare und andere zu kaufen gibt.

Gut in Form

Warenangebot
Sportschuhe für alle erdenklichen Sportarten, große Auswahl an Sport- und Freizeitbekleidung für Damen, Herren und Kinder, Schuhe in allen Ausführungen, von sportlich bis klassisch, von modisch bis praktisch. Für Schuhgröße 47 bis 51 gibt es eine extra Ecke.

Ersparnis
25 %, daneben gibt es ganzjährig zusätzlich reduzierte Vorjahresmodelle.

Ambiente
Riesige Halle mit sehr großem Angebot.

Adresse
Calzaturificio Stephy, Via Monte Baldo (Strada per Spiazzi) - 37013 Caprino Veronese (VR), Telefon: 045/7241251.

Öffnungszeiten
Im Winter: Montag bis Sonntag 9.00 bis 12.30 und 14.00 bis 19.30 Uhr. Im Sommer: Montag bis Sonntag 9.00 bis 12.30 und 14.30 bis 20.00 Uhr.

Anreise
A22, Ausfahrt Affi, auf der SP29 nach Caprino Veronese. Dort Richtung Centro und bei der Kirche rechts Richtung Spiazzi. Nach ca. 1 km, am Ortsende, befindet sich auf der linken Seite Stephy.

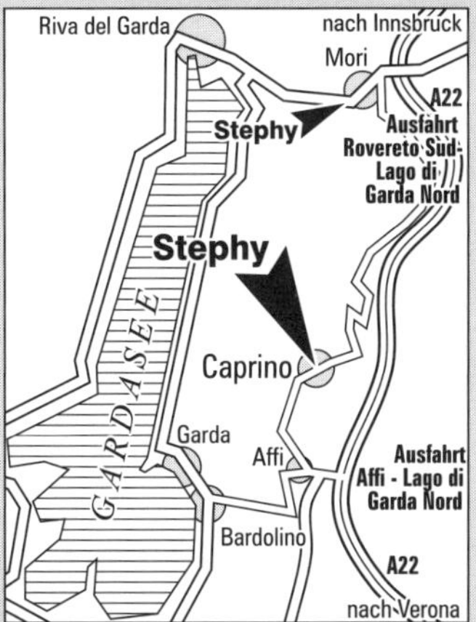

SCORTE DI MAGAZZINO
GINA LEBOLE
ABBIGLIAMENTO E ACCESSORI PER LA CASA

In der Nähe von Vercelli befindet sich Scorte di Magazzino, ein Direktverkauf der Herstellerfirma Gina Lebole. Diese Marke ist bekannt für gehobene Qualität. Die Bekleidung wird hauptsächlich aus Stoffen der Marken Zegna, Botto, Barbera und Piacenza angefertigt.

Hochwertige, günstige Mode

Warenangebot
Vielseitiges Angebot an klassischer und aktueller Bekleidung für die ganze Familie, bis Größe 52. Dazu Wäsche und Tischdecken in verschiedenen Preisklassen und diverse Wohnaccessoires.

Ersparnis
Durchschnittlich 30 %.

Ambiente
Zweckmäßig eingerichtetes Kaufhaus mit 1500 m² Verkaufsfläche. Übersichtliche Warenpräsentation, Umkleidekabinen vorhanden. Freundliches, hilfsbereites Personal. Am Samstag keine Bedienung. Großer Parkplatz.

Besonderheiten
Gegenüber Scorte di Magazzino gibt es McDonald's und einen Geldautomaten.

Adresse
Scorte di Magazzino, SS230 n. 18 - 13030 Caresanablot (VC), Telefon: 01 61/ 3 33 07, Fax: 3 33 96.

Öffnungszeiten
Montag 15.30 bis 19.30 Uhr, Dienstag bis Samstag 9.30 bis 12.30 und 15.30 bis 19.30 Uhr.

Anreise
A26/4, Ausfahrt Vercelli Ovest, auf der SS455 Richtung Vercelli bis zur Tangenziale, dort auf die SS230 Richtung Biella. Der Verkauf befindet sich am Ortsanfang von Caresanablot an der Hauptstraße rechts. Oder: A4 Milano–Torino, Ausfahrt Gréggio, links Richtung Gréggio, dort weiter Richtung Vercelli fahren und auf die SS230 wechseln. Der Verkauf befindet sich an der Hauptstraße am Ortsende von Caresanablot auf der linken Seite.

manifatture
ABBIGLIAMENTO di CARISIO

Dieser Hersteller verarbeitet ausschließlich hochwertige Naturgarne, die direkt aus den Herkunftsländern erworben werden. Das Gebiet Piemont hat eine lange Tradition in der Verarbeitung von qualitativ ausgezeichneten Stoff- und Strickwaren. Neben der Herstellung eigener Produkte, fertigt die Firma auch für andere namhafte und hoch angesehene Markenfirmen.

Exklusives aus Edelfasern

Warenangebot
Damen- und Herrenstrickwaren aus Cashmere und anderen Naturmaterialien im klassisch modischen Stil. Pullover, Westen, Twinsets, Hemden, Herrenhosen, Capes, viele Accessoires, Decken und Plaids aus Cashmere. Im Sommer Strickwaren aus Seide und Baumwolle.

Ersparnis
10 bis 30 %.

Ambiente
Elegante, ansprechende Verkaufsstelle nahe der Fabrik. Großer Raum mit reichhaltiger, übersichtlicher Warenpräsentation. Bar-Ecke zum Entspannen. Qualifiziertes und freundliches Personal. Auf Wunsch wird man beraten und bedient. Beim Betreten des Verkaufsraumes erklingt ein feines Glockengeläut. Parkplätze vor dem Eingang.

Adresse
Manifatture Abbigliamento di Carisio, Via Torino, 2 - 13040 Carisio (VC), Telefon: 01 61/85 82 11, Fax: 85 82 12, E-Mail: info@manifatonline.com, Internet: www.manifatonline.com.

Öffnungszeiten
Dienstag bis Sonntag 10.00 bis 19.00 Uhr.

Anreise
A4 Milano-Torino, Ausfahrt Carisio, auf der SP3 rechts Richtung Biella. Nach ca. 200 m befindet sich der Verkauf im 1. Wohnhaus rechts, Via Torino 2.

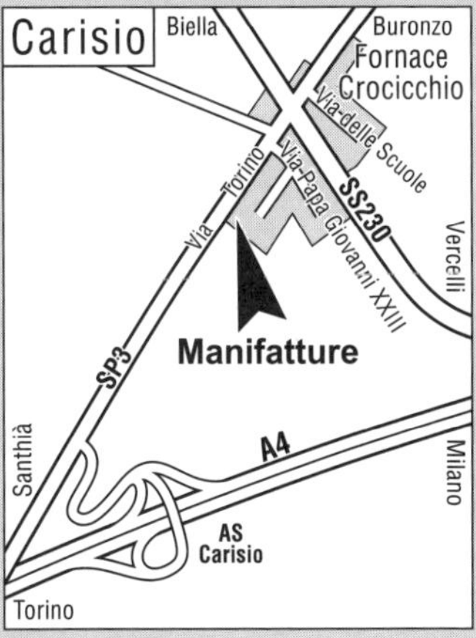

NOB. CASA CONTINI BONACOSSI

TENUTA DI CAPEZZANA

Der Carmignano DOCG ist in seinem Hauptbestandteil (85 % Sangiovese, 15 % Cabernet Sauvignon) dem Chianti ähnlich, doch ist es beim Chianti aufgrund seiner Bekanntheit schwierig, unter den unzähligen Angeboten wirklich gute herauszufiltern. Der Carmignano DOCG von der Tenuta di Capezzana braucht dagegen keinen Vergleich zu scheuen.

Weine mit Tradition

Warenangebot
Rot- und Weißwein gehobener Kategorie, Grappa, Vin Santo, Olivenöl.

Ersparnis
10 bis 20 %. Verglichen mit den Preisen in Deutschland eher noch mehr.

Ambiente
Der Stammsitz der Familie Bonacossi, die „Tenuta di Capezzana" liegt malerisch auf einem Hügel. Der Verkauf ist gegenüber dem Gut, dort kann man die Weine natürlich auch kosten.

Besonderheiten
Ganzjährig werden Kochkurse und Übernachtungsmöglichkeiten angeboten. E-Mail: agriturismo@capezzana.it.

Adresse
Tenuta di Capezzana, Via Capezzana, 100 - 59015 Carmignano (PO), Telefon: 0 55/8 70 60 05, Fax: 8 70 66 73, E-Mail: capezzana@capezzana.it.

Öffnungszeiten
Grundsätzlich ist wochentags immer jemand auf dem Gut zu finden.

Anreise
A7, Ausfahrt Prato Est, weiter Richtung Signa. Ca. 5 km nach der Autobahnausfahrt, an einer großen Kreuzung, Richtung Pistoia/Poggio a Caiano abbiegen. Durch S. Angelo a Lecore hindurch bis nach Poggio a Caiano. Die SS66 wenige Kilometer in Richtung Pistoia fahren, bis es links ins Zentrum von Seano geht. Durch Seano hindurch Richtung Bacchereto/Capezzana. Am Ortsende der Ausschilderung Capezzana folgen.

ANPAO BY SETTEBELLO

Im Factory Outlet Anpao by Settebello finden Sie überwiegend Sportswear der Marken Kappa, Trussardi, Uniform, Van Laack, Levi's u.a. für Damen, Herren und Kinder.

Rein in den Sportdress

Warenangebot
Große Auswahl an spezieller Sportbekleidung, Sportschuhen, Poloshirts, Hemden, T-Shirts, Handtüchern und Bademänteln. Begrenzte Auswahl an Jeans, sportlichen Hosen und Shorts. Viele Sonderangebote.

Ersparnis
30 %, Sonderangebote zusätzlich bis 30 %.

Ambiente
Großer, überfüllter Verkauf auf zwei Ebenen. Großer Parkplatz vor dem Verkauf.

Adresse
Anpao di Marmiroli Renato & C.s.n.c., Via Svoto Cattania, 2/aa - 41012 Carpi (MO), Telefon: 0 59/64 29 20, Fax: 62 24 96.

Öffnungszeiten
Montag bis Mittwoch und Freitag und Samstag 9.30 bis 12.30 und 15.00 bis 19.30 Uhr, Donnerstag 15.00 bis 19.30 Uhr.

Anreise
A22 Verona-Modena, Ausfahrt Carpi, Richtung Industriegebiet, über die Viale dell' Industria rechts in die Via Nuova Ponente, diese wird dann zur Via Lenin und später – kurz bevor sie nach rechts verläuft – zur Via Carlo Marx. Auf der Via Carlo Marx immer weiter, dann links in die Via Svoto Cattania, beim Einbiegen gut ausgeschildert. Der Verkauf ist gleich rechts.

MANIFATTURA CORONA

La Bottega di Corona ist die Verkaufsstelle von Manifattura Corona, einem Unternehmen der 1962 gegründeten Textilgruppe Berto. Durch kontinuierliche Weiterentwicklungen in der Produktion ist die Firma seit den 70er-Jahren in der Lage, komplette Kollektionen herzustellen. Modische, bequeme Freizeitbekleidung für die ganze Familie mit einem guten Preis-Leistungs-Verhältnis.

Es muss nicht immer teuer sein

Warenangebot
Vielseitiges Angebot an Damen-, Herren- und Kinderfreizeitbekleidung: Blousons, Hosen, Strickwaren, Jeans. 1. und 2. Wahl, Musterware, Ware mit kleinen Fehlern, auch Übergrößen. Aus eigener Produktion unter den Marken BTS, Blueside, Blue Side Kids, Crown, etc.

Ersparnis
30 bis 50 %. Dazu noch Sonderverkäufe im Juni und im November.

Ambiente
Übersichtliches Warenangebot auf 500 m² in angenehmem Ambiente. Klimaanlage, Spielecke, großer Kundenandrang. Parkplätze vorhanden.

Adresse
La Bottega di Corona, Via Roma, 39 - 35020 Casalserugo (PD), Telefon: 0 49/8 74 02 99, Fax: 8 74 02 76, E-Mail: spaccio@manifatturacorona.it.

Öffnungszeiten
Montag 15.30 bis 19.30 Uhr, Dienstag bis Samstag 8.30 bis 12.30 und 15.30 bis 19.30 Uhr.

Anreise
A4 Vicenza–Venezia, Ausfahrt Padova Est. Am Kreisverkehr 3. Möglichkeit rechts in die Corso Argentino und dieser bis zur 5. Anschlussstelle folgen. Dort abfahren und links Richtung Casalserugo abbiegen. Im Ort an der Piazza Aldo Moro rechts in die Via Roma. Der Verkauf befindet sich nach der Kurve links.

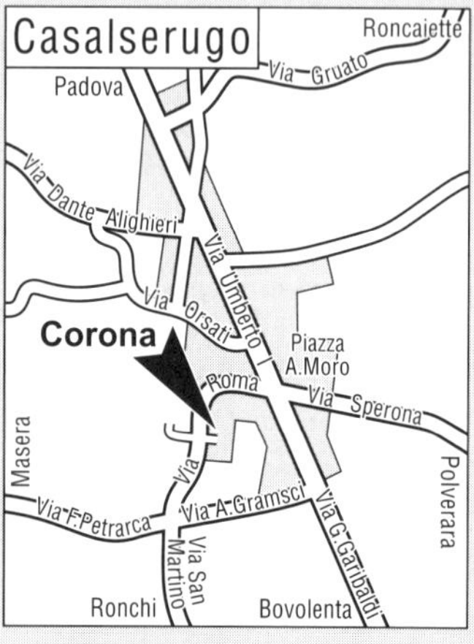

Castel Romano Outlet

Das Outlet Castel Romano, nur 30 Autominuten von Rom entfernt, gehört zur britischen Outletkette McArthurGlen. Es ist nach dem gleichen Konzept – Einkaufen und Freizeit eng miteinander verbinden – wie das Outlet in Serravalle aufgebaut. Im Angebot sind unter anderem internationale Designermarken. Das Outlet ist in seiner Architektur einem antiken römischen Dorf nachgebildet. Das allein ist schon Grund genug für einen Besuch.

Nero lässt grüßen

Warenangebot
Riesiges Angebot an Produkten international bekannter Markenhersteller wie Versace, Dolce & Gabbana, Fratelli Rossetti, Salvatore Ferragamo, Diesel, Bassetti, Samsonite, Etro etc. Bekleidung und Accessoires für Damen, Herren und Kinder. Sport- und Freizeitbekleidung, Lederwaren, Schuhe, Kosmetikartikel, Wäsche, Heimtextilien, Haushaltswaren u.v.m. Ware aus Auslaufkollektionen und Überproduktion.

Ersparnis
30 bis 70 %.

Ambiente
Die Architektur ist dem kaiserlichen Stil der Römerzeit nachempfunden. Café, Restaurant, Bank, Bankautomaten, Friseursalon, Spielplatz, Riesenangebot an kostenlosen Parkplätzen.

Adresse
Castel Romano Outlet, Via di Ponte di Piscina Cupa, 64 - 00128 Castel Romano (RM), Telefon: 06/50 50 05 00, Fax: 5 05 01 41, E-Mail: infocastelromano @b_m_g.it.

Öffnungszeiten
Montag bis Sonntag 10.00 bis 22.00 Uhr.

Anreise
G.R.A. (Grande Raccordo Anulare), das ist der Autobahnring um Rom, Ausfahrt 26. SS148 Pontina Richtung Latina bis zur Ausfahrt Castel Romano. Direkt die 1. Möglichkeit rechts ist die Via di Ponte di Piscina Cupa. Der Verkauf ist gut beschildert.

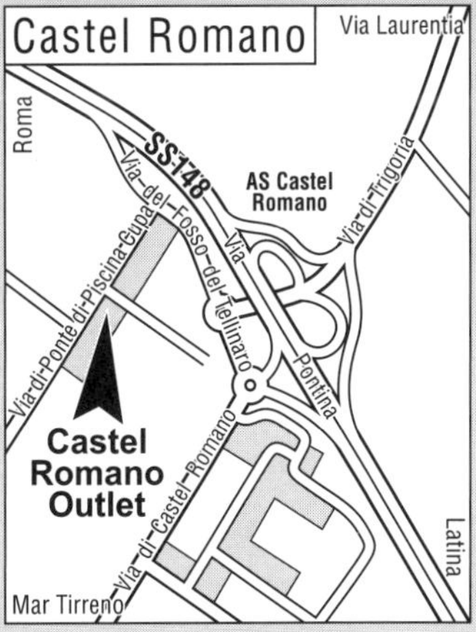

Bei Spumadoro schätzt der Kunde die besondere Frische der Waren, die noch nach der Tradition der Region Veneto hergestellt werden. Der kleine Abstecher zu Spumadoro lohnt sich, da das Gebäck nirgends frischer ist als direkt ab Fabrik.

Schlaraffenland

Warenangebot

Kleingebäck und typische Kuchen der Region wie „fugassa" (Focaccia), Kekse, saisonabhängig: colombe (Osterkuchen), panettone und plumcake. Vielseitiges Angebot an 2.-Wahl-Ware, frisch und in hervorragender Qualität, aber mit kleinen Schönheitsfehlern. Bei unserem Besuch wurde ausschließlich Ware ohne Konservierungsstoffe angeboten. Es gibt auch Süßigkeiten in vielen Variationen und exklusive Geschenke.

Ersparnis

Große Nachlässe bei Gebäck und wechselnde Sonderangebote.

Ambiente

Großzügiger Verkaufsraum an der Straßenseite des Fabrikgebäudes, hell und zweckmäßig eingerichtet. Waren übersichtlich in Regalen, Sonderangebote extra gekennzeichnet. Selbstbedienung. Sehr gute Parkmöglichkeiten.

Adresse

Fraccaro Spumadoro S.p.A., Via Circonvallazione Ovest, 25/27 - 31033 Castelfranco Veneto (TV), Telefon: 0423/ 491421, Fax: 720530.

Öffnungszeiten

Montag bis Freitag 8.00 bis 12.00 und 15.00 bis 18.30 Uhr, Samstag 8.30 bis 12.00 Uhr.

Anreise

Über die SR53 ab Vicenza oder die SS307 ab Padova bzw. SR245 ab Venezia nach Castelfranco. Nicht ins Zentrum fahren, sondern auf der Fernstraße Richtung Treviso bleiben. Am Kreisverkehr der SR53 in die Via Circonvallazione Ovest abbiegen. Der Verkauf ist nach ca. 1 km links.

liberti

Liberti ist bekannt für die Herstellung von Unterwäsche und hochwertiger Nachtwäsche. Im Direktverkauf werden vor allem die Marken Liberti, Blanco Master und Calvin Klein für Herren angeboten.

Die Welt der Wäsche

Warenangebot
Für Damen: Tagwäsche, Nachtwäsche, BHs, Bodys in verschiedener Ausfertigung und Qualität. Für Herren: Slips, Boxershorts, Unterhemden. Dazu ein breites Angebot an Bade- und Morgenmänteln, Unterröcken, Strümpfen. Sehr günstige Angebote in Wühlkörben.

Ersparnis
1. Wahl bis 20 %, Sonderangebote bis 70 %.

Ambiente
Großzügiger Neubau an der Straßenseite des Firmengeländes. Auf Wunsch fachliche Beratung, starker Andrang. Großer Parkplatz vor dem Eingang.

Adresse
Liberti Spaccio, Via Circonvallazione Est, 48/50 - 31033 Castelfranco Veneto (TV), Telefon: 04 23/42 44 96.

Öffnungszeiten
Montag 14.00 bis 20.00 Uhr, Dienstag bis Samstag 9.30 bis 20.00 Uhr.

Anreise
Castelfranco erreicht man über die SR 53 ab Vicenza oder über die SS 307 ab Padova bzw. SR 245 ab Venezia. Nicht ins Zentrum fahren, sondern auf der Fernstraße Richtung Treviso, die um den Ort führt, bleiben. Unmittelbar nach der Straßenüberführung rechts fahren. Das große Fabrikgebäude an der Via Circonvallazione Est ist nicht zu übersehen.

malerba

Strümpfe, Strumpfhosen und Socken von Malerba sind Artikel aus hochwertigen Materialien und von ausgezeichneter Qualität. Was Komfort und Look für die Beine angeht, zählen die Produkte des Unternehmens Malerba zu den bekanntesten und besten in Italien.

Wohlbefinden für die Beine

Warenangebot
Strumpfwaren für die ganze Familie: Strümpfe, Strumpfhosen, Socken; Unterwäsche, Schlafanzüge, Bademoden. Alles aus der Malerba-Produktion, sehr umfangreiches Angebot.

Ersparnis
20 bis 50 %, Ware aus der aktuellen Kollektion, Restposten, Auslaufmodelle.

Ambiente
Innerhalb des Fabrikgeländes befindet sich die Verkaufsstelle, die gut frequentiert wird. Am Eingang rechts gibt es Parkplätze.

Adresse
Malerba S.p.A., Via Broletti, 12, Borgo Valsugana, Località Broletti - 38050 Castelnuovo (TN), Telefon und Fax: 04 61/75 26 35, Internet: www.malerba.it.

Öffnungszeiten
Montag 15.00 bis 19.00 Uhr, Dienstag bis Samstag 9.00 bis 13.00 und 15.00 bis 19.00 Uhr.

Anreise
A22 Verona-Brennero, Ausfahrt Trento Centro. Auf der SS 47 Richtung Pergine und weiter Richtung Strigno. An der Ausfahrt Borgo Valsugana abfahren. Im Ort rechts auf die SP 109 Richtung Castelnuovo. Am Ortsanfang von Castelnuovo 1. Straße links ab, das ist die Via Broletti.

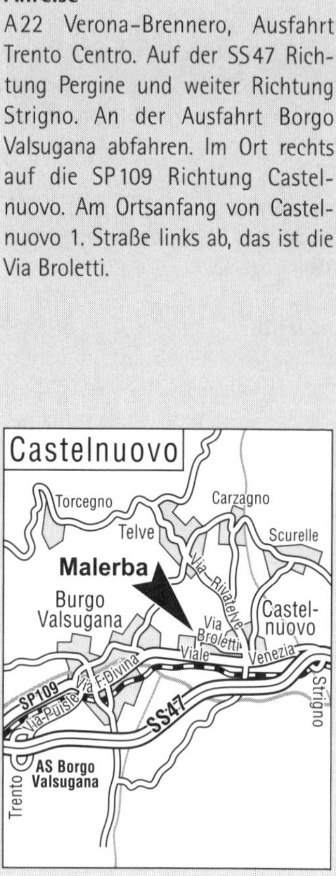

NAIANO

Wo die Strada dell'Olio d'Oliva und die Strada del Vino Bardolino zusammentreffen, liegt das malerische Weingut Naiano. Hier werden seit 1939 Produkte aus eigenem Anbau zu Vini classici, Spumante, Olio extravergine und Grappe verarbeitet.

Italiens beste Seiten

Warenangebot
Vini classici, Spumante, Grappe und Olio extravergine.

Ersparnis
20 %. Es gibt natürlich billigere Weine im Supermarkt. Diese hier sind jedoch sauber ausgebaute, gut verträgliche Tischweine. Kartonweise sind die Weine billiger als beim Kauf einzelner Flaschen.

Ambiente
Verkaufsraum mit allen Produkten des Weingutes.

Adresse
Naiano, Az. Agr. di Bellora G. & G., Loc. Naiano - 37010 Cavaion Veronese (VR), Telefon: 045/6261489, Fax: 6260595, Internet: www.naiano.it.

Öffnungszeiten
Montag bis Freitag 8.00 bis 12.30 und 14.00 bis 18.30 Uhr, Samstag 9.00 bis 12.00 Uhr.

Anreise
A22, Ausfahrt Affi, weiter auf die SS450 Richtung Peschiera. Gleich die 1. Abfahrt nach Cavaion nehmen. Im Kreisverkehr nicht in den Ort Cavaion fahren, sondern auf die SP29 Richtung Piovezzano/Pastrengo, unter der SS450 hindurch und über die A22. Noch auf der Brücke führt links ein Weg zu Naiano.

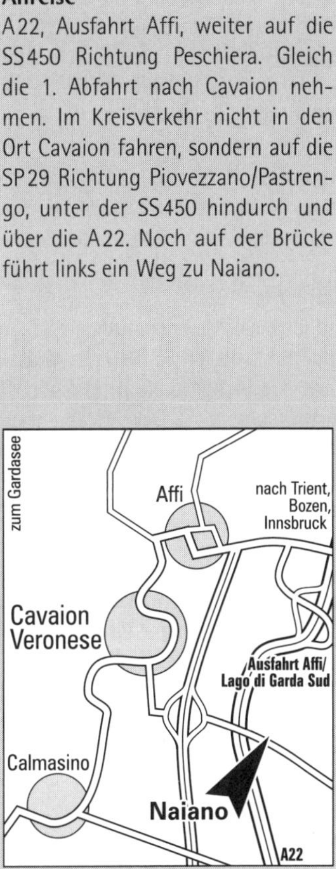

LARIO
1898

Die edlen Schuhe von Lario 1898 fehlen auch in Deutschland in keiner Schuhboutique, die italienische Topqualität anbietet.

Damit läuft sich keiner Blasen

Warenangebot
Gut sortierte Auswahl an sportlichen, klassischen und modischen Damen-, Herren- und Kinderschuhen, Handtaschen und Börsen. Vereinzelt gibt es reduzierte Kleider und junge Mode. Es werden auch Herrenhemden und Ledergürtel angeboten.

Ersparnis
20 bis 50 %, zusätzlich Sonderangebote von Muster- und Auslaufmodellen.

Ambiente
Großer, heller Verkaufsraum, die Schuhe sind übersichtlich in Regalen präsentiert, freundliches und hilfsbereites Verkaufspersonal. Der Verkaufsraum befindet sich auf dem Fabrikgelände, großer Parkplatz links neben dem Verkauf.

Adresse
Lario 1898 Emporio - Lario 1898 Calzaturificio S.p.A. - Viale Vittorio Veneto, 52 - 22070 Cirimido (CO), Telefon: 0 31/3 52 32 55, Fax: 93 86 44, E-Mail: shoes@lario1898.it, Internet: www.lario1898.it.

Öffnungszeiten
Montag bis Samstag 10.00 bis 19.00 Uhr. Im Januar, März, April, Mai, September, Oktober und November, einmal im Monat auch sonntags 14.00 bis 19.00 Uhr geöffnet. Am besten vorher anrufen. Im Dezember jeden Sonntag 14.00 bis 19.00 Uhr geöffnet.

Anreise
A9 Milano–Como, Ausfahrt Lomazzo. Im Kreisverkehr rechts, an der nächsten Kreuzung in Lomazzo rechts und an der Ampel nochmals rechts. Nach Lomazzo kommt Cirimido und am Ortsende, Richtung Lurago Marinone befindet sich die Firma Lario.

Hier gibt es alles, was die italienische Mama (oder der weniger bekannte italienische Papa) in der Küche braucht. Das meiste davon braucht man genauso in anderen Haushalten, und das, was man vielleicht nicht so kennt, bereichert um so mehr. Die Haushaltswaren sind durchweg schön anzusehen und von guter Qualität.

Tutto per la mamma!

Warenangebot
Kochtöpfe, Pfannen, Wasserkocher, Milchschäumer, Espressokocher, Espressomaschinen in allen Variationen und Designs. Ein vielseitiges Angebot an Utensilien nicht nur zum Kochen, sondern auch zum Backen.

Ersparnis
10 bis 20 %.

Ambiente
Riesiger Laden in einer Fabrikhalle, sehr übersichtliche und geordnete Warenpräsentation. Kein großer Andrang. Die Beratungsmöglichkeiten sind eher eingeschränkt.

Adresse
Bialetti Industrie S.p.A., Via Fogliano, 1 - 25030 Coccaglio (BS), Telefon: 0 30/ 7 72 00 11, Fax: 7 72 23 89, E-Mail: info@bialettiindustrie.it, Internet: www.bialetti industrie.it.

Öffnungszeiten
Dienstag bis Samstag 8.30 bis 12.30 und 14.30 bis 18.30 Uhr.

Anreise
Der Fabrikverkauf liegt an der SS11 von Milano nach Brescia, kurz vor Coccaglio am Rande eines Industriegebiets, von Mailand kommend auf der rechten Seite. Das Gelände der Gruppo Rondine ist relativ groß, der Verkauf befindet sich im 1. Gebäude und nicht in dem eingezäunten Komplex. Man hilft Ihnen seitens der Mitarbeiter sehr zuvorkommend weiter.

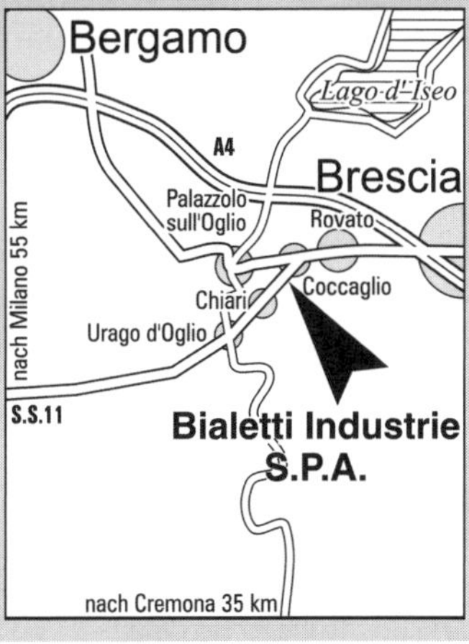

Der Meister arbeitet unter anderem für die Nobelmarke Terzani, kopiert und imitiert etliche Stile und Modelle und fertigt vorwiegend Einzelstücke und Kleinstserien.

Leuchten vom Maestro

Warenangebot
Alles aus eigener Produktion: moderne Decken-, Steh-, Wand- und Tischlampen, Kronleuchter aus Muranoglas, teilweise von Terzani inspiriert, Lampen im venezianischen Stil, auch Originale von Terzani und Lipparini; Einrichtungsaccessoires.

Ersparnis
1 bis 6%.

Ambiente
Großer, übersichtlich geordneter Verkauf auf 500 m² Fläche mit Schaufenstern entlang der SP Richtung Siena/Colle Val d'Elsa Sud. Fünf Ausstellungsräume, in verschiedene Bereiche aufgeteilt, je nach Art der Lampen. Parkmöglichkeiten vorhanden.

Adresse
Lampadari Bartalini & C.s.n.c., Via Martiri della Libertà, 2 - 53034 Colle Val d'Elsa (SI), Telefon: 0577/920541, Fax: 999519.

Öffnungszeiten
Montag bis Samstag 8.00 bis 12.30 und 15.00 bis 20.00 Uhr. Ungefähr vom 10. Oktober bis zum 15. Juni auch Sonntag 15.00 bis 20.00 Uhr geöffnet.

Anreise
A1 Bologna–Roma, Ausfahrt Firenze-Certosa, weiter auf der vierspurigen Superstrada Richtung Siena, Ausfahrt Colle Val d'Elsa Nord. Richtung Centro/Grosseto, direkt bei der Straßenteilung (Brücke) Grosseto Centro links. Oder: Von der Superstrada Firenze-Siena, Ausfahrt Colle Val d'Elsa Sud, links auf die SP70, danach rechts auf die SP5. Nach der großen Brücke, am Anfang des großen Gebäudes, befindet sich auf der linken Seite ein Vorplatz sowie drei Schaufenster.

LORENO GRASSINI

Der Meister schleift seit Ende der 50er-Jahre überaus sauber und eindrucksvoll alle Arten von Kristallartikeln aus eigener Produktion und aus der großen Fabrik CAP vor den Toren der Stadt. Für viele seiner Kreationen hat Loreno Grassini schon erste Preise gewonnen.

Aus der „Città del Cristallo“

Warenangebot
Gläser, Schalen, Karaffen, Vasen, Aschenbecher, Bonbonnieren, sogar Kristall-Ferraris aus handgeschliffenem Kristall, zum Teil auch aus venezianischem Muranoglas.

Ersparnis
10 bis 20%. Muranoglaswaren sind 20 bis 25% billiger als in der Muranometropole Venedig.

Ambiente
Heller, stilvoller Ladenraum. Dahinter die Werkstatt des Maestros. Seine nette Frau bedient im Laden. Wenig Parkplätze.

Adresse
Cristallerie Loreno Grassini, Via di Spugna - 53034 Colle Val d'Elsa (SI), Telefon: 05 77/92 27 39, Internet: www.cristalleriegrassini.it.

Öffnungszeiten
Montag bis Freitag 8.30 bis 13.00 und 15.30 bis 20.00 Uhr.

Weitere Verkaufsstelle
● 53034 **Colle Val d'Elsa (SI)**, Via del Castello 18 (centro storico).

Anreise
A1 Bologna–Roma, Ausfahrt Firenze-Certosa. Weiter auf der vierspurigen Superstrada Richtung Siena, Ausfahrt Colle Val d'Elsa Nord, Richtung Grosseto/Centro. Bei der Straßenteilung Grosseto/Centro links.

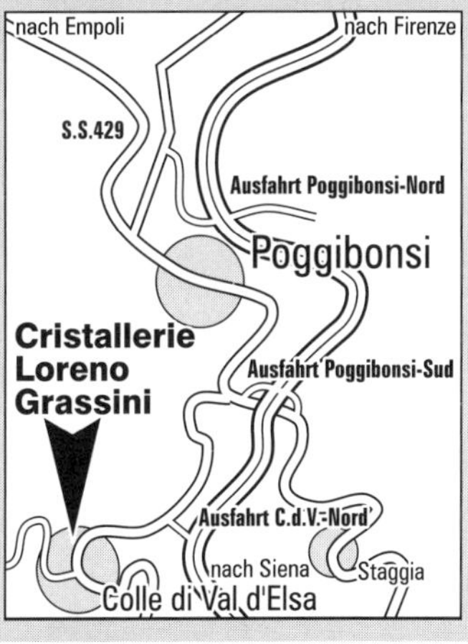

MONTORFANO

Pelletterie Penelope

Italienische Handtaschen und Lederwaren, wie man sie sich schöner nicht wünschen kann. Alles Hervorragende hat seinen Preis, aber diese Taschen sind sowohl in Bezug auf Design als auch auf Qualität auf Spitzenniveau.

Steckt alles in die Tasche

Warenangebot

Vor allem Damenhandtaschen, aber auch Geldbeutel, Aktentaschen, Gürtel, Rucksäcke und eine begrenzte Auswahl an schönen Schuhen.

Ersparnis

30 bis 50 %.

Ambiente

Großer Ausstellungsraum im Fabrikgebäude.

Adresse

Montorfano, Pelletterie Penelope, Via Brescia, 55/57 - 25033 Cologne Bresciano (BS), Telefon: 030/7156221, Fax: 7156586.

Öffnungszeiten

Dienstag bis Freitag 9.30 bis 12.00 und 15.00 bis 18.00 Uhr.

Anreise

Cologne Bresciano liegt an der SS 573 von Coccaglio nach Palazzolo sull'Oglio. Cologne Bresciano ist nach Coccaglio der nächste Ort. Der Verkauf befindet sich direkt an der Durchgangsstraße auf der linken Seite, von Coccaglio kommend. Großes graues Gebäude, umgeben von einer Mauer. Am Tor klingeln und nach dem Verkauf fragen.

IL PARACADUTE

Seit Jahren ist das Stockhouse in Cologno ansässig. Es ist in der ganzen Umgebung bekannt, sehr beliebt und immer gut besucht. Man findet dort aktuelle, tragbare Mode mit persönlicher Note, für jüngere Damen und Herren oder für jung Gebliebene.

Ein Stockhouse mit Tradition

Warenangebot
Breit gefächertes und vielseitiges Angebot an Bekleidung für Damen und Herren. Hosen, Hemden, Pullover, Jacken, Hosenanzüge, Blazer, Kostüme, Blusen u.v.m. von bekannten Marken oder unbekannten Herstellern. Accessoires für Sie und Ihn.

Ersparnis
Das ganze Jahr über 50 bis 70 %.

Ambiente
Anspruchsloses, einfaches und zweckmäßiges Stockhouse auf 80 m². Umkleidekabine und Parkmöglichkeiten vorhanden.

Adresse
Il Paracadute, Viale Piemonte, 5 - 20093 Cologno Monzese (MI), Telefon: 02/ 2 54 12 16, Fax: 25 11 80 42.

Öffnungszeiten
Montag 16.00 bis 19.30 Uhr, Dienstag bis Samstag 10.30 bis 12.30 und 16.00 bis 19.30 Uhr.

Anreise
A51 von Norden her kommend, Ausfahrt Cologno Sud. Auf der Viale Spagna geradeaus bis zum großen Kreisverkehr. 3. Möglichkeit rechts in die Via Felice Cavallotti fahren. An der 4. Straße rechts ab (Via Emilia) und die 2. Straße wieder rechts: Viale Piemonte. Der Verkauf befindet sich gleich am Anfang auf der linken Seite. Oder A51 von Süden her: nach der Ausfahrt links in die Via Felice Cavalotti, 3. Straße rechts und 2. wieder rechts.

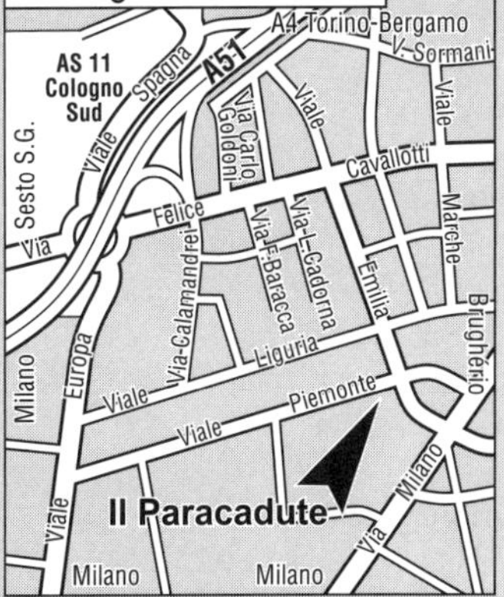

MANTERO

Seit 1902 ist das Unternehmen weltweit für seine exklusiven Seidenstoffe bekannt. Sie bestechen durch ihre hohe Qualität und die umweltfreundliche Herstellung.

It's magic!

Warenangebot
Prachtvolle Seidenträume: Stoffe und Accessoires für Sie und Ihn, Heimtextilien, Blusen, Tücher, Krawatten, Tagesdecken, Taschen. Außerdem Stoffe für die Alta Moda, teilweise mit Perlen und Pailletten bestickt.

Ersparnis
10 bis 40 %.

Ambiente
In einem ehemaligen Fabrikgebäude (Ende des 19. Jh. erbaut) laden helle, großzügige Räume mit angenehmer Hintergrundmusik zum Kaufen ein. Über Monitore erfahren Sie Wissenswertes über die Bearbeitung von Seide. Freundliches, fremdsprachenkundiges Personal. Ausstellungshalle mit Cafeteria.

Adresse
Mantero – La Tessitura, Viale Roosevelt, 2/A - 22100 Como (CO), Telefon: 031/32 16 66, Fax: 32 15 48, E-Mail: latessitura@mantero.com, Internet: www.latessitura.com.

Öffnungszeiten
Montag bis Samstag 9.30 bis 19.30 Uhr, Sonntag 11.00 bis 20.00 Uhr. 25. und 26. Dezember, 1. Januar, 1. Mai und Ostern geschlossen.

Anreise
A9 Lugano–Milano, Ausfahrt Como Sud. Auf der SS 35 Richtung Como Centro fahren. Im Stadtzentrum heißt diese Straße Viale Roosevelt. La Tessitura befindet sich neben der gut ausgeschilderten Basilica San Abbòndio.

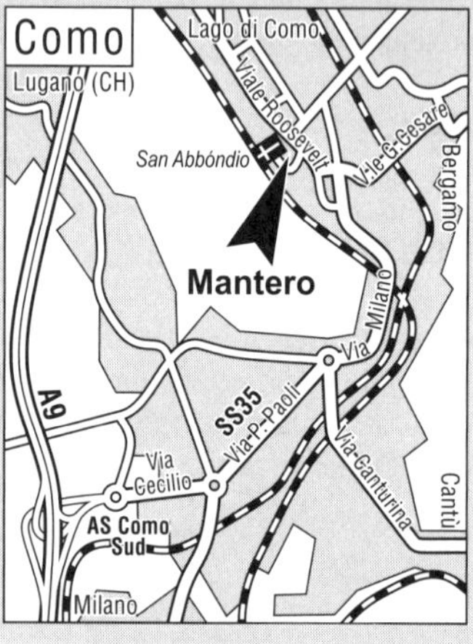

OUTLET RATTI

Ratti ist auf die Veredelung von Naturfasern wie Seide, Cashmere und Leinen spezialisiert. Durch die Herstellung von Mikrofasern und Trevira im Bereich der Innenausstattung wird die Kollektion ergänzt.

Stil, Idee und Farbe

Warenangebot
Seidentücher, Stoffe, Krawatten, Stolen, Schärpen, Damenblusen, Herrenhemden, Anzüge, Kostüme, Taschen und Gürtel. Artikel von Valentino, Ferré, Escada, Ratti, Balenciaga, Battistoni u.v.a., dazu Einrichtungsstoffe.

Ersparnis
10 bis 50 %.

Ambiente
Das Ratti Outlet ist direkt am Comer See in der Villa Sucota gelegen. Stilvoller, ca. 150 m² großer Verkaufsraum, übersichtlich präsentierte Waren sowie freundliches, fachkundiges Personal.

Adresse
Ratti Outlet, Via Cernobbio, 17 (Villa Sucota) - 22100 Como (CO), Telefon: 031/576000, Fax: 8866188, E-Mail: dtattarl@carnet.it.

Öffnungszeiten
Montag 14.30 bis 18.30 Uhr, Dienstag bis Samstag 9.30 bis 18.30 Uhr.

Weitere Verkaufsstelle
● 22071 **Cadorago (CO)**, Ratti Outlet, Via Vivaldi, 6, Telefon: 031/8866188, Internet: www.ratti.it.

Anreise
A9 Milano–Lugano, Ausfahrt Como Nord, geradeaus auf der Roccardo SS340-A9. In Como halb rechts halten, am Kreisverkehr auf die SS340/Via Silvio Pellico und am nächsten Kreisverkehr auf die Via Cernobbio.

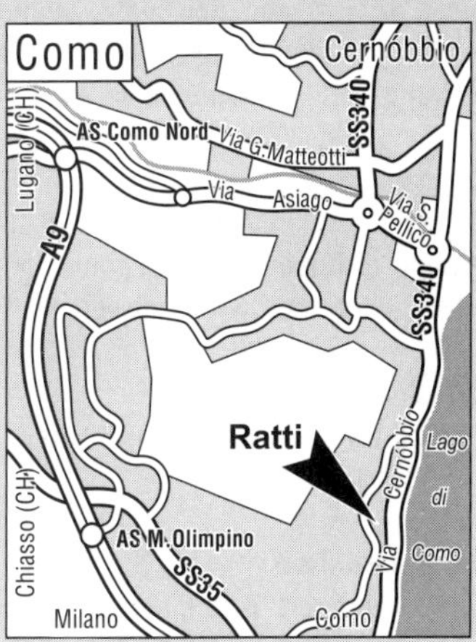

Die traditionsreiche, bekannte Schuhmarke Valleverde ist dem Verbraucher ein Begriff. Valleverde steht für erstklassige Verarbeitung, perfekte Passform und Komfort. Nun hat der Hersteller die Tore seiner Fabrik geöffnet. Er möchte damit seinen Kunden ermöglichen, komfortable Schuhe für die ganze Familie zu vorteilhaften Preisen zu kaufen.

Komfort ist angesagt

Warenangebot
Immer über 2000 verschiedene Modelle von Damen-, Herren- und Kinderschuhen, breite Auswahl an Koffern und Lederartikeln.

Ersparnis
Durchschnittlich 40%. Unschlagbar günstige Preise, auch bei den Artikeln der aktuellen Kollektion.

Ambiente
Modern eingerichtete, große, elegante Verkaufsräume auf dem Betriebsgelände. Klimaanlage, Spielplatz, freundliches, fachkundiges Personal. Großer Andrang. Viele Kundenparkplätze.

Adresse
Valleverde, Via Piane, 78 - 47853 Coriano di Rimini (RN), Telefon: 0541/656289, Internet: www.valleverde.it.

Öffnungszeiten
Montag bis Sonntag 9.00 bis 12.30 und 15.00 bis 19.30 Uhr.

Besonderheiten
Vom 15. Juni bis 30. September täglich kostenlose Busverbindung. Die Haltestellen sind mit dem Valleverde-Logo gekennzeichnet. Auskunft unter 0541/652901, im August unter 0541/656289.

Anreise
A14 Bologna-Ancona, Ausfahrt Riccione. Auf der SP31 weiter Richtung Coriano. Am Ortseingang rechts in die Via Saragat und dann links in die Via Piane. Der Valleverde-Fabrikverkauf ist gut ausgeschildert.

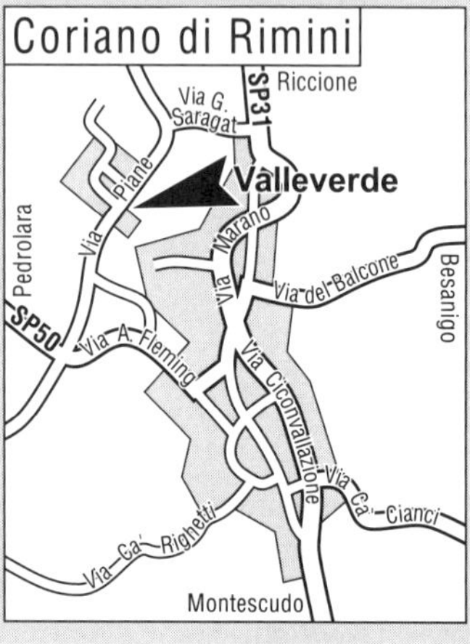

ANTONIO FUSCO

Unweit von Milano hat der Modedesigner einen industriellen Modebetrieb aufgebaut. Der tragbare, schlichte, typisch italienische Modestil kann sich mit anderen bekannten italienischen Modegurus messen. Inzwischen hat der Stylist mit seinem Modekonzern internationale Bedeutung erreicht.

Edel im „Italian Style"

Warenangebot

Alles aus der Produktion der Marke Fusco: Herrenbekleidung: Anzüge, Hosen, Sakkos, Mäntel, Hemden, Accessoires. Damenbekleidung: Kostüme, Anzüge, Röcke, Kleider, Hosen, Blazer, Mäntel, Accessoires. Ware aus der aktuellen Kollektion, Musterteile und Artikel aus Modenschauen.

Ersparnis

30 bis 50 %.

Ambiente

Stilvolle, moderne Verkaufsstelle neben der Fabrik mit großer Auswahl und sehr guter Warenpräsentation. 400 m^2 Verkaufsfläche auf zwei Etagen. Keine 2.-Wahl-Ware und keine Sonderangebote. Kompetentes Personal berät. Alle Kreditkarten werden akzeptiert. Parkplätze auf der Rückseite des Fabrikgebäudes.

Adresse

Antonio Fusco Factory Store, Via ex Cascina Lavagna, 5 - 20094 Corsico (MI), Telefon: 02/4 47 19 66, Fax: 4 40 66 80, E-Mail: factorystore@antoniofusco.it, Internet: www.antoniofusco.it.

Öffnungszeiten

Dienstag bis Samstag 10.00 bis 19.00 Uhr, Sonntag 9.00 bis 13.00 und 14.00 bis 19.00 Uhr.

Anreise

Von Milano kommend Ausfahrt Tangenziale Ovest. Auf der SS494 Richtung Nuova Vigevanese/Milano Lorenteggio. Antonio Fusco befindet sich zwischen der Esso-Tankstelle und „Chiccolandia", nach der nächsten Ampel rechts.

HITMAN

Hochwertige Qualität, perfekte Schnitte und viele Kombi-Möglichkeiten, das ist die Mode, die bei Hitman hergestellt wird. Das Angebot der Marke Protagonist überwiegt deutlich und ist wesentlich günstiger als die Designermode von Cerruti.

Vorwiegend klassisch

Warenangebot
Große Auswahl an Herrenanzügen, Hosen, Sakkos, Hemden, Mänteln, Jacken und Strickwaren, letztere gibt es auch für Damen, ebenso Röcke, Blusen, Kleider, Hosen, Hosenanzüge und Kostüme.

Ersparnis
50 %.

Ambiente
Großer Verkauf im UG des Betriebs. Es ist ein richtiger Lagerverkauf in gepflegter Atmosphäre.

Adresse
Hitman S.p.A., Via G. Di Vittorio, 8 - 20094 Corsico (MI), Telefon: 02/4 88 56-2 14.

Öffnungszeiten
Montag 15.00 bis 19.00 Uhr, Dienstag bis Samstag 10.00 bis 13.30 und 14.30 bis 19.00 Uhr.

Anreise
A50 (die Mailänder Tangenziale Ovest), Ausfahrt SS 494 Nuovo Vigevanese. Dort in Richtung Milano abfahren. In Corsico von der SS 494 Viale Nuova Vigevanese rechts in die parallel verlaufende Via G. di Vittorio. Die Firma Hitman befindet sich in einem hohen, dunklen Gebäude vor dem Gebäude mit der Aufschrift Nokia und ist nur durch ein kleines Schild gekennzeichnet. Der Verkauf ist gar nicht angeschrieben. Auskunft an der Pforte.

LANIFICIO
Tessilstrona
LANIFICIO TESSILSTRONA S.R.L.

Ganz gleich ob Profi oder Hobbyschneider – bei diesem umfangreichen Angebot findet fast jeder den für seine Zwecke passenden Stoff.

Am laufenden Meter

Warenangebot
Stoffe in allen Farben, Mustern und Materialien, jedoch nicht im obersten Preis- und Qualitätssegment. Die ganz hochwertigen Stoffe fehlen. Das Angebot reicht von der ordentlichen bis hin zur mittleren/guten Qualität. Außerdem gibt es Strick- und andere Garne sowie Tücher.

Ersparnis
50 %.

Ambiente
Unscheinbarer Laden an der Durchgangsstraße.

Adresse
Lanificio Tessilstrona s.a.s., Via Amendola, 9 - 13836 Cossato (BI), Telefon: 0 15/92 65 08, Fax: 92 12 35.

Öffnungszeiten
Montag und Mittwoch bis Samstag 9.00 bis 12.00 und 14.30 bis 18.30 Uhr, Dienstag 14.30 bis 18.30 Uhr.

Anreise
SS 142 Gattinara–Biella, etwa in der Ortsmitte an der Durchgangsstraße (die SS 142 führt durch Cossato und heißt an dieser Stelle Via Mazzini) links in die Via Amendola. Der Stoffladen befindet sich gleich an der Ecke.

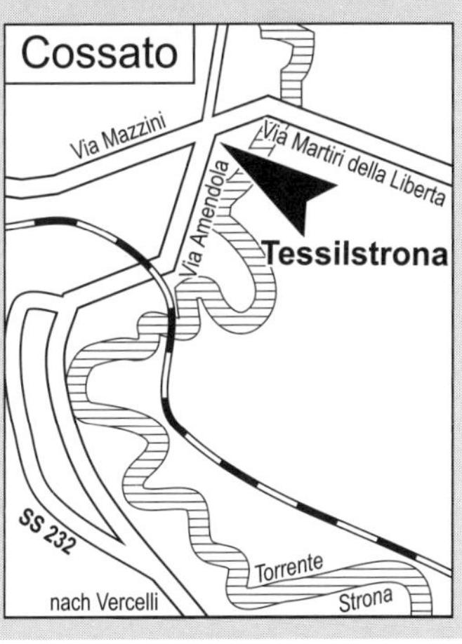

Kreativität, Tradition und hochwertige Qualität sind die Merkmale der typisch venezianischen und italienischen Konditorkunst. Der süße Duft verrät es: Hier wird gebacken. 400 Tonnen „dolci" verlassen jährlich die Dolciaria Loison. Große Teile davon werden in fast alle Welt verschickt - auch nach Deutschland - und auf dem schnellsten Weg ausgeliefert.

Süßer geht nicht

Warenangebot

Panettoni, pandori, colombe in verschiedenen Größen, Mandel- und andere Kuchen, Windbeutel mit Cremefüllung, Kekse in vielseitigen Geschmacksrichtungen. Neu im Angebot: Buttergebäck (biscotti al burro), Kuchen der Country Collection, wie Sbrisola, Plumcake und Cannoli mit Eierlikörcreme-Füllung. Das Gebäck wird liebevoll konfektioniert und für den Transport sicher verpackt. Bemerkenswert sind auch die kunstvoll und hochwertig hergestellten Geschenkverpackungen.

Ersparnis

30 bis 50 %.

Ambiente

Kleiner Verkaufsraum bei der Produktionsstätte. Sie klingeln am Haupteingang, dann kommt jemand aus dem Büro, um Sie zu bedienen.

Adresse

Dolciaria Loison S.r.l. - SS Pasubio, 6 - 36030 Costabissara (VI), Telefon: 04 44/ 55 78 44, Fax: 55 78 69, E-Mail: loison@ loison.com, Internet: www.loison.com.

Öffnungszeiten

Montag bis Freitag 8.30 bis 12.30 und 14.00 bis 18.30 Uhr.

Anreise

SS 46 Vicenza-Schio, in Costabissara rechts abbiegen.

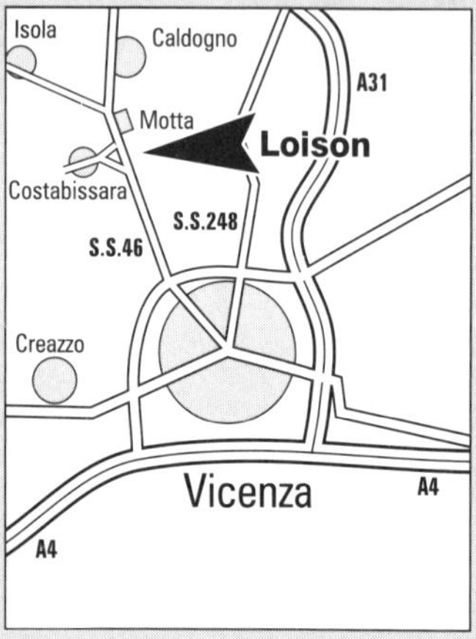

ZEN®
ABBIGLIAMENTO & CALZATURE
COSTERMANO VERONA

Noch eines der vielen Outlets, die in Italien seit einigen Jahren wie Sand am Meer entstanden sind. Hier kann man günstig Markenartikel ergattern. Verkauft werden die bekannten Marken Gas, Levi's, Dockers, Phard Blend und Trussardi.

Günstige Gelegenheiten

Warenangebot
Gute Auswahl an Freizeitbekleidung für Damen, Herren und Kinder. Dazu ein Sortiment an Schuhen für die ganze Familie.

Ersparnis
30 bis 50%.

Ambiente
Neue, geräumige Verkaufsstelle mit zweckmäßiger Einrichtung. Sachkundige Beratung, falls gewünscht. Großer überdachter Kundenparkplatz.

Adresse
Zen Abbigliamento Outlet, Via Giovanni XXIII, 1 - 37010 Costermano (VR), Telefon: 045/6201058, Fax: 6201086.

Öffnungszeiten
1. April bis 31. Oktober: Montag bis Sonntag 9.30 bis 12.30 und 15.30 bis 19.30 Uhr. 1. November bis 30. März sonntags geschlossen.

Anreise
A22 Brenner-Autobahn, Ausfahrt Lago di Garda Sud. Rechts abfahren auf die SP9, der Beschilderung Affi-Lago di Garda Sud folgen. Sie passieren zwei Kreisverkehre, danach links in die Via della Repubblica. In Costermano rechts abbiegen auf die SP8/Via della Repubblica, danach links in die Via Papa Giovanni XXIII.

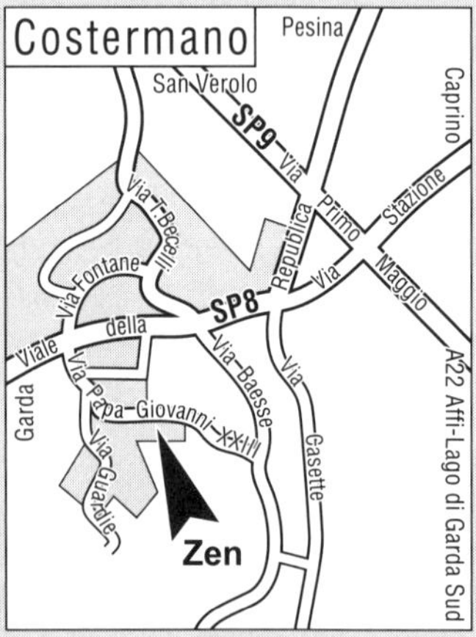

INDEPENDENCE
EVERYDAY IS AN INDEPENDENCE DAY
OUTLET

Die Fabrik war früher die Produktionsstätte der Firma Legler, Hersteller von Stoffen für Sport- und Freizeitbekleidung. Crespi d'Adda ist eine Arbeitersiedlung, die Ende 1800 neben der Fabrik gebaut wurde. Inzwischen ist die Anlage von der Unesco zum Weltkulturerbe ernannt worden.

Independence Day

Warenangebot

Aktuelle Kollektionen von Freizeitbekleidung für die ganze Familie. Jeans, Blousons, T-Shirts, Strickwaren, Hemden und Blusen der Marke Independence und andere. Zeitweise Waren von bekannten Marken. Zur Zeit Nike und Lonsdale.

Ersparnis

30 bis 50 %, zum Teil bis 70 %.

Ambiente

Die Verkaufsräume sind zweckmäßig gestaltet, aber einladend. Waren übersichtlich und gut sortiert. Selbstbedienung, auf Wunsch berät das Personal.

Adresse

Independence, Corso Manzoni, 1 - 24040 Crespi d'Adda, Frazione di Capriati S. Gervasio (BG), Telefon: 02/ 90 96 25 22, Fax: 90 96 16 40, E-Mail: independence_cr@libero.it.

Öffnungszeiten

Montag 14.30 bis 18.30 Uhr, Dienstag bis Freitag 9.30 bis 12.30 und 13.30 bis 18.30 Uhr, Samstag und Sonntag 10.00 bis 18.00 Uhr.

Besonderheiten

Allein die Arbeitersiedlung Crespi d'Adda ist eine Besichtigung wert.

Anreise

A4 Bergamo–Milano, Ausfahrt Capriate S. Gervasio. Richtung „Villaggio operaio di fine '800". Über die Via Vittorio Veneto und die Via Bizarri in die Via Crespi. Diese geht über in den Corso Manzoni. Der Verkauf ist gut beschildert.

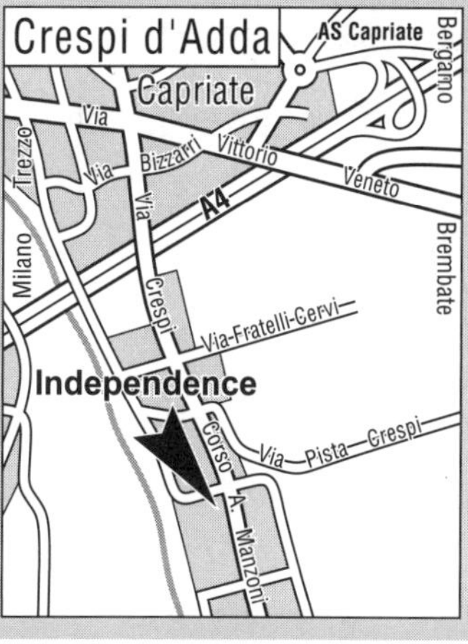

ALESSI

Über den Dächern von Omegna liegt die Produktionsstätte von Alessi. Hier werden der berühmte Kessel mit der Vogelflöte, der von dem amerikanischen Stardesigner Michael Graves entworfen wurde, und viele andere Designerstücke gefertigt.

Die Leichtigkeit des Designs

Warenangebot
Kannen, Kessel, Espressokocher, Bestecke, Platzteller, Tabletts, Schüsseln, Schalen, Porzellangeschirr, Salz- und Pfefferstreuer, Kaffeemaschinen, Toaster etc.

Ersparnis
35 bis 40 % bei 2. Wahl und bis zu 50 % bei Auslaufmodellen, wobei 2.-Wahl-Ware kaum mehr im Angebot ist, die Nachfrage ist zu groß.

Ambiente
Der Verkaufsraum entspricht einem noblen Fachgeschäft.

Adresse
Alessi S.p.A., Via Privata Alessi, 6 - 28882 Crusinallo di Omegna (VB), Telefon: 03 23/86 86 11.

Öffnungszeiten
Montag 14.00 bis 18.00 Uhr, Dienstag bis Samstag 9.30 bis 18.00 Uhr.

Anreise
A 26 Novara/Milano Richtung Domodossola, Ausfahrt Gravellona Toce. Weiter auf der SS 229 nach Omegna. Am Kreisverkehr bei Casale Corte Cerro die Staatsstraße verlassen und weiter nach Crusinallo fahren. Im Ort nach dem Bahnhof im spitzen Winkel die Via Casale Corte Cerro rechts hoch und nach weiteren 500 m rechts in die Via Privata Alessi. Dort befindet sich gegenüber der Pforte der Verkauf. Parkplätze im Fabrikgelände.

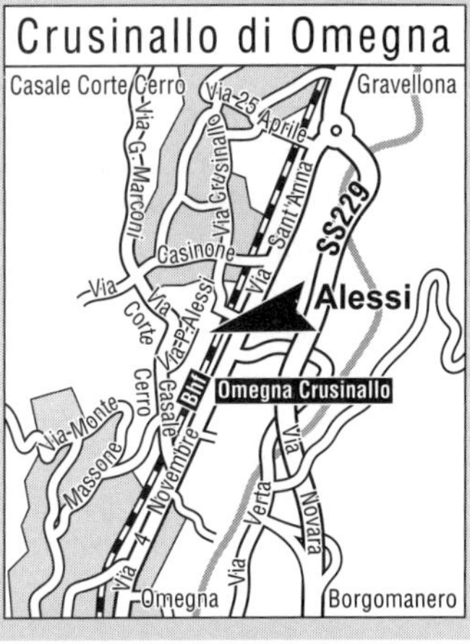

PIAZZA

Hier wird hochwertiges, funktionelles und dekoratives Edelstahlgeschirr mit maximalem Gebrauchswert zu guten Preisen angeboten.

Verzaubert auch Küchenmuffel

Warenangebot
Töpfe, Pfannen, Schüsseln, Platten, Suppenterrinen, Schnellkochtöpfe in allen Größen und Formen, Küchengarnituren, Bestecke, Butterdosen, Aschenbecher, Kerzenhalter etc. Alles aus Edelstahl.

Ersparnis
20 bis 30 %, 2. Wahl bis 50 %.

Ambiente
Verkauf wie ein Haushaltswarengeschäft. Große Auswahl, Ware übersichtlich in Regalen und auf Holzpodesten präsentiert. Parken an der Durchgangsstraße möglich.

Adresse
Piazza, Forme d'acciaio firmate, Via IV Novembre, 242 - 28882 Crusinallo di Omegna (VB), Telefon: 03 23/64 35 95, Fax: 64 26 73, E-Mail: pv@piazza.it, Internet: www.piazza.it.

Öffnungszeiten
Dienstag bis Samstag 9.00 bis 12.30 und 15.00 bis 19.00 Uhr. Im August Sommerferien vom 9.8 bis 23.08. Im Dezember auch sonntags ganztägig und am Montagnachmittag geöffnet.

Anreise
A 26 Novara/Milano Richtung Domodossola, Ausfahrt Gravellona Toce. Weiter auf der SS 229 nach Omegna. Am Kreisverkehr bei Casale Corte Cerro die Staatsstraße verlassen und weiter nach Crusinallo fahren. Der Verkauf befindet sich in Crusinallo kurz nach dem Ortsanfang, direkt an der Hauptstraße auf der linken Seite.

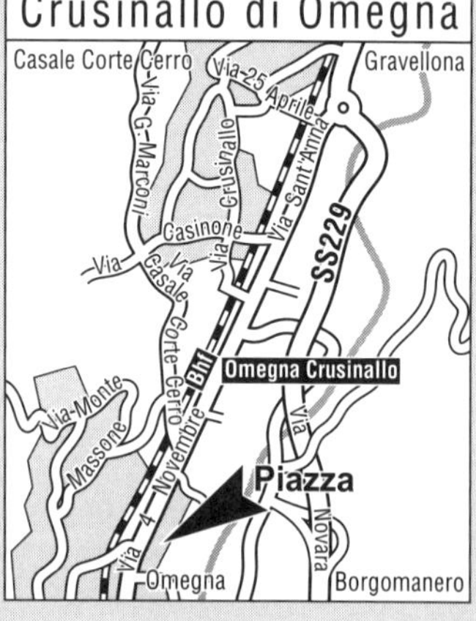

CINZIA ROCCA

Erfahrung und Qualität sind die Merkmale der Firma Rodel. Das Unternehmen ist weltweit bekannt für die Herstellung von Damenbekleidung „capo spalla", in Italien ein Oberbegriff für Jacken, Kostüme, Mäntel und Regenmäntel. Ein Team von ca. 450 kompetenten Mitarbeitern produziert in Dello bei Brescia täglich 1300 Artikel. Durch moderne industrielle Verfahren erreicht das Unternehmen Schneiderqualität.

Schneiderqualität

Warenangebot
Alles für die Damen: Mäntel, Jacken, Daunenjacken, Regenmäntel, Kostüme, Röcke, Hosen, Pullover, Schals und andere Accessoires. Damenbekleidung der Marken Cinzia Rocca und Rodel für Übergrößen.

Ersparnis
30 bis 50 %.

Ambiente
Schlichte, ca. 300 m² große Verkaufshalle aus Aluminium und Glas neben der Produktion. Gute Parkmöglichkeiten.

Adresse
Cinzia Rocca Factory Outlet, Via Belvedere, 23 - 25020 Dello (BS), Telefon: 0 30/9 71 91 21, Fax: 9 71 80 78, E-Mail: teorocca@tin.it, Internet: www.cinziarocca.com, www.rodel.it.

Öffnungszeiten
Montag 15.00 bis 19.30 Uhr, Dienstag bis Samstag 9.00 bis 12.30 und 15.00 bis 19.30 Uhr.

Anreise
A4 Milano-Venezia, Ausfahrt Brescia Ovest, rechts Richtung Quinzano. Nach ca. 5 km befinden sich das Werk und der Verkauf direkt an der Durchgangsstraße.

la pecora nera

Der Groß- und Einzelhändler für Wolle und Garne Pecora Nera (Schwarzes Schaf) liefert alle erdenklichen Materialien in bester Qualität. Hauptsächlich und überwiegend Naturfasern für die Handarbeit.

Kein schwarzes Schaf

Warenangebot
Umfangreiches Angebot an Garnen: Wolle, Baumwolle, Cashmere, Merino, Mohair, Angora, Strickwaren. Die Farben sind der jeweils aktuellen Jahreszeit angepasst. Markenware von Lane Mondial, Ornaghi Filati, Zegna Baruffa, Lane Borgosesia, Manifattura Sesia u.a.

Ersparnis
10 bis 30 %.

Ambiente
600 m² Verkaufsfläche auf zwei Etagen, sehr hell. Die Ware ist übersichtlich sortiert. Selbstbedienung, freundliche, fachmännische Beratung. Großer Parkplatz.

Adresse
La Pecora Nera, Via Martiri della Libertà, 22 - 31030 Dosson di Casier (TV), Telefon und Fax: 04 22/38 30 65.

Öffnungszeiten
Montag bis Samstag 9.00 bis 12.30 und 15.30 bis 19.30 Uhr.

Weitere Verkaufsstellen
- 30170 **Mestre (VE)**, Via Olivi, 6, Telefon: 04 22/98 59 28.
- 31100 **Treviso (TV)**, Via Pescheria, 25, Telefon: 0 41/54 13 32.

Anreise
A4 Padova–Trieste, Ausfahrt Terraglio. Weiter auf der SS13 Richtung Treviso. Am Ortsende von Preganziòl rechts in die Via Collegio bis zur Via Santi, dort links und die 1. Straße wieder rechts in die Via Martiri della Libertà.

Ceramica Euganea

Keramik im feinen Landhausstil mit einem Hauch Romantik oder ganz italienisch. Wertvolle Gegenstände, geboren aus Erde und Feuer, den Hauptelementen der Keramik. Seit 1969 zeichnet sich Ceramica Euganea durch ihre Tradition und die exklusive Kompetenz in der Herstellung von handwerklichen Kreationen aus.

Jedes Stück ein Kunstwerk

Warenangebot
Jedes einzelne Erzeugnis ist handdekoriert und stellt ein einmaliges Sammelstück dar. Die kleinen Mängel bezeugen den handwerklichen Ursprung des Stückes. Die Geschichte der italienischen Keramik und die lange Keramiktradition von Este haben zur Kreation neuer Gegenstände wie Vasen, Krüge, Basreliefs, Teller etc. geführt. Auf Wunsch werden auch Böden, Fliesen für das Badezimmer, Paneele, Tafelgeschirr und Bonbonschachteln hergestellt.

Ersparnis
20 %.

Ambiente
Schöner, heller Verkaufsraum mit gepflegtem Ambiente und reichlicher Auswahl.

Adresse
Ceramica Euganea, Viale Industria, 13 - 35042 Este (PD), Telefon: 04 29/5 03 52, Fax: 65 12 45.

Öffnungszeiten
Montag bis Samstag 8.30 bis 12.00 und 14.30 bis 19.00 Uhr.

Anreise
SS 16 Padova–Monselice/SS 10 Monselice–Mantova. Am Ortsanfang von Este rechts in die Viale Industria. Euganea ist bereits von der SS 10 aus gut zu sehen.

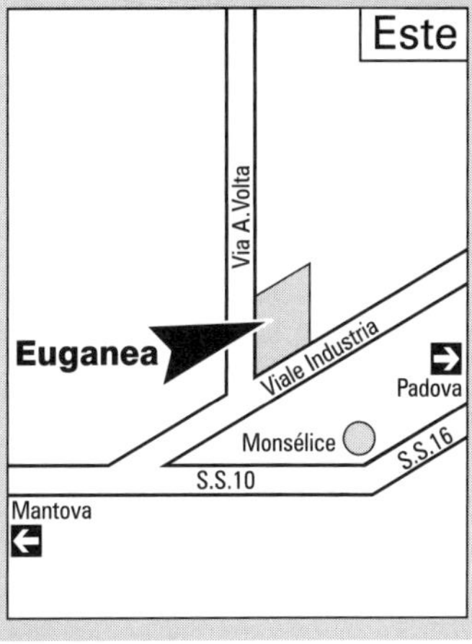

Junges Gemüse auf italienischen Keramikschüsseln, Platten und Tellern – weiß glasiert oder in fröhlichen Farben und in modernem Design, ideal als Geschirr für den ersten, eigenen Haushalt.

Im Porzellanladen

Warenangebot
Tassen, Teller, Schüsseln, Platten in allen Größen, von zierlich bis riesig und von oval bis rund, Platzteller und Vasen. Das Geschirr gibt es sowohl mit eingearbeiteten Motiven als auch in glatten Formen in 1. und 2. Wahl.

Ersparnis
30 bis 50 %.

Ambiente
Sie kommen durch den Fabrikraum, in dem das Zeichen ESTE C.E. eingeschliffen ist, über eine Treppe in den Verkaufsraum.

Adresse
Ceramiche Estensi S.r.l., Via A. Volta, 26 - 35042 Este (PD), Telefon: 04 29/48 48.

Öffnungszeiten
Montag 14.30 bis 18.30 Uhr, Dienstag bis Freitag 9.00 bis 12.30 und 14.30 bis 18.30 Uhr, Samstag 9.00 bis 12.30 Uhr. Vor wichtigen Festtagen, auch Samstagnachmittag und im Dezember am Sonntag geöffnet.

Anreise
SS 16 Padova–Monselice/SS 10 Monselice–Mantova. Am Ortsanfang von Este rechts in die Viale Industria und dann links in die Via A. Volta. Die Keramikfabrik ist gut sichtbar am Ende der Straße. Zu dem Verkauf, der nirgends angeschrieben ist, müssen Sie um das ganze Gebäude herum. Der Eingang ist auf der Rückseite.

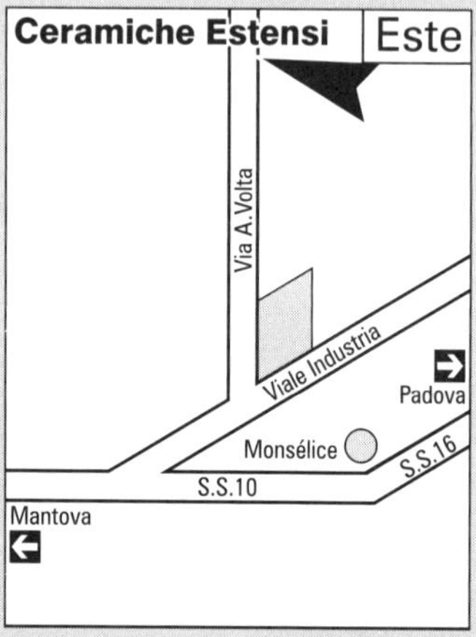

Cashmere, Merinowolle und Viskose sind die Materialien, die in der Strickerei Fenegrò verarbeitet werden. Strickwaren für die ganze Familie, solide in Qualität und Design.

Strick für die Familie

Warenangebot
Strickwaren für Damen, Herren und Kinder, vereinzelt auch einige Röcke und Hosen, Accessoires wie Plaids und Decken.

Ersparnis
25 %.

Ambiente
Kleiner Laden auf dem Fabrikgelände. Breites Warenangebot, nach Größen und Farben sortiert.

Adresse
Fenegrò S.r.l., Via XXV Aprile, 3 - 22070 Fenegrò (CO), Telefon: 031/3520070, Fax: 3520801, E-Mail: info@fenegro.com, Internet: www.fenegro.com.

Öffnungszeiten
Montag bis Samstag 9.30 bis 12.30 und 14.00 bis 19.00 Uhr.

Weitere Verkaufsstelle
● 20135 **Milano (MI)**, Via Spartaco, 2, gegenüber Etro, Telefon und Fax: 02/5456883, E-Mail: spartaco@fenegro.com. Montag 15.00 bis 19.00 Uhr, Dienstag bis Samstag 10.00 bis 13.30 und 14.30 bis 19.00 Uhr.

Anreise
A9 Milano–Como, Ausfahrt Lomazzo. Im Kreisverkehr rechts und an der Ampel nochmals rechts. Nach Lomazzo (Brunate-Schuhe) kommt Cirimido (Lario-Schuhe) und sofort am Ortsende von Cirimido liegt Fenegrò. Hier nach wenigen Metern links dem Wegweiser Fenegrò Cashmere folgen.

FIDENZA VILLAGE

OUTLET SHOPPING

Zwischen Milano und Bologna, entlang der A1 (Autostrada del Sole), liegt Fidenza Village. Seit Juni 2003 haben dort viele Outlet-Shops international bekannter Designermarken ihre Pforten geöffnet. Die Value-Retail-Kette bietet die Möglichkeit, Vorsaison-Kollektionen bekannter Hersteller direkt und günstig zu kaufen.

Shopping mit Flair

Warenangebot

Damen-, Herren- und Kinderbekleidung, Sport- und Freizeitbekleidung, Lederwaren, Taschen, Schuhe, Unterwäsche, Bademoden, modische Accessoires, Reiseartikel, Bett- und Tischwäsche, Haushaltswaren, Kosmetikartikel, Wohnaccessoires etc.

Ersparnis

Bis zu 60 %.

Ambiente

Majestätisches Village in einzigartiger Architektur. Der Baumeister hat sich von Verdi-Opern inspirieren lassen. Zwischen Straßen und Plätzen reihen sich die Outlet-Shops nebeneinander. Zur Zeit sind ca. 50 Shops vertreten. Café, Restaurant, Kundenservice, Kinderspielplatz sowie ein riesiger Parkplatz sind vorhanden.

Adresse

Fidenza Village, Via San Michele Campagna, Loc. Chiusa Ferranda - 43036 Fidenza (PR), Telefon: 05 24/3 35 51, Fax: 33 53 01, E-Mail: reception@fidenzavillage.com, Internet: www.fidenzavillage.com.

Öffnungszeiten

Montag bis Freitag 10.00 bis 19.00 Uhr, Samstag und Sonntag 10.00 bis 20.00 Uhr.

Anreise

A1 Milano–Roma, Ausfahrt Fidenza-Salsomaggiore Terme. Nach der Mautstation, wie beschildert, über 2 Kreisverkehre nach Fidenza Village. Das Outlet Center ist etwa 100 m von der Mautstation entfernt.

FREY

Die Kollektionen der Firma Frey spiegeln die schönsten Tendenzen der Mode wider. Grundsätzlich ist alles aus reiner Seide, auch das Futter wird aus bedruckten Seidentüchern gefertigt.

Seidentradition

Warenangebot
Exklusive Damenmode, bestehend aus gesteppten und wattierten sowie plissierten Jacken, Mänteln, Westen, Taschen, Schals wie auch Tüchern, die sich elegant mit allen Modellen kombinieren lassen. Accessoires für Damen und Herren.

Ersparnis
30 bis 50 %.

Ambiente
Neu gestaltete, helle Verkaufsräume (ca. 500 m²) auf zwei Ebenen. Am Eingang befindet sich eine Ausstellung über die Geschichte der Seide. Die Ware wird von geschultem und freundlichem Personal präsentiert.

Adresse
Frey & C. Emporio Della Seta S.r.l., Viale Risorgimento, 49/51 - 22073 Fino Mornasco (CO), Telefon: 0 31/92 75 38, Fax: 92 93 62, E-Mail: paolo@frey.it.

Öffnungszeiten
Montag bis Samstag 9.00 bis 12.00 und 14.30 bis 19.00 Uhr.

Anreise
A9 Milano-Lugano, Ausfahrt Fino Mornasco. Nach ca. 100 m rechts abbiegen, der Beschilderung folgen.

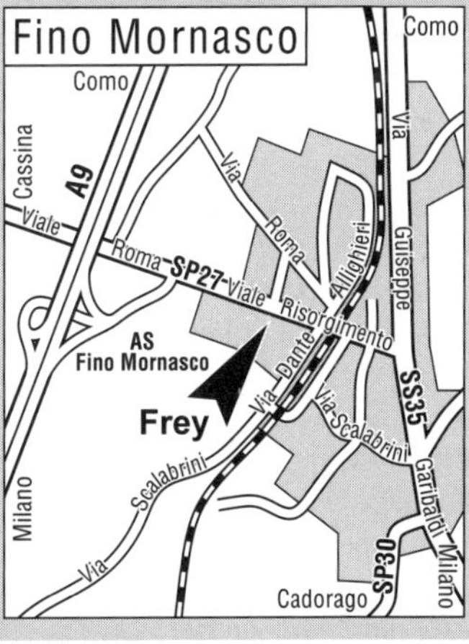

Horserie

Das zweite Outlet von Blue Home befindet sich in Florenz. Der Hersteller von exklusiven Dekostoffen und Einrichtungsaccessoires hat ein großes Repertoire an geschmackvollen Bezugsstoffen in vielen Farben und Mustern. Alles in hochwertiger Qualität, und in unterschiedlichem Design und Stil, von traditionell bis modisch.

Zeitloses Ambiente

Warenangebot
Vielseitiges Angebot an Dekostoffen, Jacquards, Brokat, Damast, Satin, Samt, Bezugsstoffe für Polstermöbel, Vorhänge, Einrichtungsgegenstände, Teppiche, Schneiderei für Wunschanfertigungen.

Ersparnis
30 bis 70 %.

Ambiente
Schickes Outlet, verfügbare Ware nach Typ und Farbe übersichtlich sortiert. Um die optische Wirkung der Produkte besser beurteilen zu können, sind an verschiedenen Stellen im Verkaufsraum Dekorationen zur Demonstration und als Anregung aufgebaut.

Adresse
Horserie, Via Baracca, 15G - 50127 Firenze (FI), Telefon und Fax: 055/ 35 07 63, E-Mail: firenze@horserie.it, Internet: www.horserie.it.

Öffnungszeiten
Im Winter: Montag 15.30 bis 19.30 Uhr, Dienstag bis Freitag 10.00 bis 14.00 und 15.30 bis 19.30 Uhr, Samstag 10.00 bis 14.00 Uhr. Im Sommer: Montag bis Freitag 10.00 bis 14.00 und 15.30 bis 19.30 Uhr. Samstag geschlossen.

Anreise
A11 von Pisa kommend bis zum Autobahnende Firenze fahren. Die 2. Straße rechts in die Via Francesco Basili, die nächste Möglichkeit links in die Via Francesco Baracca Richtung Firenze Centro. Horserie befindet sich gegenüber der Parkplatzausfahrt des Supermercato Esselunga.

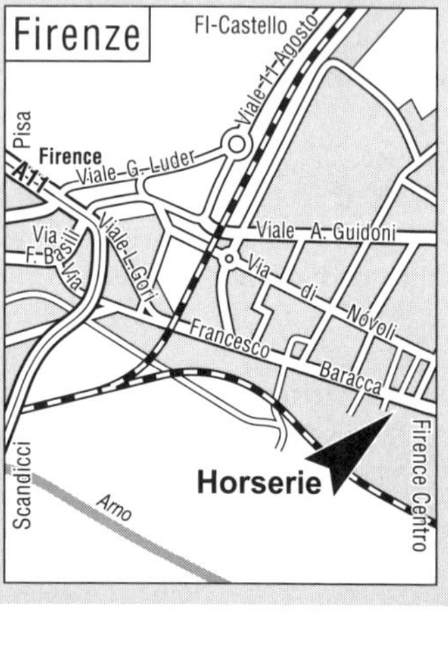

LI PUMA

Li Puma schmiedet seit 1962 hochwertige kunsthandwerkliche Objekte und Gebrauchsgegenstände aller Art und beliefert damit ganz Europa. Die Artikel sind bei der „Mostra Internazionale dell'Artigiano" vertreten und belasten mehr den Kofferraum als den Geldbeutel.

Handgeschmiedet

Warenangebot
Kronleuchter, Decken-, Tisch- und Wandleuchten, Kleiderständer, Stühle, Tisch- und Bettgestelle aus Schmiedeeisen, naturbelassen oder vergoldet, zum Teil auch koloriert.

Ersparnis
Bis 50 %.

Ambiente
Enger, schmaler Ladenraum. Jeder Zentimeter ist genutzt. In der Werkstatt im Hintergrund wird gehämmert. Die Waren sind nur zum Teil ausgezeichnet, aber der Maestro ist bei Nachfragen gleich zur Stelle.

Adresse
Li Puma, Via Baracca, 33 - 50127 Firenze (FI), Telefon: 0 55/41 97 58, Fax: 41 32 59, E-Mail: info@lipuma.com, Internet: www.lipuma.com.

Öffnungszeiten
Montag bis Freitag 9.30 bis 12.00 und 14.30 bis 19.00 Uhr, Samstag 9.30 bis 12.00 Uhr.

Weitere Verkaufsstelle
• 50125 **Firenze (FI)**, Via Romana, 70, Telefon: 0 55/2 33 65 61.

Anreise
A1 Bologna–Roma, Ausfahrt Firenze Nord. Richtung Firenze Zentrum über die Viale Gori, dann links in die Via Baracca, eine verkehrsreiche Zubringerstraße.

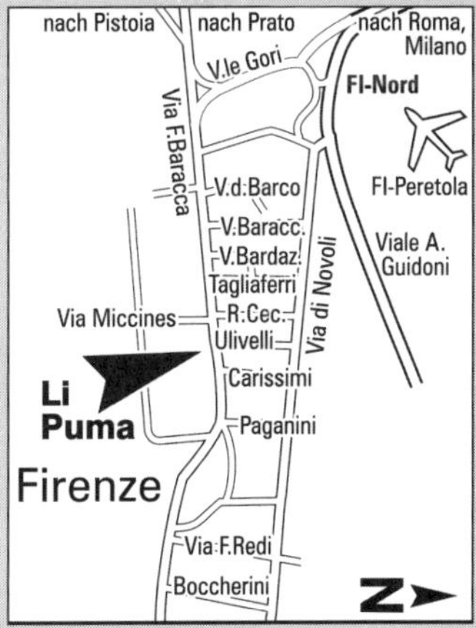

LORI CLARA

Feinste Florentiner Damen- und Herrenmoden gibt es bei diesem Stockisten der Topklasse. Nahezu alle Edelmarken sind hier zu finden.

Super Markt für Edelmarken

Warenangebot
Musterkollektionen und Restbestände der klassisch-eleganten bis sportlichen Topmode. Marken wie z.B. Pierre Cardin, Dolce & Gabbana, Ferré, Versace, Max Mara, Luciano Visconti, Valentino, Marina Rinaldi, Corneliani, Allegri, Marella, Caractere. Auch Handtaschen, Gürtel, Krawatten, Tücher, wenig Schuhe.

Ersparnis
20 bis 35 %.

Ambiente
Grandhotelartige Verkaufsräume mit komfortablen Umkleidekabinen. Zurückhaltendes, aber beratendes Personal.

Adresse
Tinti Lori Clara, Via E. de Nicola, 15 - 50136 Firenze (FI), Telefon: 055/ 6503204, Fax: 6505297, E-Mail: claralori@tin.it.

Öffnungszeiten
Montag 15.00 bis 20.00 Uhr, Dienstag bis Samstag 9.00 bis 13.00 und 15.00 bis 20.00 Uhr.

Weitere Verkaufsstelle
● 52100 **Arezzo (AR)**, Lori, Clara e Lorenzo, Strada in Casentino, Telefon: 0575/500190.

Anreise
Von Firenze Centro am Fluss Arno entlang (auf der Domseite) Richtung Autostrada Bologna-Roma-Siena und Arezzo. Direkt vor dem Autobahnzubringer Firenze Sud befindet sich der Verkauf Lori Clara. Er ist auch mit dem Bus Nr. 14 zu erreichen.

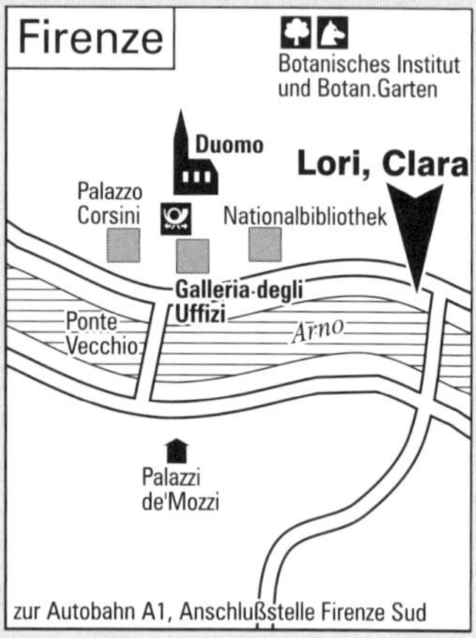

LAGOSTINA

Dies ist ein wahres Topfparadies, das mit seiner großen Auswahl nicht nur Kochbegeisterte zum Kochen und Brutzeln inspiriert.

Töpfe wie Sand am Meer

Warenangebot
Hochwertige Edelstahltöpfe und -pfannen in allen Größen, Spezialtöpfe für Spargel und Spaghetti, Schnellkochtöpfe, Fonduesets, Espressokocher, Bestecke und spezielle Diät-Topfsets.

Ersparnis
20 bis 30 %, 2. Wahl bis 50 %.

Ambiente
Der Verkauf von Lagostina, findet jetzt in einer neu eingerichteten Verkaufsstelle in Fondotoce statt. Übersichtliche Warenpräsentation, große Auswahl. Ausreichend Kundenparkplätze.

Adresse
Casa Lagostina, Via Quarantadue Martiri, 192 - 28924 Fondotoce (VB), Telefon: 03 23/40 69 16, Fax: 40 69 24.

Öffnungszeiten
Montag 14.30 bis 19.30 Uhr, Dienstag bis Samstag 10.00 bis 19.30 Uhr, Sonntag 11.00 bis 19.30 Uhr.

Anreise
A26, Milano-Gravellona, Ausfahrt Gravellona Toce. Auf die SS34 Richtung Fondotoce und Verbania. Der Verkauf befindet sich in Fondotoce nach dem Kreisverkehr.

SERGIO TACCHINI

Sergio Tacchini ist ein bei Alt und Jung bekannter Hersteller von Tennis-, Ski-, Golf-, Bade- und anderer Sportbekleidung in ausgezeichneter Qualität und mit modischem Anspruch.

Ein Wort für Sport

Warenangebot
Tennis-, Golf-, Skibekleidung, Bademoden, Accessoires, Freizeitbekleidung, Jeans, Sport- und Freizeitschuhe – alles für Damen, Herren und Kinder. Außerdem Lederwaren.

Ersparnis
30 bis 50 %, bei Artikeln außerhalb der Saison auch mehr.

Ambiente
Großer, lagerähnlicher Verkauf, der aber von dem Verkauf in Caltignaga noch überboten wird. Parkplätze im Hof.

Adresse
Sergio Tacchini Factory Outlet, Via Quarantadue Martiri, 42 - 28924 Fondotoce (VB), Telefon: 03 23/40 69 28.

Öffnungszeiten
Montag 15.00 bis 19.00 Uhr, Dienstag bis Samstag 10.00 bis 12.30 und 15.00 bis 19.00 Uhr. Von April bis Oktober und im Dezember auch Sonntag 10.00 bis 12.30 und 15.00 bis 19.00 Uhr geöffnet.

Weitere Verkaufsstellen
- 15069 **Serravalle Scrivia (AL)**, McArthurGlen Designer Outlet, Telefon: 01 43/68 63 24.
- 20090 **Pantigliate (MI)**, Strada Veccia Paulese, 9, Telefon: 02/90 68 73 82.
- 21013 **Gallarate (VA)**, Via Milano, 169, SS del Sempione, Telefon: 03 31/79 03 47.
- 28053 **Castelletto Ticino (NO)**, SS33 del Sempione, 159, Telefon: 03 31/91 42 88.
- 28060 **Vicolungo (NO)**, Via S. Martino Zuziagna/Angolo Via S. Lorenzo.

Anreise
A26 Milano-Gravellona, Ausfahrt Gravellona Toce. Auf die SS34 Richtung Fondotoce und Verbania. Der Verkauf befindet sich in Fondotoce nach dem Kreisverkehr.

sport store

Die Firma stellt unter dem Markennamen „Sportful Vans" Sportartikel für Radsport und Langlauf her. Bei der Produktion wird großer Wert auf die Funktionalität des verwendeten Materials gelegt. Es werden nur hochtechnologische Materialien verwendet, die in der Lage sind, Feuchtigkeit von der Haut abzuleiten und sofort zu verdunsten.

Nicht nur für Profis

Warenangebot

Vielseitiges Angebot an Damen-, Herren- und Kindersportbekleidung, Ausrüstung für Radsport und Langlauf: Funktionswäsche, Fleece-Bekleidung, Jacken, Westen, Hosen, Handschuhe und Schuhe.

Ersparnis

30 bis 70 %.

Ambiente

Geschäft auf 600 m², in verschiedene Abteilungen gegliedert. Dazu besonders günstige Angebote in Körben: Musterartikel und Waren mit kleinen Fehlern. Großer Kundenparkplatz vorhanden.

Adresse

Sport Store di Rizzo Ferruccio, Via Marconi, 81/83 - 32030 Fonzaso (BL), Telefon: 0439/571217, Fax: 56436, Internet: www.sportful.com.

Öffnungszeiten

Im Sommer: Montag 15.30 bis 19.30 Uhr, Dienstag bis Samstag 8.30 bis 12.30 und 15.30 bis 19.30 Uhr. Im Winter: Montag 15.00 bis 19.00 Uhr, Dienstag bis Samstag 8.30 bis 12.30 und 15.00 bis 19.00 Uhr.

Anreise

SS47 Trento–Bassano del Grappa, Ausfahrt SS50, Richtung SS50 Feltre. Nach ca. 13 km an der Ausfahrt Artèn abfahren. Im Ort links Richtung Fonzoso. Der Verkauf befindet sich am Ortsanfang direkt an der Hauptstraße.

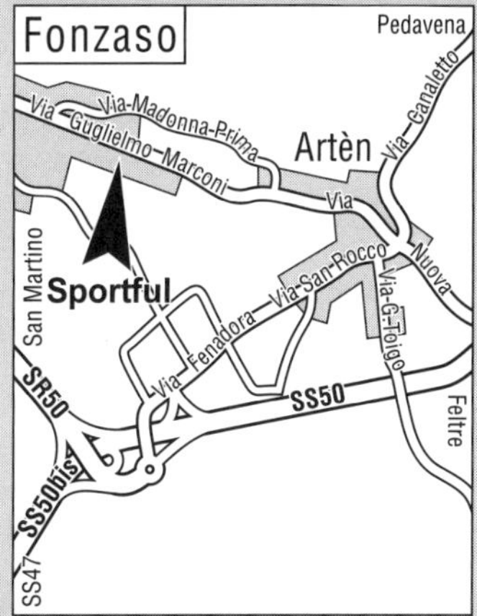

Manifattura di Galliate

Die angebotene Bademode reicht vom Bikini bis zum Strandkleid. Gute Materialien, flotte Formen und witzige Details überraschen angenehm.

Sommer, Sonne, Palmen, Meer

Warenangebot

Überwiegend Damen-Bademoden, vereinzelt auch Badehosen, Boxershorts, T-Shirts, Hemden und Sommerkleider. Die bunte Palette reicht von flippig bis klassisch und ist auch in den Größen gut sortiert.

Ersparnis

30 %.

Ambiente

Großer, übersichtlicher Laden, der poppig eingerichtet ist. Der Verkaufsraum hat zwei Umkleidekabinen. Die Kleidungsstücke sind übersichtlich geordnet. Falls der Fabrikverkauf geschlossen hat, bitte klingeln.

Adresse

Manifattura di Galliate, Via A. Grandi, 9 - 28066 Galliate (NO), Telefon: 03 21/ 86 53 29 und 80 62 65, Fax: 86 62 50.

Öffnungszeiten

Montag bis Freitag 9.00 bis 12.30 und 15.30 bis 18.30 Uhr, Samstag 9.00 bis 12.30 Uhr.

Anreise

Die SS341 Turbigo-Galliate-Novara führt auf die Via Ticino, dort rechts in die Via G. di Vittorio, dann links in die Via A. Grandi. Der Fabrikverkauf ist ausgeschildert, dem großen Hinweisschild „Spaccio" folgen.

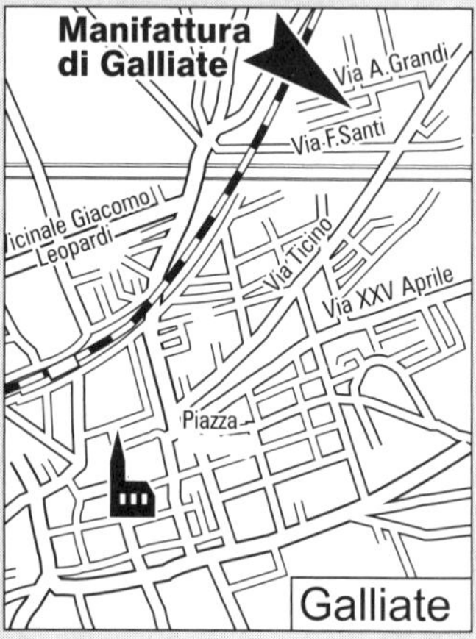

FRANCOLI CENTER

Francoli è la Grappa. Für Kenner, die einen guten Grappa zu schätzen wissen, lohnt sich der Weg hierher auf jeden Fall.

Für Genusskünstler

Warenangebot
Riesenauswahl an Grappe, auch von Luigi Francoli, in jeder Geschmacksrichtung und in allen Preislagen. Großes Angebot an Likören, Weinen, auch Ghemme DOCG und Gattinara DOCG sowie Dolcetto d'Alba DOC sowie DOC-Weine von den Colline Novaresi und Schaumweine. Ausgesuchte Geschenkkartons, Gläsersets und Zierflaschen.

Ersparnis
Bis 40 %.

Ambiente
Ansprechendes, sehr gepflegtes Top-Haus aus Natursteinen, großes Warenangebot, dekorativ gelagert, freundliches und gut beratendes, Englisch und Deutsch sprechendes Personal. Großer Parkplatz vor dem Verkauf.

Adresse
Francoli Center, Corso Romagnano, 69 - 28074 Ghemme (NO), Telefon: 01 63/ 84 13 20, Fax: 84 15 91, E-Mail: info@ francolicenter.it.

Öffnungszeiten
Montag und Mittwoch bis Sonntag und an Festtagen 9.00 bis 12.30 und 14.30 bis 19.30 Uhr. Dienstag geschlossen (außer im August).

Anreise
An der SS 299 von Varallo-Borgosesia in Richtung Novara erreicht man nach Romagnano-Sesia Ghemme, die Stadt des Weines. Oder A26, Ausfahrt Romagnano-Ghemme. Mit dem Auto 30 Minuten von Lago Maggiore und Lago di Orta entfernt. Gleich am Ortsanfang rechts finden Sie das Verkaufshaus und links die Destillerie. Beides ist nicht zu übersehen.

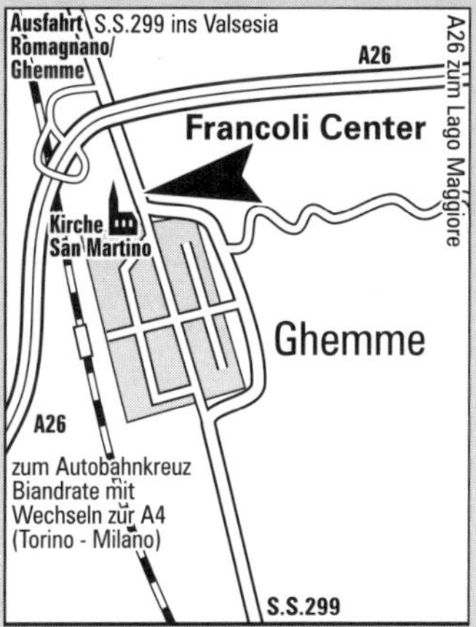

MASSIMO GIUSTETTI

Wer sich ganz auf Krawatten spezialisiert hat, der muss sein Handwerk verstehen. Das durchgehende Futter garantiert stets einen optimalen Knoten.

Dieser Knoten sitzt immer

Warenangebot
Gut sortierte Auswahl an Seidenkrawatten, vereinzelt auch Fliegen, Einstecktücher und Hosenträger.

Ersparnis
Um 50 %.

Ambiente
Kleiner Betrieb, gepflegt und funktionell. Die Räumlichkeiten sind über eine Außentreppe zu erreichen. Im Vorraum der auf die Krawattenproduktion ausgerichteten Fertigung mit ca. fünf Näherinnen befindet sich der kleine Verkaufsraum.

Adresse
Casam di Ottino Piero, Via Romagnano, 6A - 28074 Ghemme (NO), Telefon: 01 63/84 02 20.

Öffnungszeiten
Montag bis Freitag 8.30 bis 12.00 und 13.30 bis 18.00 Uhr.

Anreise
An der SS 299 von Varallo/Borgosesia in Richtung Novara fahrend, befindet sich Ghemme. Links der Via Romagnano, vor dem Ortszentrum, finden Sie die Casam-Verkaufsstätte, gut gekennzeichnet.

LBG®
ITALIA
di Gino Ferruzzi

Die Firma L.B.G. stellt in traditioneller handwerklicher Verarbeitung Lederwaren von hoher Qualität her, sowohl für die eigene Marke Gino Ferruzzi, als auch für verschiedene Modehäuser. In ihrem Fabrikverkauf finden Sie sowohl klassische als auch modische Modelle für jede Gelegenheit.

Imagezubehör

Warenangebot
Handtaschen, Aktentaschen, Lederbekleidung, Geldbeutel, Gürtel und andere Lederaccessoires.

Ersparnis
30 %. Die Preislage ist gehoben, von der Qualität her jedoch gerechtfertigt.

Ambiente
200 m² großer Verkaufsraum mit umfangreicher Auswahl.

Besonderheiten
Auf Wunsch kann man die Produktion besichtigen und sich das Entstehen einer Tasche vom Design bis zum fertigen Produkt in deutscher, englischer oder italienischer Sprache erklären lassen.

Adresse
Gino Ferruzzi s.n.c., Pelletterie, Via G. Pastore, 3A - 50022 Greve in Chianti (FI), Telefon: 0 55/8 54 47 20, E-Mail: info@lbgitalia.com, Internet: www.lbgitalia.com.

Öffnungszeiten
Montag bis Freitag 9.30 bis 12.30 und 14.00 bis 18.30 Uhr, Samstag 9.30 bis 12.30 Uhr.

Anreise
A1 Firenze-Roma, Ausfahrt Certosa. Im Kreisverkehr Richtung SS 222 Siena. An der SS 222, kurz vor Greve, sehen Sie den Hinweis auf L.B.G.

FILATURA DI GRIGNASCO

Wolle und Garne in allen erdenklichen Arten, Materialien und Farben, vorwiegend Naturfasern, erfreuen hier alle Handarbeits-Fans.

Für kreative Winterabende

Warenangebot
Reichhaltige Auswahl an aktueller Baumwolle, Wolle, Mohair, Bouclé, Beistrickgarnen, Stickgarnen mit Stickvorlagen, Bändchengarnen und Kurzwaren. Vereinzelt sind auch Pullis im Angebot.

Ersparnis
30 bis 50 %.

Ambiente
Kleiner Verkaufsraum gegenüber der Pforte zur Fabrikation. Die Ware ist in großer Vielfalt in Regalen und auf dem Fußboden gestapelt. Selbstbedienung aus Körben mit Restposten.

Adresse
Filatura di Grignasco S.p.A., Via D. Alighieri, 2 - 28075 Grignasco (NO), Telefon: 01 63/ 41 01, Fax: 41 03 33.

Öffnungszeiten
Dienstag bis Samstag 9.00 bis 12.00 und 15.00 bis 19.00 Uhr.

Anreise
Auf der SS 299 von Varallo/Borgosesia in Richtung Novara, links über den Fluss Sesia in Richtung Grignasco. Am Ortsanfang links über die Bahnschienen. Gute Beschilderung.

Die bekannte Hemdenmarke hält, was sie verspricht. Auffallend viele Herren kaufen hier stapelweise ihre Hemden.

Auch Hemden machen Männer

Warenangebot

Breite Auswahl aus eigener Produktion an Herren- und Kinderhemden, Blusen, Damen- und Herrenschlafanzügen, Boxershorts, Plaids und Heimkissen, Hemdenstoffe aus Leinen und Baumwolle in gehobener Qualität. Hemden werden auch nach Maß gefertigt. Vielseitiges Angebot an Strickwaren, Hosen, Anzügen, Kostümen für ein aktuelles Outfit. Accessoires: Krawatten, Seidentücher, Schuhe, Taschen und Brieftaschen. Dazu Raumdüfte, Duftkerzen, Potpourris und Ethnisches.

Ersparnis

25 %, bei Sonderangeboten mehr.

Ambiente

Der Verkauf findet in einem neuen Gebäude neben der Fabrik auf 400 m^2 statt. Elegante, moderne Warenpräsentation.

Adresse

J & S Camicie, Via XXV Aprile, 71 - 22070 Guanzate (CO), Telefon: 031/89 93 77, Fax: 89 93 01.

Öffnungszeiten

Montag 14.30 bis 19.30 Uhr, Dienstag bis Samstag 10.30 bis 19.30 Uhr. In der Hauptsaison auch Sonntag geöffnet. Am besten vorher anrufen.

Anreise

A9 Milano–Como, Ausfahrt Lomazzo, weiter in Richtung Appiano Gentile. Am Ortseingang von Guanzate befindet sich gleich rechter Hand die gut beschilderte Fabrik mit dem Verkauf.

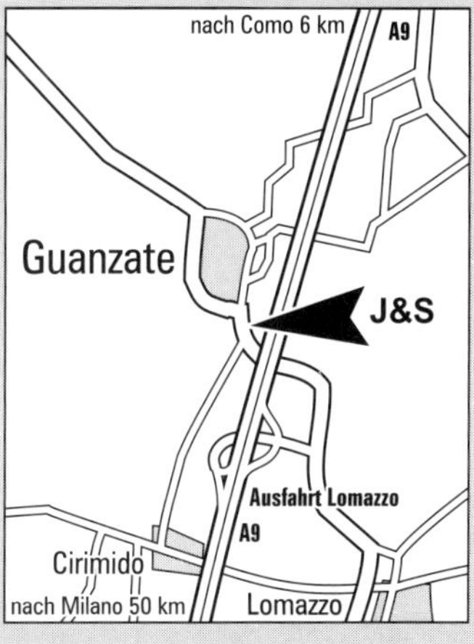

Das kleine toskanische Dorf Impruneta ist die berühmteste Terrakotta-Metropole Italiens. Hier findet man die beste Tonerde. Die hergestellten Stücke gehen auf die traditionellen Vorbilder zurück, nur manchmal mischt sich ein modernes Design dazwischen. Handgemachtes ist entsprechend teuer und nicht mit Terrakotta aus dem Baumarkt zu vergleichen.

Gebrannte Erde

Warenangebot
Blumentöpfe, Übertöpfe, Brunnen, Figuren, Amphoren, fast alles, was man je in Terrakotta gesehen hat.

Ersparnis
20 bis 30%. Zusätzlich 10% Nachlass, wenn Sie diesen Schnäppchenführer Norditalien vorweisen.

Ambiente
Sie gehen durch das Tor, außerhalb der Werkstatt wird getöpfert, die Ware gelagert bzw. ausgestellt und verkauft.

Besonderheiten
Neben der Kirche gibt es eine Terrakottaausstellung.

Adresse
F.lli Masini s.n.c. di Masini Osvaldo, Via delle Fornaci, 57-59 - 50023 Impruneta (FI), Telefon: 055/2011683, Fax: 2313211, E-Mail: info@fornacemasini.it, Internet: www.fornacemasini.it.

Öffnungszeiten
Montag bis Freitag 8.00 bis 12.00 und 13.00 bis 18.30 Uhr, Samstag 8.00 bis 12.00 und 15.00 bis 17.00 Uhr.

Anreise
A1 Firenze-Roma, Ausfahrt Firenze Certosa, im Kreisverkehr gleich auf die SS222 Richtung Impruneta/Siena. In Impruneta Richtung Greve und vor der Brücke rechts Richtung Ferrone, dann rechts hinab in die Via Fornaci fast bis zum Ende der Straße.

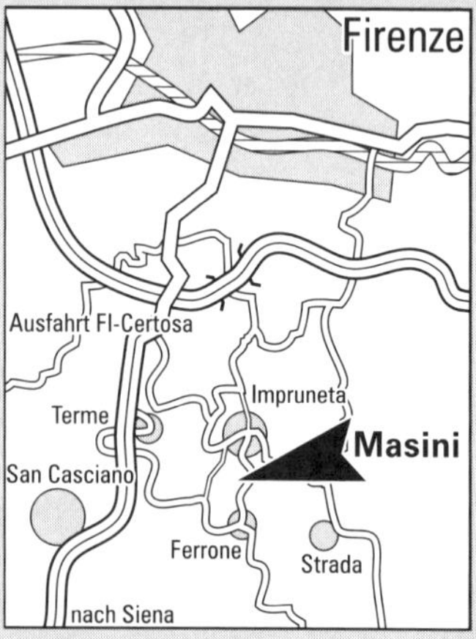

Hier findet man hochwertige kleine und große Meisterwerke aus Terrakotta, handgemacht und entsprechend teuer. Neben Traditionellem wird auch in modernem Design produziert.

Antica Fornace di Terracotta

Warenangebot

Ein reiches Angebot an erlesenen Stücken: Vasen, Figuren, Obstgirlanden, Reliefs, Amphoren, Übertöpfe, Krüge, die toskanischen Dachpfannen „Nonne und Mönch" und Terrakottaplatten.

Ersparnis

Vielleicht ist die Liebhaberei eher der Anreiz, um hier einzukaufen, als die Ersparnis. Jedenfalls finden Sie bestimmt sonst nirgendwo schönere Terrakotta-Erzeugnisse.

Ambiente

Firmengebäude mit großem, eingezäuntem Garten, in dem die Waren ausgestellt und gelagert sind. Der Verkauf läuft nebenbei. Die Preise sind nicht ausgezeichnet und müssen erfragt werden.

Adresse

Poggi Ugo s.n.c., Via Impunetana, 16 - 50023 Impruneta (FI), Telefon: 0 55/ 2 01 10 77, Fax: 2 31 38 52, E-Mail: info@poggiougo.it, Internet: www.poggiougo.it.

Öffnungszeiten

Montag bis Freitag 8.30 bis 13.00 und 14.00 bis 18.00 Uhr, Samstag 8.30 bis 13.00 Uhr.

Anreise

A1 Firenze-Roma, Ausfahrt Firenze Certosa, im Kreisverkehr gleich auf die SS 222 Richtung Impruneta/ Siena. Etwa 6 km vor Impruneta befindet sich links unübersehbar Poggi Ugo. Sie können nicht in den Firmenkomplex hineinfahren, sondern müssen sich an der Straße einen Parkplatz suchen.

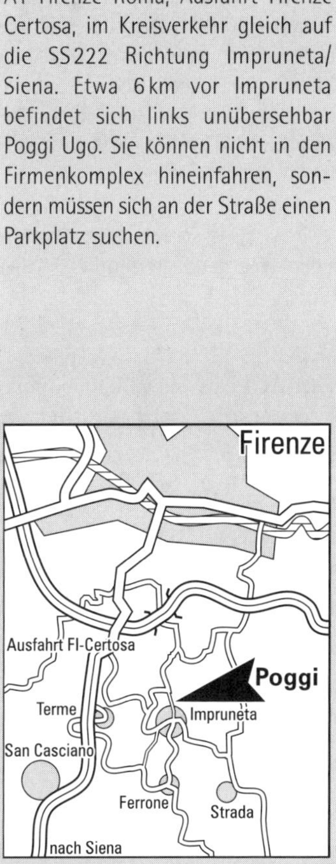

Sergio Ricceri

Sergio Ricceri ist eine Töpferwerkstatt, in der reich verzierte Amphoren, Vasen, Krüge und Blumentöpfe in traditioneller Weise hergestellt werden.

Terrakotta-Träume

Warenangebot
Terrakottawaren für den Innen- und Außenbereich. Hauptsächlich nach traditionellen Vorbildern gefertigte Orcios (Krüge) in kleinen und mittleren Größen, Sonnenuhren, Wandbilder, Obstkörbe, kleine Springbrunnen, kleines Sortiment an Keramik u. a. Auch Einzelstücke werden nach Wunsch angefertigt.

Ersparnis
Die Ersparnis ist schwer zu beziffern. Sie finden hier handgefertigte Liebhaberstücke.

Ambiente
In der Werkstatt und im Garten werden Sie neben der Arbeit bedient und beraten.

Adresse
Sergio Ricceri, Cotto Impruneta, Via Fabbiolle, 14 - 50023 Impruneta (FI), Telefon und Fax: 0 55/2 31 37 90, E-Mail: terracottericceri@hotmail.com.

Öffnungszeiten
Montag bis Freitag 8.30 bis 13.00 und 14.30 bis 19.00 Uhr, Samstag 9.30 bis 13.00 und 14.30 bis 18.00 Uhr.

Anreise
A1 Firenze-Roma, Ausfahrt Firenze Certosa, im Kreisverkehr gleich auf die SS 222 Richtung Impruneta/Siena. In Impruneta Richtung Greve und vor dem Parkplatz links die kleine Straße hinunterfahren.

Sogno Giannino di Sogno Giuseppe & C.

Es glänzt und glitzert in den Vitrinen und es ist alles aus echtem Silber, vom kleinsten Tierchen bis zum großen Bilderrahmen. Aber die Gartentüre, die zum Verkaufsraum führt, ist nicht aus Silber, sie ist total verrostet.

Versilbert wird hier nichts

Warenangebot
Tafelsilber, Bestecke, Bonbonnieren, dekorative Dosen, Füllfederhalter, Drehbleistifte, Bilderrahmen, Pillendosen, Tierchen, Kerzenleuchter und Devotionalien.

Ersparnis
25 %.

Ambiente
Kleiner, altertümlicher Laden. Die Ware wird größtenteils hinter Glas in Vitrinen präsentiert. Familienbetrieb seit 1900, kleinere Produktionsstätte, mitten in einem kleinen, bergigen Dorf. Die Parkmöglichkeiten sind eingeschränkt.

Adresse
Sogno & Comp., Fabbrica Argento s.n.c., Via Agnona, 18 - 13010 Isolella di Borgosesia (VC), Telefon: 01 63/2 54 04, Fax: 42 01 82, E-Mail: sognoarg@libero.it.

Öffnungszeiten
Montag bis Freitag 9.00 bis 12.00 und 14.30 bis 18.30 Uhr, Samstag 14.30 bis 18.30 Uhr.

Anreise
Auf der SS 299 von Novara kommend Richtung Varallo, vorbei an Borgosesia und Agnona. Ganz plötzlich links eine sehr steile und schmale Straße hinauf, fast ein Feldweg. Linker Hand verweist ein Schild auf den Verkauf in 50 m Entfernung.

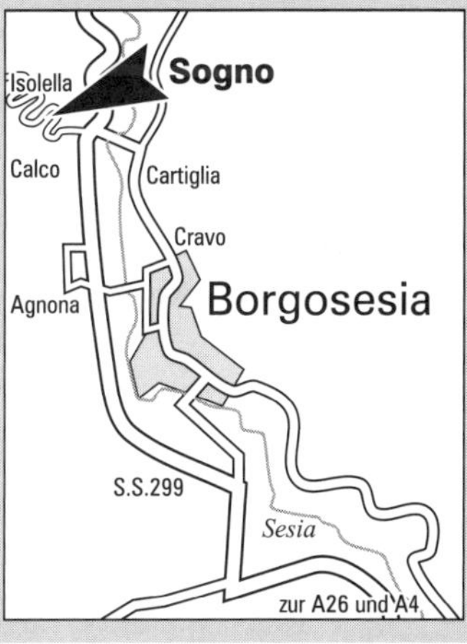

MARTINELLI

Touristen, die das Gebiet um den Gardasee bereisen, haben den Fabrikverkauf der Firma Martinelli mit Hilfe der vielen Reklametafeln, die darauf hinweisen, längst entdeckt. Es gibt dort nicht die teure Exklusivmode, sondern trendige, preiswerte Kleidung.

Trendmode

Warenangebot
Poppige, lustige Trendmode für die Jugend, moderne Klassik für reifere Jahrgänge. Von Strickwaren über Blusen, Hosen, Röcke, Kostüme, Kleider - sogar Umstandsmode - ist alles im Angebot.

Ersparnis
40 %.

Ambiente
Geräumiger, neuer Laden mit guter Auswahl in fast allen Größen. Großer Parkplatz vorhanden.

Adresse
Confezioni Martinelli, Via Colombare, 1 - 37017 Lazise (VR), Telefon: 045/ 7 58 01 37, Fax: 7 58 11 63.

Öffnungszeiten
Montag bis Samstag 9.30 bis 12.30 und 15.30 bis 19.00 Uhr.

Anreise
A4 Brescia-Verona, Ausfahrt Peschiera. Weiter auf der SS11 Richtung Verona bis zum großen Kreisverkehr. Dort auf die SR450 nach Affi abfahren bis zur Ausfahrt Lazise Bussolengo. Rechts auf die SP5 Richtung Bussolengo. Der Verkauf befindet sich, gut ausgeschildert, nach 500 m auf der linken Seite.

THE | MALL

Seit August 2001 gibt es dieses Outlet Center. The Mall ist ein neues, elegantes Gebäude mit vielen voneinander unabhängigen Geschäften: Gucci, Yves Saint Laurent, Loro Piana, Sergio Rossi, Giorgio Armani, Bottega Veneta, Ferragamo, Ungaro, Valentino, Ermenegildo Zegna, Agnona, Hogan, La Perla, Tod's. Weitere hochkarätige Firmen werden hinzukommen.

Modische Treffer

Warenangebot
Damen- und Herrenschuhe, Kostüme, Röcke, Blusen, Pullover, Mäntel, Krawatten, Anzüge, Lederbekleidung, Koffer, Taschen, Gürtel, Seidentücher und mehr.

Ersparnis
35 bis 70 % und mehr.

Ambiente
Gepflegtes, großes Outlet Center mit eigenem Flair. Elegante Geschäfte der jeweiligen Modehersteller. Im Café oder im Restaurant kann man in angenehmer Umgebung ausruhen.

Besonderheiten
Von Firenze aus verkehrt täglich ein Shuttle-Bus sowie ein Linienbus der Firma Sita direkt zu The Mall. Haltestelle in Firenze: Autostazione (Busbahnhof) Sita, Via S. Caterina da Siena, 17. Auskunft telefonisch (Montag bis Freitag 9.00 bis 18.00 Uhr) oder per E-Mail.

Adresse
The Mall, Via Europa, 8 - 50060 Leccio Reggello (FI), Telefon: 055/8657775, Fax: 8657801, E-Mail: info@designmanagement.it.

Öffnungszeiten
Montag bis Samstag 10.00 bis 19.00 Uhr, Sonntag 15.00 bis 19.00 Uhr. Ostern, 1. Mai und 15. August geschlossen. Sicherheitshalber sollten Sie sich telefonisch über die Öffnungszeiten vergewissern!

Anreise
A1 Milano-Roma, Ausfahrt Incisa. Richtung Pontassieve bis Leccio. Gleich nach dem Zentrum von Leccio ist links The Mall. Von Firenze verkehrt täglich ein Shuttle-Bus.

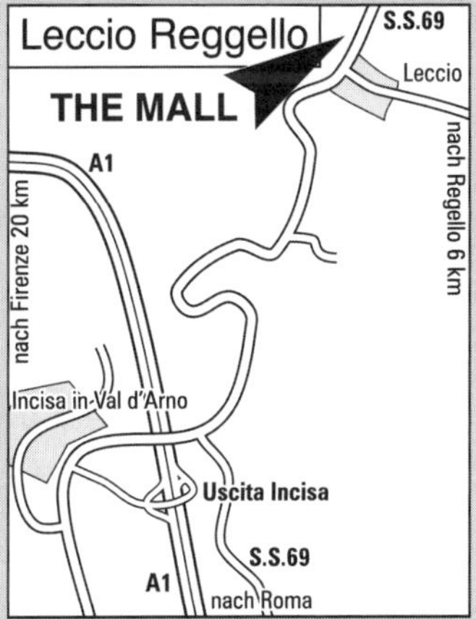

ASPESI

Ein Leinenkleid von Aspesi, ganz gleich ob lang und lässig oder kurz und bequem, ist in jedem Fall zum Wohlfühlen, denn Aspesi erfüllt höchste Ansprüche sowohl in Bezug auf das Material als auch im Design.

Kein simples Hängerkleid

Warenangebot
Die ganze Palette an Damenbekleidung bis zur italienischen Größe 48. Hosen, Röcke, Kleider, Blusen, Mäntel, Jacken, Kostüme, Hosenanzüge, Pullis, Blazer für den Sommer oder auch für den Winter. Für Herren gibt es ein begrenztes Angebot an Hemden, Poloshirts und T-Shirts. Die Ware ist selten aus der neuesten Kollektion, es gibt relativ viel 2.-Wahl-Ware.

Ersparnis
30 bis 50 %.

Ambiente
Typischer Fabrikverkauf in einer großen Lagerhalle. Umkleidekabinen sind vorhanden. Parkplätze vor dem Fabriktor.

Adresse
Alberto Aspesi & C. S.p.A., Via S. Quasimodo, 32/34 - 20025 Legnano (MI), Telefon: 03 31/52 64 11, Fax: 52 64 38.

Öffnungszeiten
Dienstag bis Samstag 9.30 bis 12.00 und 14.00 bis 18.00 Uhr.

Anreise
SS 527 von Saronno nach Busto Arsizio, vor dem Ortsanfang von Legnano beim Centro Commerciale rechts ab und nach einigen Metern wieder rechts in die Via S. Quasimodo. Am Ende dieser Straße findet man rechts, kaum gekennzeichnet, ein graues Fabriktor vor einem grauen Fabrikgebäude. Am Fabrikzaun gibt es den Hinweis „Negozio". Das ist der Verkauf von Aspesi.

DOLCE & GABBANA

Das Geheimnis der Mode besteht vielleicht darin, gegen die Regeln zu verstoßen und das scheint dem berühmten Duo immer wieder Spaß zu machen. Für das Factory Outlet in Legnano gibt es sogar eine eigene Modelinie: einfach tragbar.

Gegen die Moderegeln

Warenangebot
Jeansbekleidung, Röcke, Pullis, Blusen, Hosen, Jacken, Mäntel, Schuhe und Accessoires.

Ersparnis
Bis 50 %.

Ambiente
Gepflegtes Geschäft.

Adresse
Dolce & Gabbana, Via Rossini, 72 - 20025 Legnano (MI), Telefon: 03 31/ 54 58 88, Internet: www.dolcegabbana.it.

Öffnungszeiten
Montag bis Freitag 10.00 bis 13.30 und 14.30 bis 19.30 Uhr, Samstag 10.00 bis 19.30 Uhr.

Weitere Verkaufsstelle
● 50064 **Incisa Valdarno (FI)**, Loc. Santa Maria Maddalena, 49, Pian dell'Isola, Telefon: 0 55/8 33 13 00, Fax: 8 33 13 01. Montag bis Samstag 9.00 bis 19.00 Uhr, Sonntag 15.00 bis 19.00 Uhr.

Anreise
A8 Lago Maggiore–Milano, Ausfahrt Legnano. Auf der Viale Cadorna, die in die Viale Toselli und dann in die Via San Michele del Carso übergeht bis zum Kreisverkehr. Dort in die Via XX Settembre, dann die 6. Möglichkeit links in die Via Rossini.

Nicht nur Damen- und Herrenbekleidung berühmter Modeschöpfer, z.B. Armani, Valentino, Versace, Gucci, Prada, Church's, Levi's u.v.a., sondern auch ein vielseitiges Angebot an Accessoires und Wäsche finden Sie im RJ Outlet in Lissone. Die Neuheit hier ist der „room special sales", eine Abteilung nur mit Sonderangeboten.

Hochwertig und günstig

Warenangebot
Hier gibt es nicht nur die oben genannten Marken, sondern noch einige mehr. Dazu Damen- und Herrenbekleidung aus der eigenen RJ Produktion, Wäsche für Damen und Herren und alles, was sonst noch für das komplette Outfit benötigt wird.

Ersparnis
30 bis 70 %.

Ambiente
Moderner, großzügiger Verkaufsraum auf 1000 m^2 mit sehr freundlichem Verkaufspersonal. Umkleidekabinen, Selbstbedienung und Beratung, gute Parkmöglichkeiten.

Adresse
RJ Outlet, Via Madre Teresa di Calcutta, 2/A - 20035 Lissone-S. Margherita (MI), Telefon: 039/ 2454396, Fax: 2454397.

Öffnungszeiten
Montag 14.00 bis 19.30 Uhr, Dienstag bis Freitag 10.00 bis 13.00 und 15.00 bis 19.30 Uhr, Samstag 10.00 bis 19.30 Uhr.

Anreise
SS36, Nuova Valassina, bis zur Ausfahrt Seregno Sud. Von Mailand kommend auf der SP111 Richtung Seregno. Nach dem Überqueren der SS36 links ab in die Via Madre Teresa di Calcutta. Der Verkauf ist ausgeschildert. Von Lecco kommend nach der Ausfahrt Seregno Sud auf der Via Mahatma Gandhi bis zum Kreisverkehr. Weiter auf der SP111 Richtung Lissone, 2. Möglichkeit rechts ist die Via Madre Teresa di Calcutta.

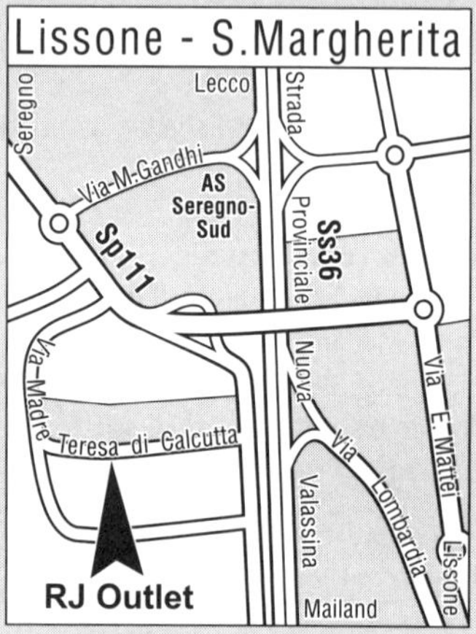

Calzaturificio

BRUNATE®

Brunate-Schuhe sind sonst in Exquisit-Schuhgeschäften zu kaufen. In Lomazzo finden Sie auf 500 m² eine Auswahl von etwa 1000 Modellen.

Auf leiser Sohle

Warenangebot
Damen-, Herren- und Kinderschuhe in gehobener Qualität. Vereinzelt gibt es Handtaschen, Brieftaschen, Geldbörsen in Leder oder weichem, waschbarem Kunstleder sowie Gürtel, auch Hausschuhe von Giesswein.

Ersparnis
Um 40 %, 2. Wahl ist noch günstiger.

Ambiente
Großer, heller Verkaufsraum, Schuhe übersichtlich in Regalen geordnet, freundliches und hilfsbereites Personal. Der Verkaufsraum befindet sich auf dem Fabrikgelände, Parkplätze vorhanden.

Adresse
Brunate Store, Calzature e Accessori Moda, Via del Seprio, 54 - 22074 Lomazzo (CO), Telefon: 02/96 77 93 93, E-Mail: infi@brunate.it.

Öffnungszeiten
Montag bis Freitag 9.30 bis 12.30 und 14.00 bis 19.00 Uhr, Samstag 9.30 bis 19.30 Uhr. In den Monaten September, Oktober und November ist jeweils am letzten Sonntag im Monat und im Dezember jeden Sonntag von 14.00 bis 18.00 Uhr geöffnet. Mitte August ist für eine Woche geschlossen.

Anreise
A9 Milano–Como, Ausfahrt Lomazzo. Im 1. Kreisverkehr rechts, an der nächsten Kreuzung in Lomazzo wieder rechts und an der Ampel nochmal rechts. Direkt nach der Unterführung erneut scharf rechts und eine schmale Straße hinauf, nach ca. 50 m erreichen Sie links die Verkaufsstätte mit Parkplatz.

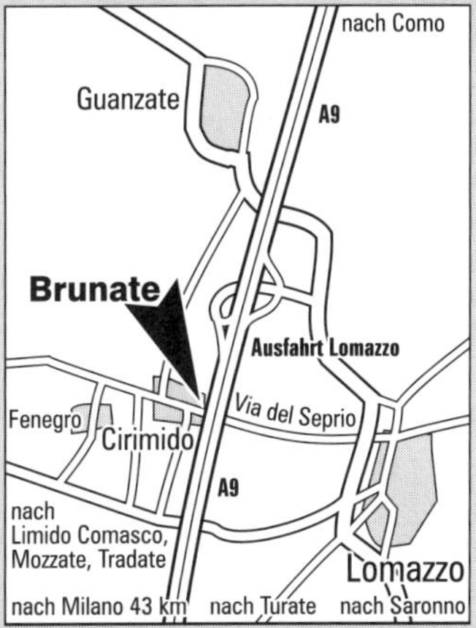

Die Produktionsstätte von Silvana und Giuseppe Rota im historischen Zentrum von Lovere kann man besichtigen und zusehen, wie wahre Kunstwerke entstehen. Handwerkliche Geschicklichkeit und perfekte Technik bestimmen die Arbeitsmethoden.

Rota heißt Keramik

Warenangebot
Einrichtungsgegenstände wie Konsolen, Tischfüße aus Terrakotta oder gehärteter Keramik, Keramikschilder für Landhäuser, Sonnenuhren, Spiegelrahmen, Badzubehör, Lampen, Tische mit Majolikakacheln und Terrakotta Mosaiktische und Mosaikkonsolen. Geschenkartikel wie Terrakotta-Masken, Bonbonnieren, Becher, Vasen und andere Gefäße.

Ersparnis
20 bis 30 %. Sonderanfertigungen sind möglich.

Ambiente
In einem „Palazzo" aus dem 13. Jahrhundert befinden sich Atelier, Labor und der zweickmäßig eingerichtete Verkaufsraum. Ein Katalog kann kostenlos angefordert werden.

Adresse
Giuseppe Rota, Via Rose, 21 - 24065 Lovere (BG), Telefon und Fax: 035/ 96 21 93, E-Mail: info@ceramicherota.com, Internet: www.ceramicherota.com.

Öffnungszeiten
Montag bis Samstag 9.30 bis 12.00 und 15.00 bis 19.00 Uhr.

Anreise
A4 Milano-Venezia, Ausfahrt Bergamo. Lovere liegt an der SS 42 Bergamo-Edolo am Lago d'Iseo. Die Firma Rota befindet sich an der Piazza Vittorio Emanuele, die Sie vom Seeufer über die Piazza Garibaldi erreichen.

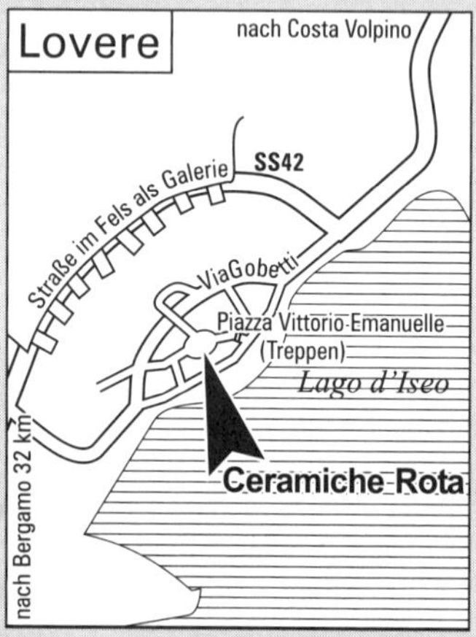

MARZOTTO

Der Ort Valdagno und seine Umgebung sind geprägt durch das Unternehmen Marzotto & Figli, das hier mehrere Produktionsstätten hat.

Der Boss Italiens

Warenangebot
Fast das komplette Marlboro-Classics-Sortiment, große Auswahl an Herrenanzügen, Mänteln, Sakkos, Hosen, Hemden, Pullis, Damenkleidern, Kostümen, Hosenanzügen, Blusen, Röcken der Marken Borgofiori, Principe, Lebole, Gianfranco Ferré Studio/Forma.

Ersparnis
25 bis 50 %.

Ambiente
Großer Verkauf, die Marlboro-Ecke ähnelt einer Boutique, ansonsten entspricht der Verkauf einem guten Lagerverkauf.

Adresse
Marzotto S.p.A., Via d. Lanifici, 1 - 36074 Maglio di Sopra (VI), Telefon: 0445/ 427512.

Öffnungszeiten
Im Winter: Montag 15.00 bis 19.00 Uhr, Dienstag bis Freitag 10.00 bis 12.30 und 15.00 bis 19.00 Uhr, Samstag 10.00 bis 19.00 Uhr. Im Sommer: Montag 15.30 bis 19.30 Uhr, Dienstag bis Samstag 10.00 bis 12.30 und 15.30 bis 19.30 Uhr.

Anreise
Auf der SS246 von Montecchio Maggiore kommend, durch Valdagno hindurch – vorbei an der Lanificeria Marzotto – nach Maglio di Sopra. Weder in Valdagno noch in Maglio sind die Marzotto-Fabriken zu übersehen. Fahren Sie in Maglio di Sopra durch das Fabriktor, dort ist der Spaccio mit großem Parkplatz.

LUBIAM SHOPPING

Die Firma Lubiam besteht seit 1911 und ist ein großer Hersteller klassischer Herrenmode für gehobene Ansprüche. Hierfür werden nur beste Stoffe verarbeitet.

Ausnahmslos Männersache

Warenangebot
Gute Auswahl an Herrenanzügen, Smokings, Sakkos, Hosen, Westen und Hemden, angefertigt aus den besten Stoffen, die um Biella produziert werden, wie z.B. den Marken Ermenegildo Zegna und Fratelli Cerruti.

Ersparnis
50%, zusätzlich 15% für die Kunden, die diesen Schnäppchenführer Norditalien vorweisen können.

Ambiente
Großer, einzelhandelsähnlicher Verkaufsraum.

Adresse
Lubiam, Viale Fiume, 53 - 46100 Mantova (MN), Telefon: 03 76/30 93 21.

Besonderheiten
Das Unternehmen ist offizieller Lieferant der Gruppe Autogerma, die in Italien Audi, Volkswagen, Skoda und Seat vertritt. Zu seinen Kunden zählt auch Piero Ferrari, der von Lubiam seine Anzüge anfertigen lässt. Auch Antonio Rossi, Kanu-Olympiasieger, ist ein „Testimonial" der Firma.

Öffnungszeiten
Montag 15.00 bis 19.30 Uhr, Dienstag bis Samstag 10.00 bis 12.30 und 15.00 bis 19.30 Uhr.

Anreise
A22 Verona-Mantova, Ausfahrt Mantova-Nord. Über die Via Brennero Richtung Centro. Vor dem Corso Garibaldi rechts in die Viale Risorgimento und geradeaus über die Piazzale A. Gramsci, Viale Piave und vor der Tankstelle links in die Viale Fiume. Gleich im vorderen Teil der Fabrik finden Sie den Lubiam-Shop.

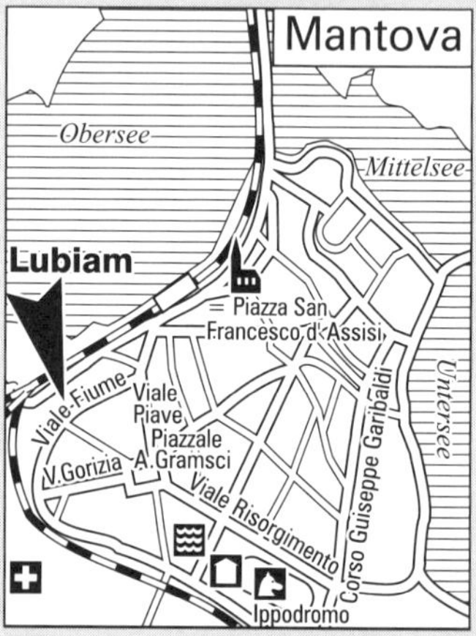

Eine kleine Firma, in einem kleinen Ort, aber mit beeindruckenden Lederwaren, die jeder Lederboutique in Mailand gut zu Gesicht stehen – nur über die Preise würde man dort lachen. In Marcallo lachen andere – nämlich die, die sich in schönen Schuhen und mit einer eleganten Tasche auf die Heimreise begeben.

Echt Leder

Warenangebot
Lederhandtaschen, Rucksäcke und Geldbörsen, auch Aktentaschen, Damen- und Herrenschuhe, Gürtel.

Ersparnis
60 %.

Ambiente
Boutiqueähnlicher, großer Laden mit umfangreicher Auswahl, vor allem bei Handtaschen. Die Auswahl an Schuhen ist nicht so groß, wird aber durch die Qualität der Einzelstücke mehr als ausgeglichen.

Besonderheiten
Im Online-Shop können unter www.lacageauxfolles.it die Waren auch per Internet bestellt werden.

Adresse
Nuova C.A.F., Via Clerici, 1 - 20010 Marcallo (MI), Telefon: 02/9 76 11 41, Fax: 9 76 17 11, E-Mail: cafcarlo@libero.it, Internet: www.lacageauxfolles.it.

Öffnungszeiten
Montag bis Samstag 9.00 bis 12.30 und 14.00 bis 19.00 Uhr.

Anreise
Von der A4 Torino-Venezia kommend Ausfahrt Arluno. Richtung Malpensa fahren. In Ossona an der Ampel weiter auf der SP224 Richtung Marcallo. Im Ort befindet sich der Verkauf an dieser Durchgangsstraße. Von Magenta auf der SP31 kommend in Marcallo an der 1. Kreuzung nicht rechts oder links, sondern gegenüber in die Hofeinfahrt fahren. Am Ende des Hofes befindet sich der Verkauf.

CONBIPEL

Conbipel ist ein großer Produzent qualitativ guter Lederbekleidung, der nahezu 50 Direktverkaufsstellen in Italien betreibt.

Saison für Leder

Warenangebot
Qualitativ gute Damen-, Herren- und Kinderbekleidung sowohl in klassischem als auch in modischem Design, nicht nur in Leder, sondern auch in Woll- und anderen Stoffen. Auch Strickwaren, Wäsche, Bademoden, Accessoires für Sie und Ihn, Schals, Halstücher, Gürtel sowie Taschen u.v.m.

Ersparnis
25 %.

Ambiente
Verkauf wie in einem großen, gepflegten Fachgeschäft.

Adresse
Conbipel Bima S.p.A., Via Orsato, 3 - 30030 Marghera-Mestre (VE), Telefon: 0 41/92 17 83, Internet: www.conbipel.it.

Öffnungszeiten
Montag bis Sonntag 9.00 bis 20.00 Uhr.

Weitere Verkaufsstelle
● 15033 **Casale Monferrato (AL)**, Via Roma, 41/43, Telefon: 01 42/47 81 77.

Anreise
A4, Ausfahrt Mestre Ovest, an der Rotonda Romea nach rechts in die Strada Statale Romea SS 309 und links in die Via V. Brunacci zum Centro Commerciale, dann dem Wegweiser Conbipel folgen.

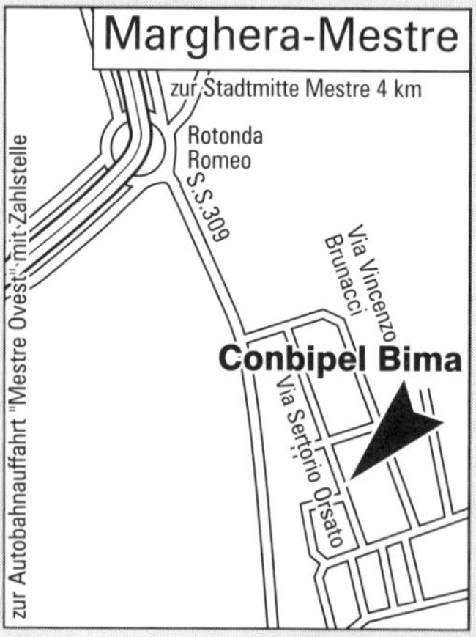

Mariano vende Mobili
tradizione evoluzione

50 Möbelproduzenten unter einem Dach. Von Cantù bis Meda findet man eine Möbelfabrik bzw. Möbelwerkstatt neben der anderen. Einige davon haben sich – wie in Cantù – zusammengeschlossen in dem großen Haus „Mariano vende Mobili".

Traditionell und wertvoll

Warenangebot

Stil- und Designermöbel vom Schlaf-, Wohn-, Esszimmer bis zum Chefbüro, Sessel, Sofas, Regale, Vitrinen, Kommoden und Beistelltische; eigentlich gibt es nichts, was es nicht gibt.

Ersparnis

Eine Angabe in Prozent ist nicht möglich. Preisbeispiele: Intarsientisch 100 x 70 cm: 1650,- Euro, Intarsienkommode: 2325,- Euro, dazu passender Stuhl: 335,- Euro, Vitrine: 1960,- Euro.

Ambiente

Großes, stilvolles älteres Eckhaus mit vier weitläufigen Ausstellungsetagen. Büro mit freundlichem, Englisch sprechenden Personal, das Preis- und sonstige Auskünfte gibt, befindet sich gleich im Erdgeschoss. Hauseigener Parkplatz in der Via Matteiotti.

Adresse

Mariano vende Mobili, Consorzio Esposizione Mobili, Via Matteotti, 10 - 22066 Mariano Comense (CO), Telefon und Fax: 0 31/74 54 92.

Öffnungszeiten

Montag bis Sonntag 9.00 bis 12.30 und 14.30 bis 19.00 Uhr.

Anreise

Von Como/Cantù her kommend, finden Sie im Zentrum von Mariano Comense das Möbelhaus an der Kreuzung Corso Brianza Richtung Milano. Rechts hauseigener Parkplatz in der Via Matteotti.

BELFE

Belfe ist seit 1920 Hersteller nobler Sportmode, die zunehmend auch in Deutschland zum Begriff geworden ist. Die Marke ist exklusiv, auch im Preis. Aber wer Belfe kennt und liebt, weiß, dass es eine super Adresse ist.

Sportlich mit italienischem Flair

Warenangebot
Ski-, Tennis- und Freizeitbekleidung, Hemden, Jeans, Textil-Sportschuhe, Lederbekleidung, Bademoden, Socken, Kleider, Blusen, Hosenanzüge und Lederwaren.

Ersparnis
30 bis 50 %.

Ambiente
Neues Factory Outlet, mit großen Schaufenstern, großem Parkplatz, regem Publikumsverkehr und großer Auswahl.

Adresse
Belfe Factory Outlet, Corso della Ceramica, 76 - 36063 Marostica (VI), Telefon: 04 24/7 50 58, Fax: 7 75 49.

Öffnungszeiten
Montag 15.00 bis 19.00 Uhr, Dienstag bis Samstag 9.00 bis 12.30 und 15.00 bis 19.00 Uhr.

Weitere Verkaufsstelle
● 46043 **Castiglione delle Stiviere (MN)**, Via Cavour, Telefon: 03 76/63 16 87.

Anreise
Von der A4 bei Vicenza auf die A31 bis zur Ausfahrt Dueville. Danach zweimal links zur SS 248 nach Bassano del Grappa. Am Kreisverkehr vor Marostica dem Verlauf der Staatsstraße nach rechts folgen. Nach ca. 1 km rechts Richtung Nove abfahren. Der Verkauf befindet sich direkt hier an der rechten Straßenseite.

Seit über 50 Jahren produziert Ronca Wachskerzen. Am Anfang waren es nur Kirchenkerzen, inzwischen ist Ronca ein führender Hersteller von Kerzen in allen denkbaren Formen, Farben und Stilrichtungen, von klassisch kunstvoll bis hin zu trendig.

Im Kerzenschein

Warenangebot
Kerzen für jede Gelegenheit und Jahreszeit. Dekorative Designerkerzen, Kerzenfackeln für den Garten, Duftkerzen aller Art, Kirchenkerzen, klassische Kerzen (Kerzenstumpen, konische Kerzen, Schwimmkerzen), Duftöle, Kerzen in Behältern aus Metall, Glas und Ton.

Ersparnis
20 bis 40 %.

Ambiente
An der Peripherie von Trento gelegene Verkaufsstelle. 170 m² Verkaufsfläche, die Ware ist in und auf Regalen nach Form, Farbe und Anlass geordnet. Parkmöglichkeiten vor dem gut ausgeschilderten Verkaufseingang.

Adresse
Cereria Ronca S.r.l., Via della Cooperazione, 13 - 38060 Mattarello di Trento (TN), Telefon: 0461/946030, Fax: 946029, E-Mail: info@cereriaronca.it, Internet: www.cereriaronca.it.

Öffnungszeiten
Montag bis Freitag 8.00 bis 12.00 und 14.00 bis 18.00 Uhr.

Anreise
A22, Ausfahrt Trento Centro, weiter Richtung Verona. In Mattarello im Kreisverkehr nach rechts in die „Zona Artigianale Ronca". Hier beginnt die Via della Cooperazione.

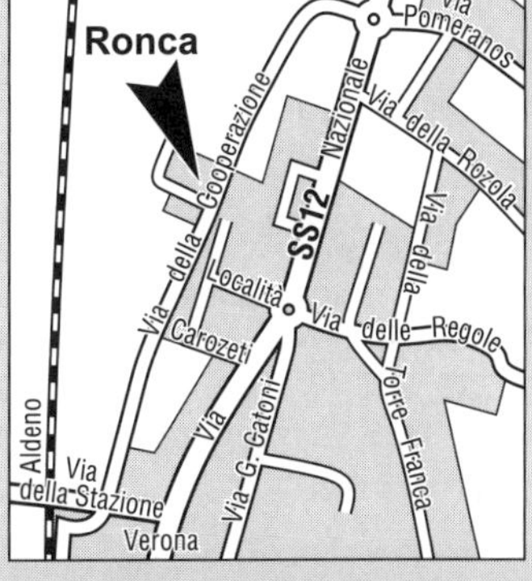

FOX TOWN

In der Schweiz, kurz vor der Grenze zu Italien, findet man Fox Town Factory Stores. Hier werden in 130 Geschäften über 200 international bekannte Marken wie z.B. Tommy Hilfiger, Missoni, Mila Schön, Polo Ralph Lauren, Dolce & Gabbana, Prada, Versace, YSL, Gucci, Ferré, Cerruti und viele mehr angeboten. Aneinandergereiht ergeben die Läden eine Länge von insgesamt 2,5 km.

Buongiorno Italia

Warenangebot
Mode für Damen, Herren und Kinder, Sportbekleidung, Wäsche, Schuhe, Lederwaren und Lederbekleidung, Accessoires, Silberwaren und Uhren, Schmuck, Parfums, Kosmetikartikel, Brillen, Frottierwaren, Heimtextilien, Haushaltswaren.

Ersparnis
30 bis 70 %. Es sind alle Preisklassen vertreten.

Ambiente
Fox Town ist eine touristische Attraktion in der Schweiz. Sie können den ganzen Tag hier verbringen. Es gibt 1200 Parkplätze und verschiedene Restaurants und Bars. Die einzelnen Geschäfte sind selbständig und alle unter einer eigenen Telefonnummer zu erreichen.

Adresse
Fox Town Factory Stores, Via Angelo Maspoli, 18 - CH-6850 Mendrisio, Telefon: (Vorwahl für die Schweiz!) 00 41/ 8 48/82 88 88, E-Mail: info@foxtown.ch, Internet: www.foxtown.ch.

Öffnungszeiten
Täglich 11.00 bis 19.00 Uhr, auch an Sonn- und Feiertagen (außer am 1. Januar, Ostersonntag, 1. August und 25./26.12.).

Anreise
A2 Gotthard-Milano, Ausfahrt Mendrisio/Tessin. Nach 200 m, gelangen Sie zu Fox Town, 7 km vor der Grenze zu Italien gelegen.

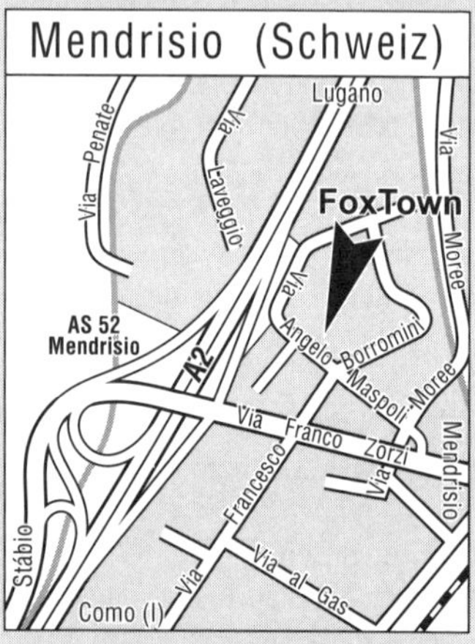

DISCOUNT DELL'ALTA MODA

Dies ist ein Designer-Last-Season-Verkauf, in dem Sie Mode aus der vergangenen Kollektion und die dazu gehörigen Accessoires finden können.

Etwas abseits

Warenangebot
Kleine Auswahl an Damen- und Herrenbekleidung, einige Handtaschen und Schuhe. Neben einigen wenigen Modellen von Moschino, Krizia, Les Copains haben wir auch einen Boss-Anzug gefunden.

Ersparnis
50 bis 75 %.

Ambiente
Wie in einer Boutique.

Adresse
Discount dell'Alta Moda, Via Olivi, 54 - 30170 Mestre (VE), Telefon und Fax: 0 41/5 05 58 89.

Öffnungszeiten
Montag 15.30 bis 19.30 Uhr, Dienstag bis Samstag 9.30 bis 12.30 und 15.30 bis 19.30 Uhr.

Anreise
Parken Sie auf der Piazza XXVII Ottobre und gehen zu Fuß in die Via Poerio. Die 2. Straße links ist schon die Via Antonio Olivi.

DONATELLO
le firme di stock
UOMO - DONNA

Ein buntes Gemisch aus Restposten, 2.-Wahl-Ware und Artikeln der Vorsaison, die noch lange nicht zum alten Eisen gehören, ist hier eng zusammengerückt. Darunter gibt es berühmte Designernamen wie Gucci, Ralph Lauren, Moschino, Emporio Armani, D&G, Cavalli, Blue Marine u.v.a.

Designerdefilee

Warenangebot
Damen- und Herrenbekleidung aller Art, auch Mäntel, Strickwaren und Lederbekleidung, Schuhe und außerdem eine kleine Auswahl an Cocktailkleidern.

Ersparnis
30 bis 50 %.

Ambiente
Großer Laden mit regem Publikumsverkehr und eifrigem Personal.

Adresse
Donatello, Gloria S.r.l., Via Antonio da Mestre, 15 - 30170 Mestre (VE), Telefon: 041/97 55 35.

Öffnungszeiten
Montag 15.30 bis 19.30 Uhr, Dienstag bis Samstag 9.30 bis 12.30 und 15.30 bis 19.30 Uhr.

Anreise
A4, Ausfahrt Mestre Ovest, Richtung Zentrum gelangen Sie auf den Corso del Popolo und an dessen Ende auf die Piazza XXVII Ottobre. Parken Sie hier und gehen Sie zu Fuß nach links über die Via Poerio bis zur Galleria Matteotti (Beginn der Fußgängerzone) und gleich wieder links vor der Piazza Ferretto in die Via Ospedale. Diese führt auf die Via A. da Mestre. Gehen Sie nach rechts, nach dem Krankenhaus kommt ein Geschäftshaus, in dessen Passage Sie Donatello finden.

ALFONSO GARLANDO

Damen finden hier eine sehr reiche Auswahl an Schuhen in den tollsten Farben und Formen, Herren werden etwas stiefmütterlich behandelt.

Da läuft's

Warenangebot
Damenschuhe in allen Variationen von schlicht bis flippig. Wenig Auswahl an Herrenschuhen.

Ersparnis
10 % bei 1. Wahl, bis zu 40 % bei 2. Wahl und Einzelpaaren.

Ambiente
Kleiner Laden mit wenig fachkundigem Personal. Genügend Platz zum Anprobieren vorhanden.

Besonderheiten
Im Gebäude gegenüber liegt der Verkaufsraum mit regulärer und erstklassiger Ware, dort berät fachkundiges Personal.

Adresse
Alfonso Garlando, Via Madonnina, 1 - 20121 Milano (MI), Telefon: 02/87 46 65, Fax: 86 67 39, Internet: www.alfonsogarlando.it.

Öffnungszeiten
Montag 12.30 bis 19.30 Uhr, Dienstag bis Donnerstag und Samstag 10.00 bis 19.30 Uhr, Freitag 10.00 bis 23.00 Uhr, Sonntag 11.00 bis 13.30 und 14.30 bis 19.00 Uhr (auch im August; keine Betriebsferien!).

Anreise
Von der Piazza del Duomo durch die Via Scottovia Mercanti zur Piazza Cordusio. Dort halb rechts in die Via Broletto. Nach dem Übergang in die Via Ponte Vetero wieder halb rechts in die Via Madonnina.

D MAGAZINE

In der Via Monte Napoleone, dort wo sich ein Nobelgeschäft an das andere reiht und in glitzernden Schaufenstern teurer Edelschmuck und Designermode präsentiert werden, befindet sich das Outlet D Magazine mit seiner Designermode zum günstigen Preis.

Kaum zu glauben, aber wahr!

Warenangebot
Hier besteht die Möglichkeit, sich mit aktueller Designermode auszustatten. Für Sie: Oberteile, Jacken, Hosen, Kleider, Röcke, Schuhe. Für Ihn: Anzüge, Hosen, Jacken, Hemden, Schuhe. Viele Accessoires für das komplette Outfit. Nicht immer findet man die richtige Größe. Ständig kommen neue Waren dazu.

Ersparnis
40 bis 70 %.

Ambiente
Mittelgroßes, renoviertes Geschäft, zweckmäßige Einrichtung, übersichtliche Warenpräsentation.

Adresse
D Magazine Outlet, Via Monte Napoleone, 26 - 20144 Milano (MI), Telefon: 02/76 00 60 27, E-Mail: proiezio2@magazine.191.it.

Öffnungszeiten
Montag bis Samstag 9.30 bis 19.45 Uhr.

Weitere Verkaufsstelle
● 20144 **Milano (MI)**, Via Forcella, 13, Telefon: 02/8 94 00 02. Montag bis Samstag 13.00 bis 20.00 Uhr. Anreise: Metro Linea 2, Haltestelle Porta Genova.

Anreise
Von der Piazza del Duomo durch die Via Mengoni rechts in die Via San Margherita. Über die Piazza della Scala in die Via Alessandro Manzoni. Die 3. Straße rechts ist die Via Monte Napoleone.

ELIOS

Elios ist ein Familienbetrieb, der Sonnen- und Korrekturbrillen aus eigener Produktion im Direktverkauf anbietet. Für die Fertigung wird nur bestes Material verwendet. Auf die Produkte gibt es eine Garantie.

Sehen und gesehen werden

Warenangebot
Breites Spektrum an Korrekturbrillen, Sportbrillen und Sonnenbrillen mit Leichtmetall-, Titan- und Kunststoff-Gestellen für Damen, Herren und Kinder. Alle Brillen sind aus den neuesten Kollektionen, auch in trendigen Formen und mit Verzierungen.

Ersparnis
40 bis 60 %.

Ambiente
Die Verkaufsstelle im Innenhof ist wie ein Büro gestaltet. In einem Teil davon ist die Ware übersichtlich und zweckmäßig präsentiert.

Adresse
Elios, Viale Col di Lana, 12 (interno) - 20136 Milano (MI), Telefon: 02/58 10 58 99 und 89 42 07 68, Fax: 89 40 03 24, E-Mail: fedesabb@credit.tin.it.

Öffnungszeiten
Montag bis Freitag 10.00 bis 12.30 und 15.30 bis 18.30 Uhr, Samstag 10.00 bis 12.30 Uhr.

Anreise
Von der A50 (Tangenziale Ovest) über die A7 von Süden her bis zum Autobahnende Famagosta fahren. Am Kreisverkehr geradeaus in die Via Spezia bis zur Piazza Belfanti. Dort rechts in die Viale Liguria und gleich wieder links zur Via Torricelli, die in die Corsa San Gottardo übergeht, Richtung Milano Centro. An der Piazza XXIV Maggio rechts in die Viale Col di Lana bis zur Nr. 12. Der Verkauf ist im Hinterhofgebäude im Hochparterre rechts. Oder: Straßenbahn Nr. 15 bis Viale Col di Lana.

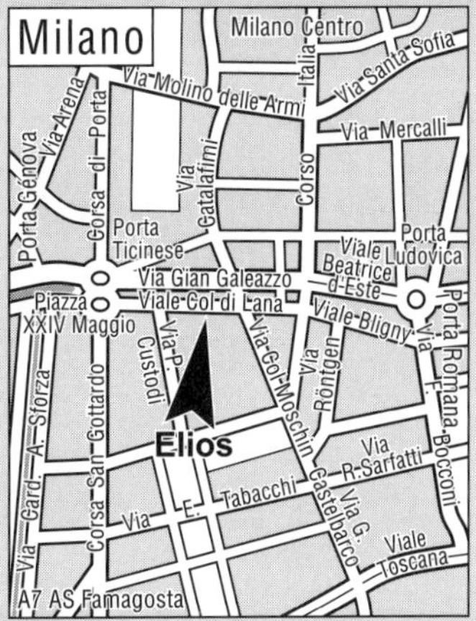

Milano

Etro ist eine luxuriöse Marke, die nicht umsonst inmitten der Modestadt Mailand residiert. In einem Shop neben dem Firmensitz wird Ware der Vorjahreskollektion oder Ware der letzten Saison verkauft. Deshalb kann es vorkommen, dass dort mitten im Sommer viel Winterware angeboten wird.

Luxus auf italienisch

Warenangebot
Alles, was Damen- und Herrenbekleidung ausmacht: Hosen, Hemden, Blusen, Westen, Jacken, Handtaschen, Stoffe, Anzüge, Röcke, Kleider.

Ersparnis
Bis zu 50 %, je nach Modell und Kollektion.

Ambiente
Der Verkauf ist äußerlich nicht von einem Einzelhandelsgeschäft zu unterscheiden.

Adresse
Etro, Via Spartaco, 3 - 20135 Milano (MI), Telefon: 02/55 02 02 18.

Öffnungszeiten
Montag 15.00 bis 19.00 Uhr, Dienstag bis Samstag 10.00 bis 14.00 und 15.00 bis 19.00 Uhr.

Anreise
Über die Tangenziale Est zur A1, Richtung Centro, Ausfahrt P.le Corvetto, weiter Richtung Centro bis zur Piazzale Medaglie d'Oro. Dort rechts über die Viale Caldara/Reg. Margherita wieder rechts in die Via Spartaco. In der Via Spartaco ist der Shop neben der Etro-Zentrale. Man betritt den Laden durch eine goldumrandete Tür, die mit einem Türöffner geöffnet werden muss.

Diese Kartonagen sind wohl die cleverste Alternative zu Möbeln. Vom Hocker bis zum Schrank ist alles aus stabiler und idealerweise leicht zusammenfaltbarer Pappe. Für Umzugsfreudige zu empfehlen.

Eine ideale Alternative

Warenangebot
Kartonagen ausgefallener Art: Kästchen, Kartons, Bücherregale, Reisekleiderschränke und sogar Haushaltswaren, geeignet für viele Zwecke.

Ersparnis
30 %.

Ambiente
Großer, fabrikhallenähnlicher Raum mit Ramschatmosphäre.

Adresse
Evoluzione S.r.l., Via Lacaita, 2 - 20139 Milano (MI), Telefon: 02/55 21 24 25.

Öffnungszeiten
Montag bis Freitag 9.30 bis 12.30 und 14.00 bis 18.30 Uhr.

Anreise
Über die Tangenziale Est zur A1, Richtung Centro, Ausfahrt P.le Corvetto. Rechts über die Via C. Marochetti zur Piazza Mistral und links in die Via Lacaita zum Verkauf.

FABIANO

Fabiano ist eines der ersten Stockhouses, die in Mailand eröffnet wurden, gut besucht und bekannt in Mailand und Umgebung. Fabiano Calzature bietet Schuhe bekannter Marken zu günstigen Preisen. Das Ganze in einem angenehmen, familiären Einkaufsambiente. Der Kunde kann sich in dem Geschäft ohne Kaufzwang bewegen. Wer klassische Schuhe liebt, ist hier aber fehl am Platz.

Ein Geschäft zum Stöbern

Warenangebot
Jede Menge modischer Schuhe in guter Qualität für Damen und Herren. Auch bequeme Schuhe für Sie und Ihn. Darunter Markenschuhe von Lualdi, Casadei, Flexa, Alberto Guardiani, Campanile, Grey-Mer, Fratelli Rossetti.

Ersparnis
20 bis 50 %.

Ambiente
Fast das ganze Schuhsortiment ist in dem 180 m² großen Laden ausgestellt. Die Kunden können in Ruhe suchen und anprobieren, ohne das Gefühl zu haben, etwas kaufen zu müssen. Das freundliche und kompetente Personal ist behilflich, wenn es gewünscht wird.

Adresse
Fabiano Calzature, Piazza Fidia, 3 - 20159 Milano (MI), Telefon und Fax: 02/ 6 88 74 18.

Öffnungszeiten
Montag bis Samstag 9.00 bis 19.30 Uhr.

Anreise
Der Verkauf befindet sich nördlich von Bahnhof, Metrostation Porta Garibaldi und Innenstadt in der Nähe des Cimitero Monumentale. Vom Bahnhof aus in die Via Pietro Borsieri bis zur Via Luigi Porro Lambertenghi. Dort links abbiegen. Am Ende der Straße trifft man auf die Piazza Fidia.

Eine Plüschwelt zum Kuscheln, aber auch Brettspiele, Spiele zum Puzzeln, Knobeln, Rätseln und Würfeln. Daneben die unverwüstlichen Playmobil-Männchen und Technikbaukästen, Modellautos und Kinderfahrräder.

Was das Kinderherz begehrt

Warenangebot
Stofftiere, Playmobil, Fischertechnik, Barbie-Puppen, Brettspiele, Modellautos, Kinderfahrräder, Sandkästen. Holzspielzeug und Elektroautos für Kinder zwischen drei und sieben Jahren.

Ersparnis
10 bis 30 %.

Ambiente
Sehr großer, nach Marken und Artikeln sortierter Verkaufsraum im Kellergeschoss.

Adresse
Fortura Giocattoli S.r.l., Via Olmetto, 10 - 20123 Milano (MI), Telefon: 02/86 16 70, Fax: 57 30 03 56, E-Mail: fortura@iol.it, Internet: www.fortura.it.

Öffnungszeiten
Montag 13.00 bis 19.00 Uhr, Dienstag bis Samstag 10.00 bis 19.00 Uhr.

Anreise
Vom Dom aus mit der Metro Nr. 3 eine Station in Richtung San Donato fahren, Haltestelle Missori. Aufgang zur Piazza C. Missori nehmen, rechts in die Via Zebedia, von dort auf die Piazza San Alessandro und dann links in die Via Amedei und wieder rechts in die Via Olmetto. Auf der rechten Seite sehen Sie ein großes Gewerbehaus, dort geht es durch das Tor in die Einfahrt hinunter.

In einer Werkshalle produziert die Firma Galbiati Silberwaren, die in einer Verkaufsstelle direkt an die Kunden verkauft werden. Die in Mailand ansässige Fabrik besteht seit hundert Jahren und hat eine lange Tradition in der Herstellung von Silberwaren. Die Stilrichtungen erstrecken sich vom klassischen bis zum innovativen Stil, inklusive Designerwaren.

Dinner for two

Warenangebot
Gebrauchsgegenstände in Silber, Bestecke, Geschirr in Silber oder versilbert, Silberschmuck, Porzellan, viele Geschenkartikel aus Silber und Kristall.

Ersparnis
20 bis 40 %.

Ambiente
Elegante Verkaufshalle mit Ausstellungsräumen. Übersichtlich und gut sortiertes Warenangebot. Parkmöglichkeit neben dem Hof, in der Via Tibaldi 28 (passo carraio).

Adresse
Argenteria Galbiati, Viale Tibaldi, 30 - 20136 Milano (MI), Telefon: 02/ 8 35 80 41, Fax: 8 32 11 14, E-Mail: email@argenteria galbiati.com.

Öffnungszeiten
Montag bis Samstag 10.00 bis 18.00 Uhr. Im Dezember auch Sonntag 10.00 bis 18.00 Uhr.

Anreise
Von der A50 (Tangenziale Ovest) über die A7 von Süden her bis zum Autobahnende Famagosta. Am Kreisverkehr geradeaus in die Via Spezia und unter der Bahnlinie hindurch bis zur Piazza Belfanti. Dort rechts in die Viale Liguria, die in die Viale Tibaldi übergeht. Oder: Vom Mailänder Dom, Haltestelle Dogana, mit der Linie 15 (Gratosoglio) bis zur Haltestelle Tibaldi. Von dort sind es noch 300 m bis zur Viale Tibaldi, 30.

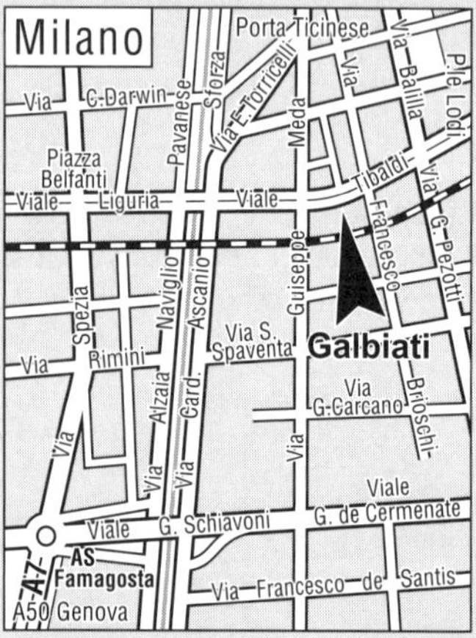

Horserie

Horserie ist ein Outlet von Blue Home, einer führenden Marke im Bereich Dekostoffe und Raumausstattung. Blue Home steht für hohe Qualität, Kreativität und italienischen Stil. Hier gibt es die Dekostoffe und Einrichtungsgegenstände zu konkurrenzfähigen Preisen.

„my home is my castle“

Warenangebot
Breites Sortiment an Dekostoffen, Vorhängen, Polstermöbeln, Einrichtungsgegenständen und Teppichen. Eine Schneiderwerkstatt für Änderungswünsche ist vorhanden.

Ersparnis
30 bis 70 %.

Ambiente
Elegantes Outlet. Die verfügbaren Stoffe sind nach Art, Verwendungszweck und Farbe sortiert. Muster-Dekorationen zur besseren Beurteilung der Produkte und als Anregungen.

Adresse
Horserie, Corso di Porta Romana/Angolo Piazza Velasca, 6 - 20122 Milano (MI), Telefon und Fax: 02/86 34 27, E-Mail: milano@horserie.it, Internet: www.horserie.it.

Öffnungszeiten
Im Winter: Dienstag bis Samstag 10.00 bis 14.00 und 15.00 bis 19.00 Uhr. Montag geschlossen. Im Sommer: Montag bis Freitag 10.00 bis 14.00 und 15.00 bis 19.00 Uhr. Samstag geschlossen.

Anreise
Vom Dom aus in die Via Mazzini bis zur Piazza Missori, dort in den Corso die Porta Romana. An der 1. Ampel befindet sich auf der linken Seite, unmittelbar vor der Piazza Velasca, Horserie.

Jucci Bellomi

Die Strickwaren mit dem Markennamen Jucci Bellomi sind ein Produkt des Herstellers Maglificio di Sozzago. Für die Herstellung werden nur hochwertige Garne wie Cashmere, Lambswool, Supergeelong, echte Seide und Viskose verwendet. In seinen beiden Geschäften werden die Strickwaren verkauft.

Mit dem gewissen Etwas

Warenangebot
Breites Angebot an Damen- und Herrenstrickwaren. Das Angebot für die Dame ist größer als für den Herrn. Die Ware wechselt je nach Jahreszeit. Pullover, Jacken, Westen, Umhänge, Tops usw. in allen Farben und Größen.

Ersparnis
Angemessenes Preis-Leistungs-Verhältnis.

Ambiente
Elegante Verkaufsräume mit angenehmer Atmosphäre. Freundliches, hilfsbereites und kompetentes Personal.

Adresse
Jucci Bellomi, Maglificio di Sozzago, Via Mantegna, 1 - 20154 Milano (MI), Telefon: 02/ 3 49 03 50, Fax: 03 21/ 70 38 8, E-Mail: info@lanacachemire.com, Internet: www.lanacachemire.com.

Öffnungszeiten
Montag 15.30 bis 19.00 Uhr, Dienstag bis Samstag 10.00 bis 19.00 Uhr.

Weitere Verkaufsstelle
● 28060 **Sozzago (NO)**, Via Cerano, 16, Telefon: 03 21/70 37 2. Montag bis Freitag 9.00 bis 12.00 und 14.00 bis 19.00 Uhr, Samstag 9.00 bis 12.00 und 15.00 bis 19.00 Uhr.

Anreise
Von der A8 Varese–Milano kommend weiter in Fahrtrichtung Viale Certosa. Geradeaus über die Piazza Firenze und die Via Piero della Francesca. Dann links zur Piazza A. Gramsci, kurz geradeaus, dann wieder links in die Via A. Mantegna.

Das Mailänder Geschäft für Lederwaren, hat sich durch die Eröffnung eines neuen Stockhouses praktisch verdoppelt. Also zwei Adressen, an denen Restposten und 2.-Wahl-Ware zu finden sind. Junge Leute, die Casual- und Trendmode zum günstigen Preis suchen, sind hier richtig.

Modisch, praktisch, günstig

Warenangebot
Hunderte von Reisetaschen, Koffer, Handtaschen, Aktentaschen, Rucksäcke. Darunter bekannte Markenware wie Bric's, Kipling, Roncato, Ferré, Ghepard, Sergio Tacchini, Piquadro, Le Sac. Viele Accessoires, auch Geschenkideen.

Ersparnis
30 bis 50 %.

Ambiente
Anspruchsloses, einfaches Outlet mit umfangreichem Angebot. Auf eine ästhetische Warenpräsentation wird kein großer Wert gelegt.

Adresse
Le Sac Outlet, Via Carnevali, 13 - 20158 Milano (MI), Telefon: 02/3 76 03 99, Fax: 3 76 00 26, E-Mail: info@le-sac.it.

Öffnungszeiten
Montag 15.30 bis 19.30 Uhr, Dienstag bis Freitag 9.30 bis 14.00 und 15.30 bis 19.30 Uhr.

Weitere Verkaufsstelle
● 20158 **Milano (MI)**, Piazza Bausan/ Angolo Via Brofferio, 1, Telefon: 02/ 39 32 55 37.

Anreise
Von der Metrostation an der Piazza Carlo Maciacchini in die Via Carlo Imbonati/SP44bis, die von Milano Centro Richtung Como führt. An der 1. Kreuzung links in die Via Giuseppe Cesare Abba, an der Piazza Dergano vorbei in die Via Giuseppe Tartini. Die 1. Straße links ist die Via Antonio Carnevali.

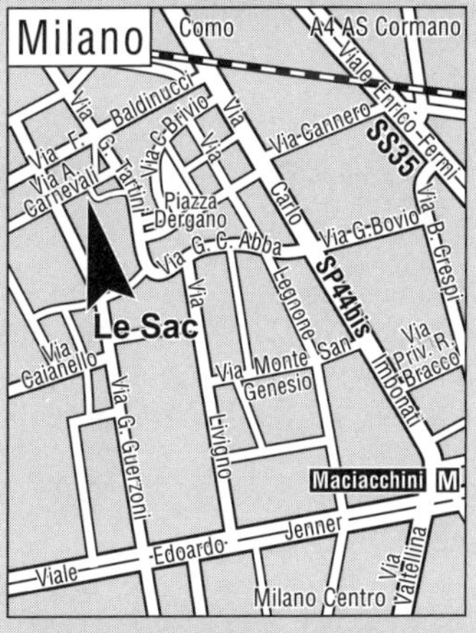

LE VINTAGE

Ein Verkauf für junge Damen, die schicke, trendige Schuhmode lieben. Bei Le Vintage gehen diese Wünsche in Erfüllung. Hier landen Restposten und Waren aus der vorigen Saison oder Auslaufmodelle, die das exklusive Geschäft „Le Solferine" in Brera, Via Solferino 2, abgibt.

Junge Mode

Warenangebot
Bekleidung der Marke Vintage für junge Damen, bis Größe 42, im Stil der 60er- bis 80er-Jahre, Damenschuhe aus Auslaufkollektionen. Verschiedene Marken: Givenchy, Gianni, Barbato, Le Solferine, René Caovilla, Ferré, Gina London, Sonia Rykiel.

Ersparnis
30 bis 50 %.

Ambiente
Einrichtung im Stil von 1900–1930, die Farbe Bordeauxrot dominiert. Übersichtliche Präsentation der Ware.

Adresse
Le Vintage, Via Garigliano, 4 - 20159 Milano (MI), Telefon: 02/69 31 18 85, Fax: 60 73 60 21.

Öffnungszeiten
Montag 15.30 bis 20.00 Uhr, Dienstag bis Freitag 11.30 bis 14.00 und 15.00 bis 18.30 Uhr, Sonntag 14.00 bis 19.00 Uhr.

Anreise
Le Vintage befindet sich nördlich von Bahnhof, Metrostation Porta Garibaldi und Innenstadt in der Nähe des Cimitero Monumentale. Vom Bahnhof in die Via Pietro Borsieri. An der 2. Kreuzung geht es schräg rechts in die Via Garigliano.

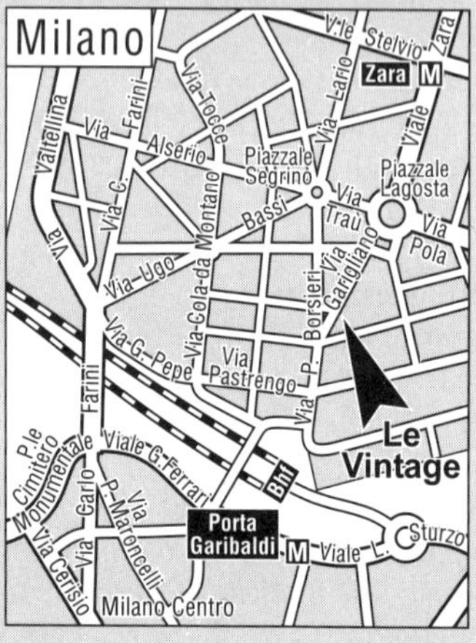

OUTLET SHOE

Es gibt Outlet Shoes 1 in der Via Martinetti, 6 und (
Rembrandt, 49. Beide Geschäfte sind nur 200 m
Beide Outlets beziehen ihre Ware direkt von den Schuhfabriken. Dies ermöglicht eine konkurrenzfähige Preisgestaltung. Im Outlet Shoes 1 bekommt man Schuhe der aktuellen Trendmode. Outlet Shoes 2 führt die Restposten von Outlet Shoes 1.

Auch für Schickimicki

Warenangebot
Damen- und Herrenschuhe. Für Damen ausgefallene, schicke und modische Schuhe für besondere Anlässe. Für empfindliche Füße gibt es die praktische Komfort Linie für Sie und Ihn. Qualitätsschuhe von bekannten Herstellern.

Ersparnis
50 bis 70 %.

Ambiente
Angenehme Läden mit übersichtlicher Warenpräsentation und freundlichem Verkaufspersonal.

Adresse
Outletshoes 1, Via Martinetti, 6 (interno) - 20147 Milano (MI), Telefon und Fax: 02/40 69 03, Outletshoes 2, Via Rembrandt, 49 - 20147 Milano (MI), Telefon und Fax: 02/4 03 93 11.

Öffnungszeiten
Dienstag bis Samstag 9.30 bis 12.30 und 15.00 bis 19.00 Uhr.

Anreise
Vom Dom aus mit der Linea 1 (Rossa) Richtung Bisceglie bis zur Haltestelle Gambara. Von dort aus über die Via Palma zur Piazzale Siena, dann in die Viale Aretusa und links in die Via Martinetti: Outlet Shoes 1. Von hier weiter die Via Martinetti entlang bis zur 1. Querstraße rechts. Diese trifft auf die Via Rembrandt, dort wieder rechts: Outlet Shoes 2.

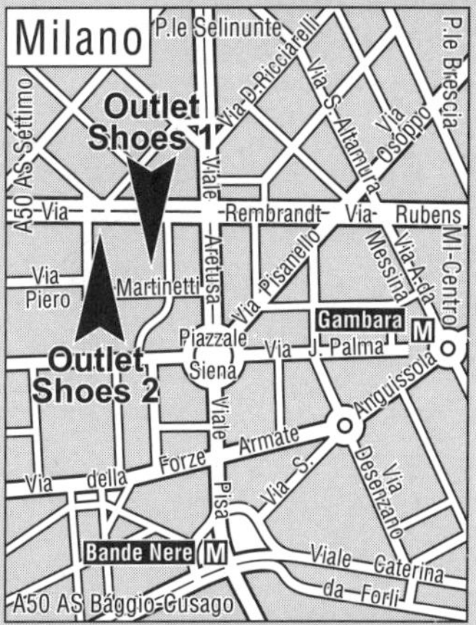

PEDANO

Pedano war Vorreiter für eine heutzutage gängige Art schlichter Bücherwände und Schränke. Das Design ist klar und vielseitig, exklusiv und praktisch zugleich.

Aufgemöbelt

Warenangebot
Tische und Stühle aller Art, Kindermöbel, Schränke, Betten, Naturmatratzen und Regale.

Ersparnis
10 bis 30 %, Einzelstücke bis 50 %.

Ambiente
Große Verkaufsräume zur Straße hin.

Adresse
Pedano S.r.l., Viale Umbria, 120/Ecke Corso XXII Marzo - 20135 Milano (MI), Telefon: 02/7 38 37 35 und 7 38 17 16.

Öffnungszeiten
Dienstag bis Samstag 9.30 bis 13.00 und 14.30 bis 19.00 Uhr.

Anreise
Über die Tangenziale Est zur A1, Richtung Centro, Ausfahrt P.le Corvetto. Über den Corso Lodi rechts in die Viale Umbria. Vereinzelt Parkmöglichkeiten in der kleinen Sackgasse hinter dem Geschäft.

PIERRE BONNET

Seit Jahren erfüllt Pierre Bonnet die besonderen Wünsche seiner Kunden. Für die Herstellung seiner neuen Kreationen ist er immer auf der Suche nach neuen Formen und Modellen. Im Laufe der Jahre hat sich der Produktionsbereich der Firma Pierre Bonnet weiterentwickelt und dadurch einen hohen Qualitätsstand erreicht.

Aktuelle Kostbarkeiten

Warenangebot

Uhren und Schmuck der Marken Pierre Bonnet und Barbie sowie Uhren der Marke Action Man. Große Auswahl an Gold- und Silberschmuck, hergestellt von italienischen Gold- und Silberschmieden.

Ersparnis

20 bis 25 %.

Ambiente

Mitten in der Altstadt befindet sich der Direktverkauf von Pierre Bonnet. Der Ausstellungsraum ist wie ein Juweliergeschäft. Stilvolle Warenpräsentation in Vitrinen. Großer Parkplatz im Innenhof.

Adresse

Pierre Bonnet Showroom, Via Tortona, 4 - 20144 Milano (MI), Telefon: 02/ 89 40 20 87, Fax: 89 40 64 77, E-Mail: info@pbdiffusion.it, Internet:www.pierrebonnet.com.

Öffnungszeiten

Montag 13.30 bis 18.30 Uhr, Dienstag bis Freitag 9.30 bis 12.30 und 13.30 bis 18.30 Uhr, Samstag 9.30 bis 12.30 und 15.00 bis 18.00 Uhr. Im Dezember Sonntag 10.00 bis 12.30 und 15.00 bis 18.00 Uhr.

Anreise

A50 (Tangenziale Ovest), Ausfahrt SS494 N. Vigévanese. Auf der SS494 Richtung Milano Centro. Nach ca. 7,5 km, direkt vor dem Parco Solari, von der Via V. Foppa rechts in die Via Montevideo. Nach dem „Kreisverkehr" mit der Via A. Solari an der 2. Kreuzung links in die Via Voghera, am Ende links in die Via Tortona.

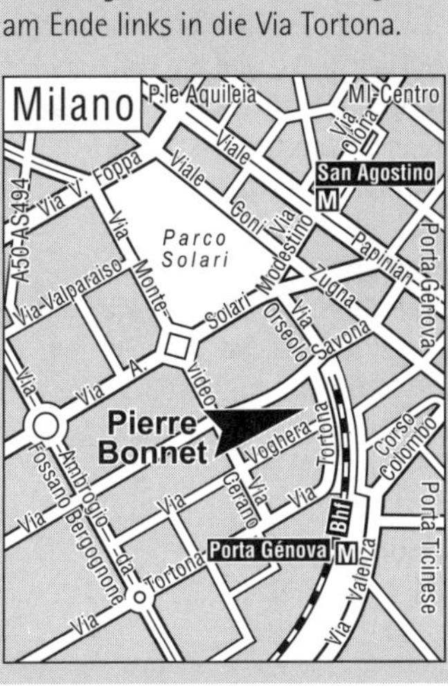

Im Jahre 1867 wurde die Mailänder Firma Ravarini Castoldi gegründet. Zunächst machte sie sich mit der Herstellung von Spazierstöcken einen Namen. Heute produziert die Firma, neben den traditionellen Spazierstöcken, auch Designer-Einrichtungen wie Tische, Vitrinen, Bücherregale usw. Tradition wird hier mit modernem Design in Einklang gebracht.

Eine Klasse für sich

Warenangebot
Spazierstöcke und Designer-Einrichtungen: Tische und Tischchen aller Art, Konsolen, Anrichten aus Mahagoniholz, Vitrinen, Bücherregale, CD- und DVD-Gestelle, Beleuchtungen, Kleiderständer, Schirmständer, Spiegel, Wand-, Stand- und Kuckucksuhren etc.

Ersparnis
20 bis 30 %.

Ambiente
In zwei großen Räumen, innerhalb des Fabrikgebäudes, wird die Ware angeboten. Im Vergleich zu den in Qualität und Design ansprechenden Produkten, wirkt das Ambiente etwas verstaubt.

Adresse
Ravarini Castoldi & C. S.r.l., Via Gardone, 20 - 20139 Milano (MI), Telefon: 02/ 55 21 06 08, Fax: 5 69 45 03, E-Mail: diba @ravarinicastoldi.it, Internet: www. ravarinicastoldi.it.

Öffnungszeiten
Montag bis Freitag 8.30 bis 12.30 und 13.30 bis 17.30 Uhr.

Anreise
Am Übergang der A1 zur A51 (Tangenziale Est) an der Ausfahrt 1, Via Emilia, auf der SS9 Richtung Milano Centro fahren. An der Ausfahrt Corvetto auf den Corso Lodi. An der Metrostation Brenta links in die Viale Brenta. Beim Kreisverkehr der Piazza Geremia Bonomelli die 3. Möglichkeit rechts in die Viale Ortles. Danach links in di Via Cassano d'Adda und wieder links in die Via Gardone.

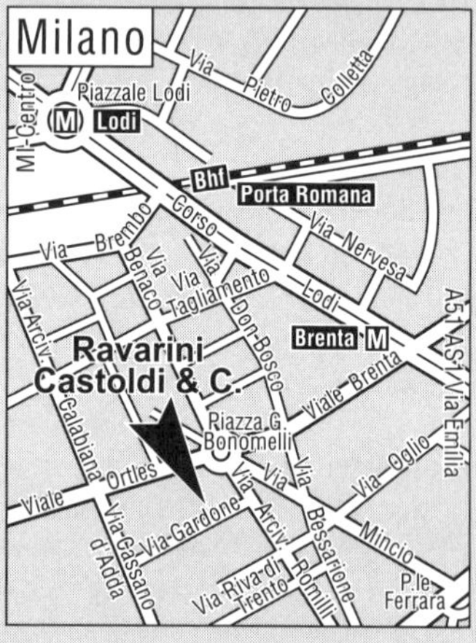

Auch in Mailand finden Sie ein RJ Outlet. Sie können hier Damen- und Herrenbekleidung von berühmten Modeschöpfern wie Prada, Gucci, Roberto Cavalli, Versace, Moschino, Fendi u.v.a. finden. Teilweise Ware aus der vergangenen Saison, 1B-Ware, aber auch aktuelle Ware. Die Ersparnis ist klar zu erkennen, weil jeweils empfohlener und reduzierter Preis ausgezeichnet sind.

Stilvoll klassisch und sportlich

Warenangebot

Hier kann man sich von Kopf bis Fuß einkleiden. Von Dessous bis zum Mantel, vom Schuh bis zur Tasche. Bekleidung und Accessoires nicht nur von berühmten Stylisten, sondern auch aus der eigenen Produktion mit dem Namen RJ.

Ersparnis

30 bis 70 %.

Ambiente

Das RJ Outlet in Mailand hat eine Verkaufsfläche von ca. 600 m². Glastrennwände teilen die Fläche in zwei Abteilungen: eine für Damen, eine für Herren. Das Warenangebot ist übersichtlich und gut sortiert.

Adresse

RJ Outlet, Via Zumbini, 37 - 20143 Milano (MI), Telefon: 02/89 15 90 68, Fax: 89 15 76 75.

Öffnungszeiten

Montag 14.00 bis 19.30 Uhr, Dienstag bis Samstag 10.00 bis 19.30 Uhr.

Anreise

Von Genua oder von der A50, der Tangenziale Ovest, kommend auf die A7. Am Autobahnende: 3. Ausfahrt im Kreisverkehr in die Viale Famagosta. An der Metrostation Famagosta: großer Parkplatz. Der Viale Famagosta bis zur 4. Straße folgen. Via Venosta bis zum Ende zur Via Bonaventura Zumbini fahren. In diese rechts abbiegen.

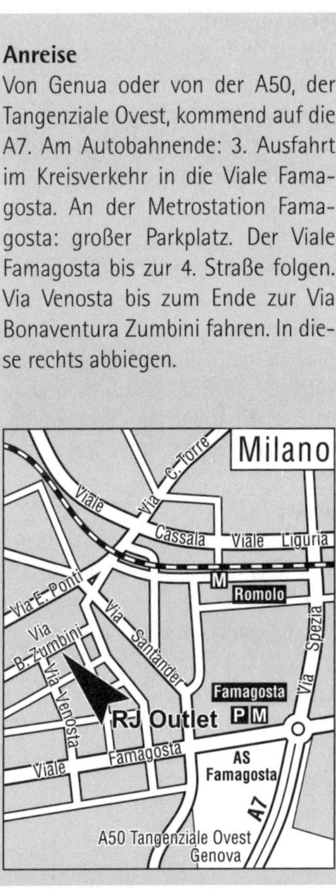

TISSUTEAM

Tissuteam ist der einzige Direktverkäufer innerhalb der Gruppe Rubelli. Die Firmengruppe Rubelli ist ein Hersteller von weltweit bekannten Dekostoffen. Ihre Produkte verschönern die schönsten Paläste, Theater und Schlösser Europas. Rubelli ist Hoflieferant vieler Königshäuser in England, Spanien, Dänemark, Saudi-Arabien und Oman. Echte Kenner finden hier Ware aus hochwertigem Material und in schönem Design, von klassisch bis modern.

Vorhang auf!

Warenangebot
Die Ware steht zum Mitnehmen bereit: Damast, Taft, Samt, Seide und Baumwolle, einfarbig und gemustert. Jacquard, Vorhänge. Alles Markenware der Gruppe Rubelli, Bises, Lisio.

Ersparnis
50 bis 70 %.

Ambiente
Einladend gemütliches Outlet, wie eine Boutique. Ware übersichtlich und gut sortiert. Freundliches, sachkundiges Personal. Werkstatt vorhanden.

Adresse
Tissuteam S.r.l., Via Lambro, 12/A - 20129 Milano (MI), Telefon und Fax: 02/ 29 51 78 83, E-Mail: tissuteam@tiscali net.it, Internet: www.rubelli.it.

Öffnungszeiten
Montag 15.00 bis 19.00 Uhr, Dienstag bis Samstag 9.00 bis 12.30 und 15.00 bis 19.00Uhr.

Anreise
Aus der Innenstadt auf dem Corso Venezia Richtung Nordosten, am Giardini Pubblici vorbei, bis zur Metrostation Porta Venezia. Danach ein Stückchen weiter auf dem Corso Buenos Aires und rechts ab in die Via Melzo bis zur Kreuzung mit der Via Lambro. Dort links abbiegen.

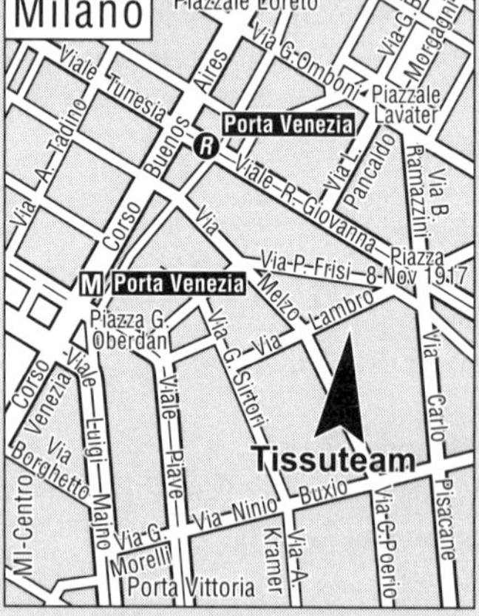

TRIS

Tris ist ein bekannter Hersteller von hochwertigen Strümpfen und Strumpfhosen, die unter Verwendung modernster Materialien und in ausgezeichneter Qualität produziert werden. Die Marke Tris gehört zu den renommierten in Italien. Der Direktverkauf befindet sich in der Via Gluck, jener Straße, die in einem bekannten Schlager von Adriano Celentano besungen wird.

Celentanos Via Gluck

Warenangebot
Klassische und trendige Strümpfe für die ganze Familie. Strumpfhosen, Socken, Tennissocken aus unterschiedlichen Fasern. Auch Unterwäsche für Damen und Herren, Schlafanzüge, Bademoden. Produkte der Marken Tris, Seduzioni, North Pole, Spiman, Atra, Texbo, Mircutt, Zucchero Filato, Nicol etc.

Ersparnis
30 bis 50 %.

Ambiente
Verkaufsraum im Hinterhof, eingerichtet mit Regalen zur Selbstbedienung, übersichtliche Warenpräsentation, fachkundige Beratung.

Adresse
Calzificio Tris, Via Gluck, 50 - 20125 Milano (MI), Telefon: 02/6 69 75 55, Fax: 67 49 20 14, E-Mail: cristina@calzificio tris.it, Internet: www.calzificiotris.it.

Öffnungszeiten
Montag bis Freitag 8.30 bis 18.00 Uhr. Im Dezember auch Samstag 8.30 bis 18.00 Uhr.

Anreise
Von der Piazza Duca d'Aosta vor der Stazione Centrale, dem Mailänder Hauptbahnhof, über die Via Giovanni Battista Sammartini parallel zu den Gleisen bis zur breiten Viale Lunigiana. Schräg links gegenüber weiter in die Via Cristoforo Gluck bis hinter die Kreuzung mit der Via Raffaele Parravicini.

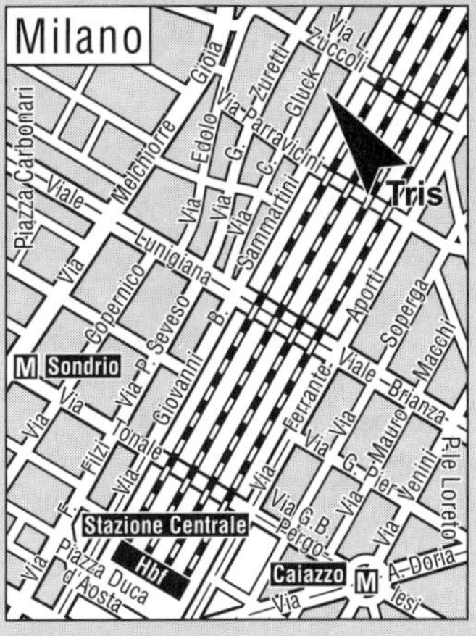

Vestistock

Das Outlet besteht seit 25 Jahren. Hier werden die Reste verschiedener Boutiquen verkauft. Fast alles sind Einzelstücke, aber mit etwas Glück lassen sich hier tolle Schnäppchen machen. Durchgehend Mode für höchste Ansprüche von Marken wie Gucci, Prada, Armani, Valentino, Fay-Burberry, R. Cavalli, Max Mara und viele mehr.

Große Namen

Warenangebot
Kostüme, Kleider, Blazer, Röcke, Anzüge, Hemden, Poloshirts, Krawatten, Sakkos, Jacken, Schuhe für Damen und Herren sowie Handtaschen, Lederwaren und Accessoires. Das Angebot wechselt, aber es lässt sich nahezu alles finden.

Ersparnis
40 bis 60 %.

Ambiente
Das Angebot ist übersichtlich und gut sortiert. Viele Einzelstücke, auch in Übergrößen. Etliche Sonderangebote. Sehr freundliche und qualifizierte Beratung.

Adresse
Vestistock, Via Ramazzini, 11/Angolo Piazzale Lavater - 20123 Milano (MI), Telefon: 02/29 51 44 97, E-Mail: vstock@energy.it, Internet: www.vestistock.it.

Öffnungszeiten
Montag 15.00 bis 19.00 Uhr, Dienstag bis Freitag 10.00 bis 13.30 und 15.30 bis 19.00 Uhr, Samstag 10.00 bis 19.00 Uhr.

Anreise
A1, Tangenziale Est, Ausfahrt Forlanini/Centro, bis zur Piazza Cinque Giornate, rechts in den Viale Premuda, der in den Viale Piave führt, bis zur Bastioni di Porta Venezia. Hier rechts in den Corso Buenos Aires. An der 2. Ampel rechts in die Via Omboni, an deren Ende, auf die Piazzale Lavater. An der Ecke zur Via Ramazzini befindet sich Vestistock.

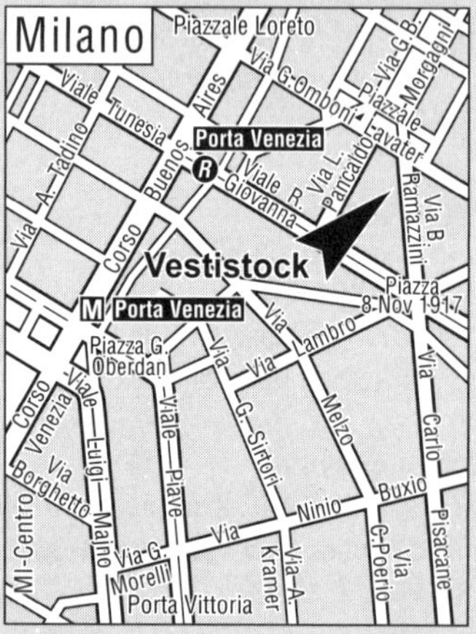

ZANI DEL FRA'

Die Lederprodukte der Chiorino Gerberei in Biella, werden nach dem neuesten Stand der Technik für Lederwaren hergestellt. Das Leder ist so behandelt, dass es wasserabweisend und gegen Kratzer sowie Lichteinwirkung resistent ist. Hervorragende Verarbeitung und Qualität.

Edel und strapazierfähig

Warenangebot

Damen-Ledertaschen, Geldbeutel, Bilderrahmen aus Leder, Ledermappen und Mäppchen, Lederschatullen, Reisekoffer, Reisetaschen, Taschen für Golfschläger, Golfschuhe, Büroaccessoires, Aktentaschen und viele Lederaccessoires.

Ersparnis

30 bis 40 %.

Ambiente

Elegante Verkaufsstelle mit stilvoller Präsentation der Ware. In einem Showroom zeigt Zani del Frà eine Lederausstellung und seine Kollektionen. Der Eingang ist im Hof.

Adresse

Zani del Frà, Via Roncaglia, 14 (Zona Fiera) - 20146 Milano (MI), Telefon und Fax: 02/48 01 27 12, E-Mail: info@zanidelfra.it, Internet: www.zanidelfra.it.

Öffnungszeiten

Montag bis Freitag 10.30 bis 19.00 Uhr.

Weitere Verkaufsstelle

- 13051 **Biella (BI)**, Strada alla Fornace, 8, Telefon und Fax: 0 15/8 49 74 04. Montag bis Samstag 9.00 bis 12.30 und 14.30 bis 19.00 Uhr.

Anreise

A 50 (Tangenziale Ovest), Ausfahrt SS 494 N. Vigévanese. Weiter auf der SS 494 Richtung Milano Centro. Nach ca. 7 km, hinter der Piazza Simone Bolivar, links in die Via Giorgio Washington. An der 3. Kreuzung links in die Via Roncaglia.

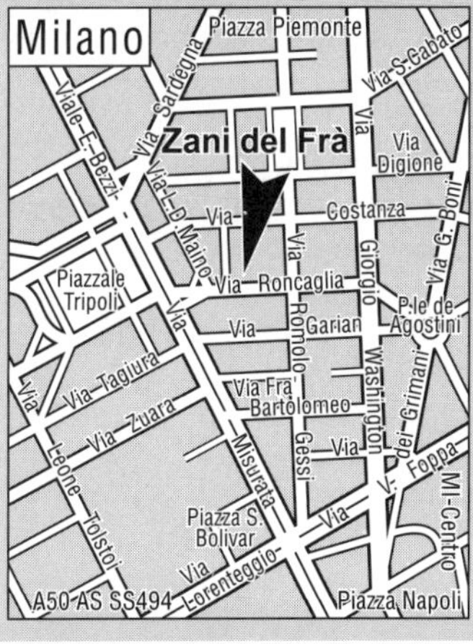

Dainese Motorradbekleidung, die jedes Bikerherz höher schlagen lässt, wird in Molvena, am Fuße der Voralpen hergestellt. Rund 500 m vom Firmensitz entfernt, befindet sich die Verkaufsstelle Top Ten.

Für Biker

Warenangebot
Motorradanzüge, -hosen, -jacken, T-Shirts, das ganze Dainese-Sortiment und daneben auch Stiefel, Handschuhe, Motorradhelme und was ein Motorradfahrer sonst noch brauchen kann.

Ersparnis
Auf die normalen Ladenpreise gibt es für alles einen Preisnachlass von 50 %.

Ambiente
Einzelhandelsähnlich ausgestattetes Bikergeschäft.

Adresse
Dainese/Top Ten Factory Outlet, Via Roma, 63 - 36060 Molvena (VI), Telefon: 04 24/41 16 24.

Öffnungszeiten
Montag 15.30 bis 19.00 Uhr, Dienstag bis Samstag 9.30 bis 12.30 und 15.30 bis 19.30 Uhr.

Anreise
Auf der Straße von Bassano del Grappa nach Thiene über Marostica dem Wegweiser nach Marostica folgen (beim Fahrradgeschäft rechts abbiegen). Ca. 1 km geradeaus und in Molvena Richtung Pianezze, dann erreicht man rechts den Verkauf Top Ten.

GRAZIANO

Die Produkte des Hauses Graziano vereinen die klassische Schönheit und die Qualität von Leinen, moderne Ästhetik und Romantik. Die Stoffe sind aus natürlichen Garnen mit der Geduld und Präzision von Experten hergestellt.

Wäscheromantik

Warenangebot
Haushaltswäsche aus Leinen, Baumwolle und gemischtem Leinen. Das weitreichende Angebot umfasst die klassische, moderne und nostalgische Linie. Es gibt neben weißem Leinen mit Spitzen und Fransen auch buntes Leinen und glänzenden Jacquard. Für jeden Geschmack ist das Richtige dabei.

Ersparnis
30 %, aber Qualität hat ihren Preis!

Ambiente
Klingeln Sie beim Ufficio, dem Haus mit dem Eisentor vor einer ganz alten Fabrik. Sie werden dann in den kleinen, überladenen Verkaufsraum geführt, wo alles vollgestopft ist mit Stoffen, Kissen und Wäsche. In Vitrinen sind einzelne Stücke ausgestellt. Sie können sich nicht selbst bedienen und es wird nur Italienisch gesprochen. Es herrscht ein reger Andrang und es gibt dort in der Tat auch wunderschöne Sachen.

Adresse
Fratelli Graziano, Via Martiri della Libertà, 84 - 13888 Mongrando (BI), Telefon: 015/666122, Fax: 666222, E-Mail: postmaster@graziano.it, Internet: www. graziano.it.

Öffnungszeiten
Montag bis Samstag 8.00 bis 12.00 und 14.00 bis 18.00 Uhr.

Anreise
Mongrando liegt an der SS338, Biella-Ivrea. Von Biella kommend durch Mongrando hindurch, immer Richtung Ivrea. Der Verkauf befindet sich an dieser Durchgangsstraße im letzten Gebäude an der rechten Straßenseite, eine richtig alte Fabrik.

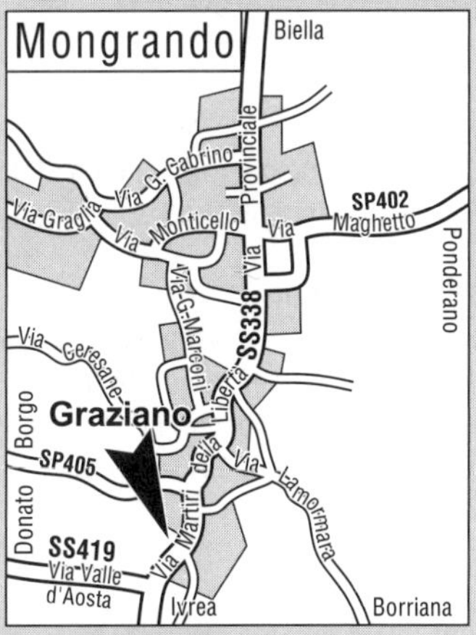

GUABELLO

Lanificio dal 1815

Für Cashmere-Anhänger und Liebhaber edler Wollstoffe lohnt sich der Weg zu Guabello. Schon seit 1815 gibt es diese Wollwirkerei. Erfahrung ist Qualität.

Exquisite Cashmere-Mode

Warenangebot

Große Auswahl an Cashmere-Strickwaren für Damen und Herren, Anzüge, Kostüme, Mäntel, Jacken und Hosen - auf Wunsch auch nach Maß - und Stoffe in Cashmere und Cashmere-/Wollmischungen, Super 100 S u.a. in klassischen, zeitlosen Farben und Formen für gehobene Ansprüche.

Ersparnis

30 bis 50 %.

Ambiente

Neuer, großer, heller Verkaufsraum in gepflegtem Ambiente. Das Warenangebot ist übersichtlich geordnet.

Adresse

Guabello S.p.A., Via Provinciale, 63 - 13888 Mongrando (BI), Telefon: 015/2564968, Fax: 2564969.

Öffnungszeiten

Dienstag bis Freitag 9.00 bis 13.00 und 15.00 bis 19.00 Uhr, Samstag 10.00 bis 19.00 Uhr. Im Oktober und im Dezember auch Sonntag 10.00 bis 19.00 Uhr.

Anreise

Mongrando liegt an der SS338 Biella-Ivrea. Auf der Via Provinciale von Biella her kommend, erreicht man Mongrando nach ca. 5 km. Am Ortsanfang von Mongrando befindet sich an dieser Durchgangsstraße rechts der Verkauf von Guabello.

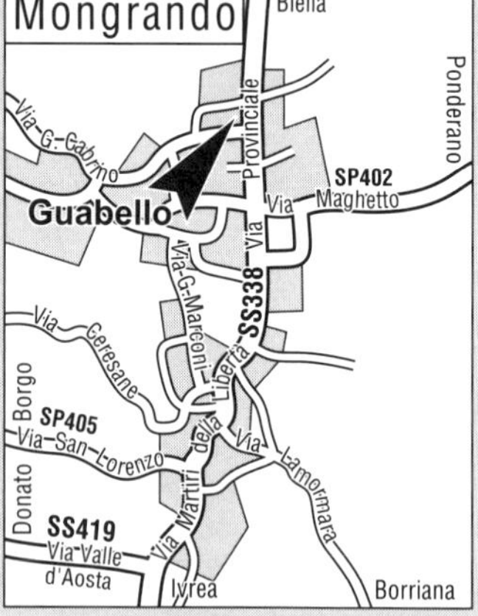

MINAZIO

Der Familienbetrieb fertigt seit mehreren Generationen Wäsche für Küche, Bett und Tisch, dezent romantisch bis schlicht, in guter Qualität.

In jedem Haushalt unentbehrlich

Warenangebot
Bettwäsche, uni und bunt, mit Hohlsaum, Stickereien und Bordüren, Tischwäsche in Hand- und Maschinenarbeit und Geschirrtücher in allen Maßen. Vereinzelt doppelseitige Bademäntel, innen saugfähiges Frottee und außen glatte Baumwolle. Alles aus eigener Produktion.

Ersparnis
30 bis 50 %, 2.-Wahl-Artikel mit kleinen Fehlern zusätzlich 20 % günstiger.

Ambiente
Vielfältiges, übersichtliches Angebot in kleinerem Verkaufsraum. Sehr hilfsbereites Personal. Der Verkaufsraum liegt an einer engen Straße.

Adresse
Minazio Telerie, Via Maghetto, 14 - 13888 Mongrando (BI), Telefon und Fax: 0 15/66 61 86.

Öffnungszeiten
Montag 14.30 bis 19.00 Uhr, Dienstag bis Samstag 9.00 bis 12.00 und 14.30 bis 19.00 Uhr.

Anreise
Mongrando liegt an der SS338 Biella-Ivrea. Von Biella kommend auf der Via Provinciale zur Ortsmitte fahren, direkt vor der Ampel (an gelbem Haus) links in die Schotterstraße Via Maghetto einbiegen. Produktion und Verkaufsraum erreichen Sie nach ca. 50 m rechts.

'95 SILETTI
LINIFICIO DI MONGRANDO DAL 1876

Die Leinenweberei Siletti hat ein lange Tradition. Von der ursprünglich hergestellten einfachen Leinenwäsche ist sie zur Produktion bestickter Wäsche aus Leinen, gemischtem Leinen, Baumwolle und Baumwolle mit Seide übergegangen.

Gut aufgelegt

Warenangebot
Bettbezüge, Tischdecken, Badetücher mit Klöppelspitzen, Fransen oder Hohlsaum, Geschirrtücher, Tagesdecken, Servietten, Taschentücher, Bademäntel und Leinen- sowie Baumwollstoffe. Sie können hier auch nach Maß arbeiten lassen.

Ersparnis
30 %.

Ambiente
Kleines Geschäft bei der Fabrik.

Adresse
Siletti, 95 S.r.l., Via Q. Sella, 6 - 13888 Mongrando (BI), Telefon: 015/666555, Fax: 667282.

Öffnungszeiten
Montag 15.00 bis 18.30 Uhr, Dienstag bis Samstag 9.00 bis 12.00 und 15.00 bis 18.30 Uhr.

Anreise
Mongrando liegt an der SS338 Biella–Ivrea. Von Biella kommend auf der Via Provinciale Richtung Ivrea zur Ortsmitte fahren. In der Ortsmitte können Sie neben der Kirche parken. Schräg links gegenüber des Parkplatzes befindet sich der Verkauf von Siletti.

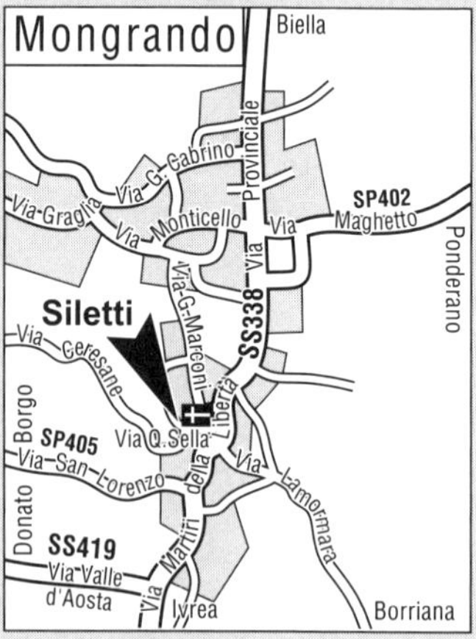

In diesem Familienbetrieb dreht sich alles um die Ausstattung von Küche, Bett und Tisch für etwas romantisch Veranlagte, die althergebrachte Tradition lieben.

Rund ums Heim

Warenangebot

Kleine Auswahl an Uni- und Buntbettwäsche in Leinen- und Baumwollqualität mit Hohlsaum, Applikationen, Stickereien und Bordüren, bestickter Tischwäsche in Hand- und Maschinenarbeit, Geschirrtüchern mit und ohne Hohlsaum. Vereinzelt sind auch Morgenmäntel in Piqué und Herrentaschentücher, Patchwork-Kissenhüllen und Steppdecken zu finden.

Ersparnis

30 bis 50 %, bei Teilen mit kleinen Fehlern weitere 20 %. Es lohnt sich, zu stöbern.

Ambiente

Kleiner, überladener Verkaufsraum vor der Fertigung. Die Ware ist in Regalen bis unter die Decke gestapelt, sehr hilfsbereites Personal. Parkmöglichkeiten vorhanden. Öffnen erfolgt nach dem Klingeln.

Adresse

Tessitura Sasso Mario & C. s.n.c., Via Maghetto, 48 - 13888 Mongrando (BI), Telefon: 015/666495.

Öffnungszeiten

Montag bis Samstag 9.00 bis 12.00 und 15.00 bis 19.00 Uhr.

Anreise

Mongrando liegt an der SS338 Biella-Ivrea. Von Biella kommend auf der Via Provinciale zur Ortsmitte fahren, direkt vor der Ampel (an gelbem Haus) links in die Schotterstraße Via Maghetto einbiegen.

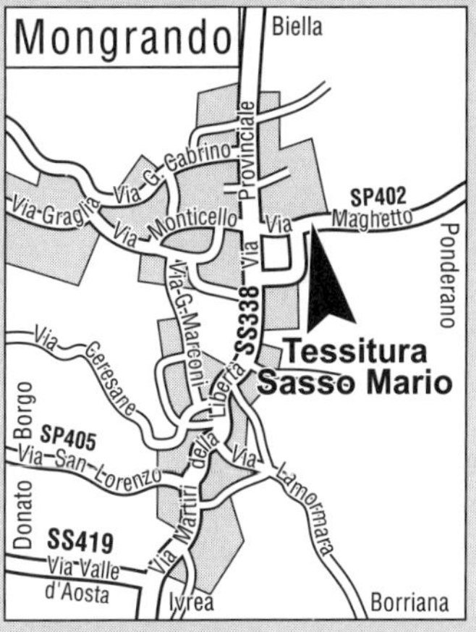

Bolgheri FACTORY OUTLET

In der Nähe von Pescara hat Bolgheri ein neues Factory Outlet eröffnet. Bolgheri ist ein Muss für modebewusste Herren, die Wert darauf legen, perfekt gekleidet zu sein, Besonders im Business, aber auch in der City oder in der Freizeit.

For Gentleman only

Warenangebot

Umfangreiches Angebot an Anzügen, Sakkos, Mänteln, Hosen, Hemden, Pullovern in allen Größen vom renommierten Hersteller Ermenegildo Zegna. Sportlich bis klassisch. Dazu die entsprechenden Accessoires wie Krawatten, Gürtel etc.

Ersparnis

50 % für Kleidung der Vorsaison, 70 % bei Musterteilen.

Ambiente

Großzügiger und ansprechender Verkaufsraum. Die Ware ist übersichtlich und gut präsentiert. Qualifiziertes Personal.

Adresse

Bolgheri Factory Outlet, Corso Umberto I, 438 - 65015 Montesilvano (PE), Telefon: 0 85/4 48 33 18, E-Mail: Bolgheri_Monte silvano@zegnaermenegildo.it.

Öffnungszeiten

Im Sommer (1. Juni bis Mitte September): Montag bis Samstag 9.30 bis 13.00 und 16.00 bis 20.30 Uhr. Im Winter: Montag bis Samstag 9.30 bis 13.00 und 15.30 bis 20.00 Uhr.

Anreise

A14 Bologna–Pescara, Ausfahrt Città Sant'Angelo, danach links zur SS16 und gleich wieder rechts Richtung Pescara nach Montesilvano. Die SS16 ist in Montesilvano bereits der Corso Umberto I. Der Verkauf befindet sich nach der Querstraße Via R. Sanzio auf der rechten Seite.

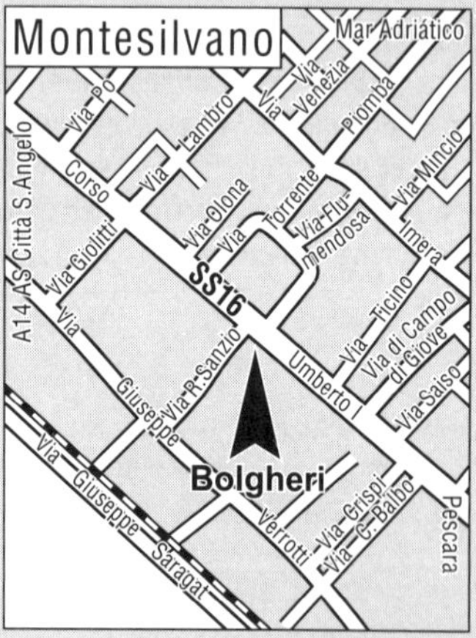

BELLINI PIÙ

Bellini Più, bei uns bekannt als Fabrikant von Babybekleidung, brilliert auch als kunstsinniger Hersteller hochwertiger Keramik. Bellini lässt die Motive von zahlreichen italienischen Künstlern an verschiedenen Orten entwerfen.

Hahn und Fuchs auf Keramik

Warenangebot
Kacheln, Vasen, Schalen, Teller, Tassen mit bunten, großflächigen Blumen-, Obst- und Tiermotiven. Bellini Più beliefert die USA, Neuseeland und Europa, in Deutschland die Versandhäuser Heine und Wenz.

Ersparnis
25 bis 50%.

Ambiente
Großer, trister Verkaufsraum im Kellergeschoss gleich neben der laufenden Produktion und heller Verkaufsraum im Eingangsbereich. Mit dem Chef des Hauses lässt sich über alles reden, auch in Englisch – er ist mit einer Engländerin verheiratet. Ausreichend Parkplätze vor der Fabrik.

Adresse
Bellini Più, Via Virginio, 150 - 50025 Montespertoli (FI), Telefon: 0571/671145, Fax: 671100, E-Mail: sales@bellinipiu.com, Internet: www.bellinipiu.com.

Öffnungszeiten
Montag bis Freitag 8.30 bis 18.00 Uhr.

Anreise
A1 Bologna-Roma, Ausfahrt Firenze-Signa, weiter auf der vierspurigen SP12 Richtung Empoli/Livorno, Ausfahrt Ginestra Fiorentina. Auf die SP80 Richtung Montespertoli. Nach ca. 5 km befindet sich die Keramikfabrik links an der Durchgangsstraße.

L5

Ein Lampen- und Leuchtenhersteller aus bester italienischer Kunsthandwerks-Tradition. L5 Lampadari hat eigene Designer-Stücke im Angebot, die den Vergleich mit großen Namen nicht zu scheuen brauchen.

Schöner Schein

Warenangebot
Moderne Decken-, Steh-, Wand- und Tischleuchten, Designer-Modelle, Glaskörper und Schirme, z.T. aus Muranoglas. Deckenleuchten und Kronleuchter im venezianischen Stil, Außenleuchten von schlicht bis kitschig.

Ersparnis
50 %.

Ambiente
Übersichtlicher Verkaufsraum im 1. Stock der Firma.

Adresse
L5 Lampadari, Via della Gora, 56-58 - 50025 Montespertoli (FI), Telefon: 05 71/67 13 82, E-Mail: Info@L-5.it.

Öffnungszeiten
Montag bis Freitag 8.00 bis 12.30 und 14.30 bis 19.00 Uhr, Samstag 9.00 bis 12.30 und 16.00 bis 19.00 Uhr. Man muss klingeln („suonare").

Anreise
A1 Bologna–Roma, Ausfahrt Firenze-Signa, weiter auf der 4-spurigen SP12 Richtung Empoli/Livorno, Ausfahrt Ginestra Fiorentina. Dann auf der SP80 Richtung Montespertoli. L5 Lampadari befindet sich im neu erschlossenen Industriegebiet (Zona artigianale „Mulino del Ponte") unterhalb von Montespertoli und hat nicht an Hinweisschildern gespart. Bevor die Straße nach Montespertoli ansteigt, zweigt die Straße gegenüber vom Sportstadion rechts ab.

ARGENTERIA ROSSI & ARCANDI

Rossi & Arcandi ist ein Hersteller von Silberwaren in romantischem bis modernem Design. Die Palette der Erzeugnisse reicht vom Kugelschreiber über Schalen, Bilderrahmen und Besteck bis hin zum Kerzenleuchter.

Kostbarkeiten aus dem Tresor

Warenangebot
Eigentlich alles, was man sich in Silber vorstellen kann: Kugelschreiber, Füller, Tiere, Toilettenartikel, Feuerzeuge, Dosen, Bilderrahmen, Spiegel, Schüsseln mit Silberfuß und Schale aus Muranoglas. Das und viel mehr gibt es im Vorraum. Im Tresor stehen die größeren Teile wie Karaffen, Bestecke, Kerzenleuchter, Jugendstilkaffeekännchen usw.

Ersparnis
25 %.

Ambiente
Neuer Verkauf bei der Fabrik.

Adresse
Argenteria Rossi & Arcandi, Via Astico, 2 - 36010 Monticello Conte Otto (VI), Telefon: 04 44/94 66 76, Fax: 94 66 80.

Öffnungszeiten
Montag bis Freitag 8.00 bis 12.00 und 14.00 bis 18.00 Uhr, Samstag 8.30 bis 12.00 Uhr.

Anreise
A4 Verona–Padova bis Vicenza, dort weiter auf der A31 Richtung Thiene, Ausfahrt Vicenza Nord. Auf der SS53 zuerst Richtung Stadtmitte, in Anconetta rechts auf die SP42 Stradone dei Nicolosi nach Monticello Conte Otto. Am Ortseingang die 1. Möglichkeit rechts in die Via del Maglio und die 1. Straße links in die Via Astico.

BABY STOCKERIA

Heutzutage wollen auch viele kleine Kinder in den neuesten Kollektionen gekleidet sein. Diesen Ansprüchen wird der Verkauf in Monza gerecht, hier gibt es alles, was das Kleine oder das Elternherz begehrt.

Für anspruchsvolle Kleine

Warenangebot
Hemden, Hosen, Pullis, T-Shirts, Kleider, Jacken, alles für Kinder zwischen 0 und 16 Jahren. Angeboten werden die Marken Ferré, Trussardi, Valentino, Guess, Replay & Sons, Cotton Belt, Diesel, Mason, Armata di mare u.a.

Ersparnis
30 %.

Ambiente
Kleiner, mit Minimode vollgestopfter Stockist. Sehr freundliches Personal. Hier findet jeder etwas für seine Kleinen.

Adresse
Baby Stockeria, Via Monti e Tognetti, 7 - 20052 Monza (MI), Telefon: 0 39/ 38 95 35.

Öffnungszeiten
Montag 15.00 bis 19.00 Uhr, Dienstag bis Samstag 9.00 bis 12.30 und 15.00 bis 19.00 Uhr.

Weitere Verkaufsstellen
- 20030 **Palazzolo Milanese (MI)**, Via Mazzini, 2, Telefon: 02/99 04 52 75.
- 20038 **Seregno (MI)**, Via Magenta, 10, Telefon: 03 62/23 43 59.
- 20053 **Muggiò (MI)**, Via Italia, 135, Telefon: 0 39/79 55 38.

Anreise
A4 Milano-Venezia, Ausfahrt V.le Zara, dann auf der SS36 Richtung Lecco bis Monza Parco. Auf der Viale Cesare Battisti an der Kreuzung, an der großen Kirche, rechts ab. Die Stockeria befindet sich nach einigen hundert Metern auf der rechten Seite.

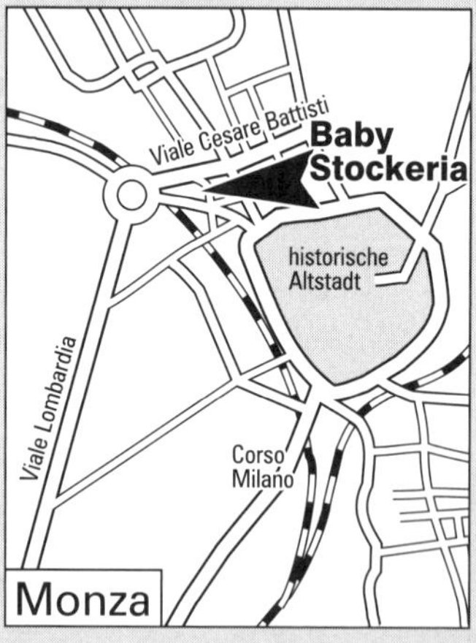

ELKAY FASHIONS

Viele träumen davon, nur wenige leisten sich es dann auch: reines, wertvolles Cashmere. Vielleicht kann hier der eine oder andere Traum wahr werden.

Und Sie fühlen, was Sie tragen

Warenangebot
Pullover, Poloshirts mit Rundkragen, Knopfkragen oder V-Ausschnitt für Männer und Frauen in allen Farben und Größen. Für Männer zusätzlich noch Sakkos, Mäntel und Krawatten (die sind allerdings aus Seide). Für Frauen auch Kostüme, die nicht alle aus Cashmere sind.

Ersparnis
50 bis 70 %.

Ambiente
Großzügiger Verkauf mit Riesenauswahl, freundliche Beratung.

Adresse
Elkay Fashions, Via Sgambati, 26 - 20052 Monza (MI), Telefon: 039/324695, 388322 und Mobil: 328/2858076.

Öffnungszeiten
Montag bis Samstag 9.00 bis 19.00 Uhr. Im Dezember bis zum 24. zusätzlich an Sonn- und Feiertagen 9.00 bis 19.00 Uhr geöffnet.

Anreise
A4 Milano–Venezia, Ausfahrt V.le Zara und auf der SS36 Richtung Lecco bis Monza Parco. Auf der Viale C. Battisti bis zu der großen Kirche, an dieser Kreuzung links. Jetzt an der 5. Straße, Via Clementi, rechts und dann gleich wieder rechts in die Via Sgambati. Die Nr. 26 ist jetzt gleich links. Der Fabrikverkauf befindet sich auf dem Firmengelände.

TUTTO STOCK

Im historischen Zentrum von Morbegno, das von vielen Touristen besucht wird, steht dieses Stockhouse. Hier bekommt man Schuhe und Lederaccessoires. Die Waren werden aus unterschiedlichen Quellen bezogen, z.B. von Messen, Modenschauen, anderen Läden oder direkt von den Herstellern.

Auf Schusters Rappen

Warenangebot
Damen- und Herrenschuhe von bekannten Herstellern und Designern. Umfangreiches Angebot nicht nur an Schuhen, sondern auch an Taschen und Lederaccessoires. Es sind Auslaufmodelle, die aber in Deutschland noch im Trend sind.

Ersparnis
50 bis 70 %.

Ambiente
Typischer Selbstbedienungsladen, aber in angenehmer Atmosphäre. Wer Hilfe braucht, dem steht hilfsbereites Verkaufspersonal zur Verfügung.

Besonderheiten
Nach dem Einkauf sollte man sich die regionalen kulinarischen Genüsse wie z.B. pizzoccheri (eine Art Tagliatelle mit Gemüse), polenta taragna, Weine und Käse nicht entgehen lassen.

Adresse
Tutto Stock, Piazza Guglielmo Marconi, 10 - 23017 Morbegno (SO), Telefon: 03 42/61 21 94.

Öffnungszeiten
Montag 15.00 bis 19.00 Uhr, Dienstag bis Samstag 9.00 bis 12.00 und 15.00 bis 19.00 Uhr.

Anreise
SS36 von Milano Richtung Chiavenna, Ausfahrt zur SS38 Richtung Sondrio. In Morbegno zur Kreuzung, an der links der Bahnhof ist, dort rechts in die Via Ambrosetti. Über den Kreisverkehr in die Via Nani bis zur Piazza 3 Novembre. Links in die Via Garibaldi zur Piazza Marconi.

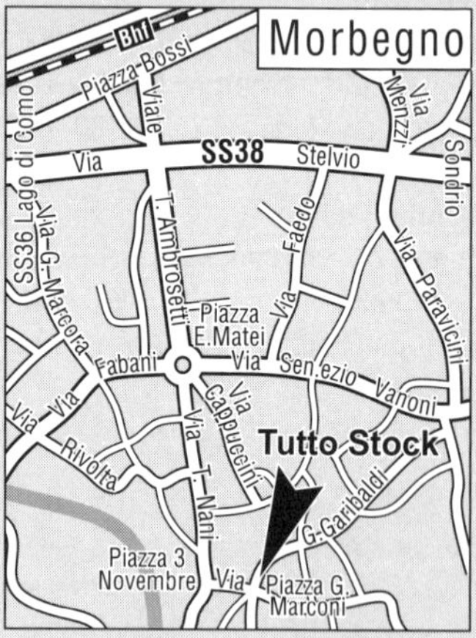

CALZATURIFICIO STEPHY
di Segattini Andrea & C.

Auf seinen 400 m² Verkaufsfläche bietet der Laden von Stephy eine ganze Menge moderne und bequeme Schuhe in guter Qualität und Sportbekleidung bekannter Marken wie Fila, Wilson, Sergio Tacchini, Champion u.v.a.

Sport mit Stephy

Warenangebot
Damen-, Herren- und Kinderschuhe von elegant bis sportlich, Sportschuhe für alle erdenklichen Sportarten sowie Sport- und Freizeitkleidung.

Ersparnis
25 %.

Ambiente
Großzügig gestalteter, ca. 400 m² großer Verkaufsraum. Moderne Einrichtung, eigene Abteilungen für Damen- und Herrenbekleidung sowie Kinderschuhe und Kinderbekleidung. Dazwischen Nischen für Kurzwaren.

Adresse
Calzaturificio Stephy, Via del Garda, 91 - 38065 Mori (TN), Telefon: 04 64/ 91 92 12.

Öffnungszeiten
Montag bis Sonntag (auch an Feiertagen) 9.00 bis 12.30 und 14.30 bis 19.30 Uhr.

Anreise
Von Riva del Garda zur Autobahnauffahrt Rovereto Sud fahren. In Mori befindet sich der Verkauf am Ortsanfang rechts.

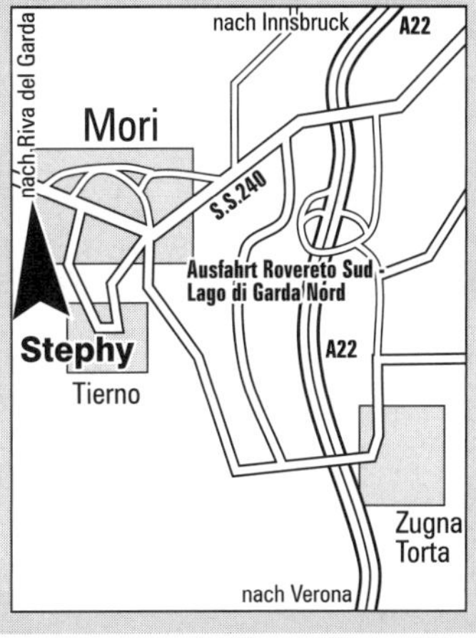

Jeans kennen keine Krisen. Sie befinden sich auf immerwährendem Höhenflug und das selbe gilt für Jacken und Röcke aus dem typischen Denim. Im Factory Outlet Levi's und Dockers finden Sie 2. Wahl und Restposten.

Kultcharakter

Warenangebot
Jeans in verschiedenen Formen und Farben, gebleicht oder stonewashed. Dazu Jeanshemden, Jacken und T-Shirts sowie Docker-Khakis.

Ersparnis
40 bis 60 %.

Ambiente
Gepflegter, neuer Lagerverkauf auf ca. 600 m². Parkplätze sind auf dem Firmengelände vorhanden.

Adresse
Levi's Dockers Factory Outlet, Via Giovanni XXIII, 2 - 20014 Nerviano (MI), Telefon: 0331/419999, Fax: 415316, E-Mail: info@factoryoutlet-milano.it, Internet: www.factoryoutlet-milano.it.

Öffnungszeiten
Montag 15.30 bis 19.30, Dienstag bis Samstag 9.30 bis 19.30 Uhr.

Anreise
A4 Torino–Venezia, Ausfahrt Pero und weiter auf der SS33 Sempione Richtung Rho/Legnano. In Nerviano ist der Verkauf beim Einkaufszentrum Auchan.

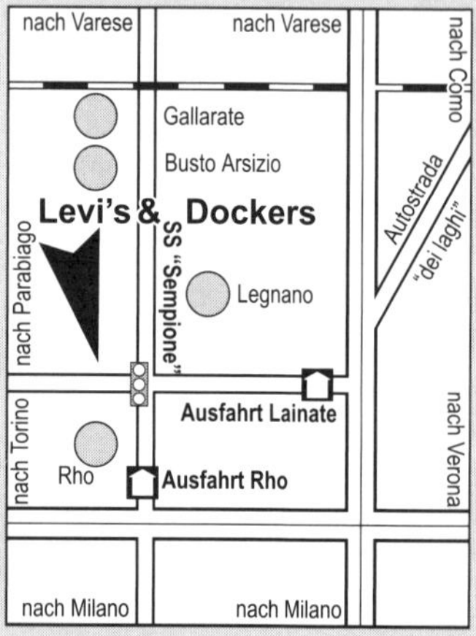

ORIGINAL SHOES Wilson

Wilson ist eine kleine Schuhfabrik, die für Herren auf Wunsch auch Schuhe nach Maß fertigt. Qualität und Design sind hochwertig, die Auswahl an Herrenschuhen ist groß. Als wir dort waren, gab es stapelweise elegante Herrenslipper aus Samt mit glänzender Metallschnalle, die für DKNY hergestellt wurden. Auch Ralph Lauren, Versace und Valentino lassen hier arbeiten.

Schuhe machen Mode

Warenangebot
Eine kleine Auswahl an Damen- und eine gute Auswahl an Herrenschuhen.

Ersparnis
50 %, Damenschuhe ca. 80,- Euro, Herrenschuhe ca. 90,- Euro.

Ambiente
Der Verkauf ist in einem kleinen Vorraum vor der Fabrikation. Das Verkaufspersonal kommt aus dem Büro. Die Preise sind nicht ausgezeichnet.

Adresse
Calzaturificio Wilsonsport S.r.l., Viale 1° Maggio, 15 - 20014 Nerviano (MI), Telefon: 03 31/58 57 35, Fax: 58 40 08.

Öffnungszeiten
Montag bis Freitag 9.30 bis 12.00 und 14.00 bis 19.00 Uhr, Samstag 9.30 bis 12.00 und 15.00 bis 19.00 Uhr.

Anreise
SS33 Legnano-Rho, am Einkaufszentrum Auchan rechts, über den Fluss Olona, am Sportplatz vorbei und rechts in die Viale 1° Maggio.

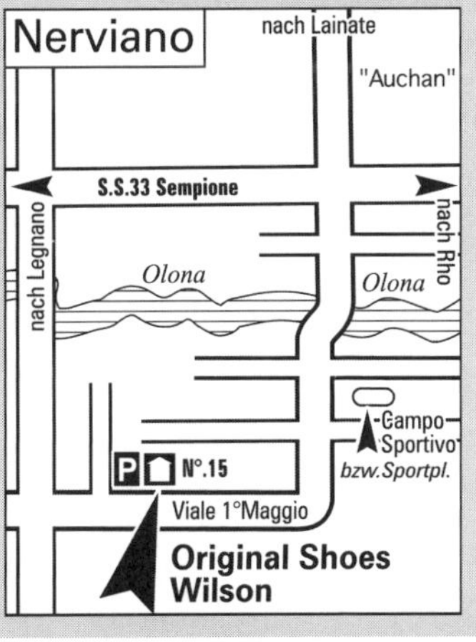

INFIL

Hier gibt es das gesamte Wäschesortiment. In dieser Hinsicht bleiben keine Wünsche offen. Wer mehr will, sollte allerdings nicht hinfahren. Für alle anderen: Hingehen und Geld sparen.

Anziehende Preise

Warenangebot
Damen-, Herren- und Kinderunterwäsche, Jogginganzüge, einige Herrenhemden, Boxershorts, Socken.

Ersparnis
30 %.

Ambiente
Gut eingerichteter, großer Fabrikverkauf.

Adresse
Infil Maglieria, Via Santa Caterina, 5 - 28100 Novara (NO), Telefon: 03 21/ 67 33 11.

Öffnungszeiten
Montag 14.30 bis 18.30 Uhr, Dienstag bis Freitag 9.00 bis 12.00 und 15.30 bis 19.00 Uhr, Samstag 9.00 bis 12.00 Uhr.

Anreise
Von der SS32 Lago Maggiore über Oleggio nach Novara. Hier gelangt man auf die Via Verbano. Kurz nach der Piazza Martiri della Libertà rechts in die Via Russi und wieder rechts. Der Verkauf befindet sich an der Stirnseite der Firma und ist angeschrieben.

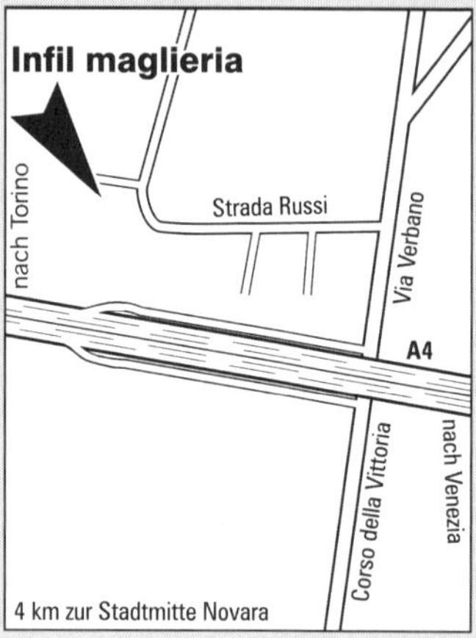

SIPARIO

Qualitativ gute, jugendliche Mode mit italienischem Schick, die gut zu kombinieren und für schlanke und jung gebliebene Frauen gemacht ist.

Modisch auf dem richtigen Weg

Warenangebot
Für Damen gibt es Strickwaren, Kostüme, Röcke, Hosen, Blusen, Lederbekleidung, ausgefallene Hüte, Handtaschen, Accessoires und eine kleine Auswahl an Abendmode. Außerdem Geschenkartikel.

Ersparnis
10 bis 30 %.

Ambiente
Kein Fabrikverkauf mehr im Werk Via Curie, dafür einladender Verkauf in der schon bestehenden Boutique in der Via Solferino. Hier wird auch Herrenbekleidung angeboten. Freundliches Verkaufspersonal.

Adresse
Sipario Manifatture, Via Solferino, 10 - 28100 Novara (NO), Telefon: 03 21/ 39 99 79.

Öffnungszeiten
Montag bis Samstag 10.00 bis 12.30 und 15.00 bis 19.30 Uhr.

Anreise
A4 Milano–Torino Ausfahrt Novara Est. In Novara Richtung Stazione (Hauptbahnhof), auf den Corso Vittoria E. Buscaglia, dann in die 2. Straße rechts (Via dei Mille), dann 2. Straße links (Via Magenta) bis zur Via Solferino.

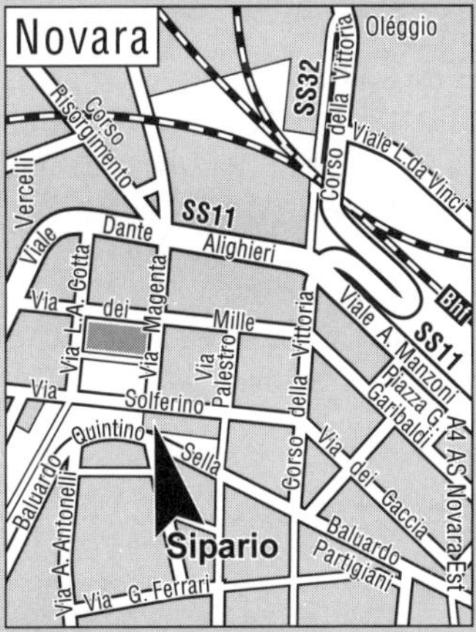

PHILIPPE STARCK

Der Möbelvertrieb Kartell verkauft Möbel der bekanntesten Designer. Der Name Philippe Starck ist dafür nur ein Beispiel. Wenn Sie Ihre Wohnung im Stil des nächsten Jahrtausends einrichten wollen, sind sie hier an der richtigen Adresse.

Echt Starck

Warenangebot
Vor allem Stühle und kleinere Tische, aber auch Doppelbetten sowie Schränke, Regale und einige schicke Accessoires wie Aschenbecher oder Kleiderständer.

Ersparnis
50% bei Ausstellungsstücken, Resten oder Möbeln, die für Fotoaufnahmen verwendet worden sind.

Ambiente
Riesiger Verkaufsraum. Man spricht Englisch, was für die fachliche Beratung oder Bestellungen sehr angenehm ist.

Adresse
Kartell S.p.A., Via delle Industrie, 1 - 20082 Noviglio (MI), Telefon: 02/90 01 21, Fax: 90 01 22 38, E-Mail: kartell@kartell.it, Internet: www.kartell.it.

Öffnungszeiten
Dienstag bis Samstag 9.00 bis 13.00 und 14.00 bis 18.00 Uhr.

Anreise
A7 Genova–Milano, Ausfahrt Binasco. Dann Richtung Rosate. Direkt nach der Brücke rechts in das Industriegebiet, wieder rechts in die Via delle Industrie. Am Ende der Straße ist das Kartellgebäude. Der Verkauf ist im Nebengebäude No. 3.

Bolgheri FACTORY OUTLET

Bolgheri zieht die modebewussten Herren der Schöpfung, die besonderen Wert auf anspruchsvolle Kleidung legen, perfekt an, ob im Business, in der City oder in der Freizeit.

Was will Mann mehr?

Warenangebot
Sakkos, Hosen, Anzüge, Krawatten, Hemden, Freizeitbekleidung, Blousons und schicke Accessoires. Bolgheri führt auch die Marke Ermenegildo Zegna und andere.

Ersparnis
50 % auf Modelle der Vorsaison, 70 % auf Musterteile.

Ambiente
Sehr großer, ansprechender Verkaufsraum. Die Ware ist übersichtlich und gut sortiert. Parkmöglichkeiten nach dem Fabriktor, links vor dem Fabrikverkauf oder auf den Parkplätzen unterhalb der Fabrik.

Adresse
Bolgheri Factory Outlet, Via Novara, 71 - 28047 Oleggio (NO), Telefon: 03 21/ 92 24 50, E-Mail: bolgheri_oleggio@ zegnaermenegildo.

Öffnungszeiten
Montag und Mittwoch bis Freitag 9.30 bis 13.00 und 14.30 bis 19.00 Uhr, Samstag 9.30 bis 19.00 Uhr. Am letzten Sonntag im Monat 9.30 bis 13.00 und 14.30 bis 19.00 Uhr.

Anreise
An der SS 32, von Novara kommend, liegen Fabrik und Verkauf gleich nach dem Ortseingang von Oleggio auf der rechten Seite.

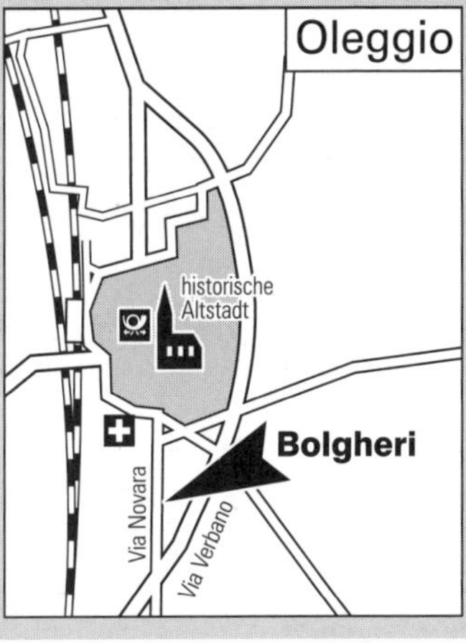

sambonet

Der Fabrikverkauf Sambonet liegt im Eingangsbereich der großen Produktionsstätte und bietet eine Vielfalt an Bestecken und Geschirr für eine schön gedeckte Tafel, Töpfe und viele Dinge, die Ihr Zuhause verschönern.

Entdeckungen

Warenangebot
Bestecke und Geschirr aus Edelstahl oder versilbert, Töpfe und einiges mehr aus eigener Produktion, Geschenkartikel, Porzellan, Glas, Kristall von renommierten Marken wie Livellata, Mikasa, Limoges, Accornero, Biemme u.v.a, Kerzenleuchter und jede Menge Dekorationsstücke - also für jeden Anlass das Richtige.

Ersparnis
1. Wahl 25%, 2. Wahl 50%, bei Sonderangeboten mehr. Es gibt jeweils ein Angebot der Woche.

Ambiente
Auf 450 m² bietet der Spaccio alles in jeder Preisklasse und Geschmacksrichtung. Das Fabrikgelände verfügt über großzügige Parkmöglichkeiten auf einem schönen, nahezu englischen Rasen.

Besonderheiten
Die Stadt Vercelli, 8 km von der Fabrik entfernt, bietet berühmte Kulturschätze.

Adresse
Sambonet S.p.A., SS 11, km 84 - 28060 Orfengo di Casalino (NO), Telefon: 03 21/ 87 97 48, Fax: 87 98 30.

Öffnungszeiten
Dienstag bis Samstag 9.30 bis 12.30 und 14.00 bis 19.00 Uhr. Im Dezember bis vor Weihnachten auch am Sonntag geöffnet.

Anreise
A26, Ausfahrt Vercelli Est. Weiter auf der SS 11. Der Verkauf befindet sich direkt an der SS 11 bei Orfengo zwischen Vercelli und Novara.

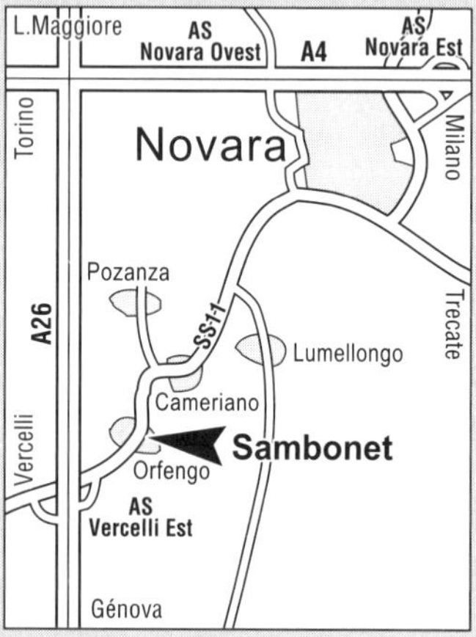

SpacciOcchiali®

Die Firma vertreibt Brillen namhafter Hersteller, z.B. Dolce & Gabbana, Carrera, Alpina, Police Sting, Oliver, Calvin Klein, Donna Karan, Nike, Diesel sowie Brillen der Eigenmarke Eclissé. Alle aus den neuesten Kollektionen.

Sehen und gesehen werden

Warenangebot
Korrektur- und Sonnenbrillen, Kontaktlinsen, professioneller Service. Qualität und gute Preise gehören zur Firmenphilosophie.

Ersparnis
30 bis 40 %.

Ambiente
Einfach und zweckmäßig eingerichteter Verkauf, verschiedene Abteilungen, Reparaturservice, kostenlose Sehtests, fachkundiges, freundliches Personal.

Adresse
Spacciocchiali, Via Ghebba, 78 - 30030 Oriago di Mira (VE), Telefon: 0 41/5 63 99 23, Fax: 5 63 14 23, E-Mail: info@spacciocchiali.it, Internet: www.spacciocchiali.it.

Öffnungszeiten
Montag 15.30 bis 19.30 Uhr, Dienstag bis Samstag 9.00 bis 12.30 und 15.30 bis 19.30 Uhr.

Weitere Verkaufsstellen
- 30016 **Jesolo (VE)**, Via Bafile, 446, Telefon: 04 21/97 17 20.
- 31022 **Preganziol (TV)**, Via Tintoretto, 12, Telefon: 04 22/33 18 27, Fax: 63 06 03.
- 35011 **Campodarsego (PD)**, Via Antoniana, 103, Telefon und Fax: 0 49/9 20 16 43.
- 35035 **Mestrino (PD)**, Via Ugo Foscolo, 2/A, Telefon und Fax: 0 49/9 00 36 29.

Anreise
A4 Padova-Venezia, Ausfahrt Marghera. Im Kreisverkehr auf die SS 309 Richtung Chióggia. Am nächsten großen Kreisel auf die SP 81, Via Cittadella. An der Kreuzung nach der Brücke über die Bahnlinie links Richtung Oriago in die Via Ghebba.

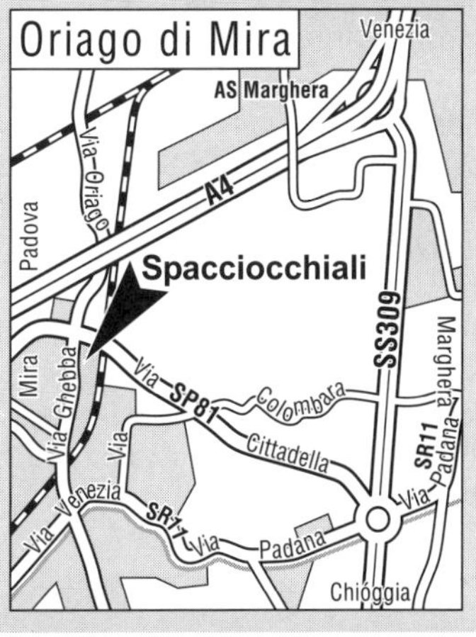

TOP-CALZATURE

Es gibt keine Schuhe, die es hier nicht gibt. Die Marke Timberland ist stark vertreten, auch mit Herren-Freizeitbekleidung und Taschen, außerdem Marcopizzi und Ralph Lauren. Abgesehen von diesen Marken, reicht die Qualität der Schuhe nicht in den oberen Bereich, sondern eher bis zur guten Mitte.

Für jeden die richtigen Schuhe

Warenangebot
Unvorstellbar viele Schuhe, z.B. die Kultschuhe der Jugend: Doc Martens, Nike, Cowboystiefel, Sandy-Shoes mit Holzplateau, Leder-Plateau-Schuhe und ganz normale Schuhe für Damen, Herren und Kinder.

Ersparnis
25 %. Bei unserem Besuch war es Ende Juni und nahezu alles war nochmals um 50 % reduziert.

Ambiente
Riesige Verkaufshalle mit Selbstbedienung, es gibt aber auch Verkaufspersonal, das Ihnen weiterhilft.

Adresse
Magazzini Top S.r.l., SS Vigevanese, 20 - 20080 Ozzero (MI), Telefon: 02/ 9407254.

Öffnungszeiten
Montag 15.00 bis 19.30 Uhr, Dienstag bis Freitag 9.30 bis 12.30 und 15.00 bis 19.30 Uhr, Samstag und Sonntag 9.30 bis 19.30 Uhr.

Anreise
Der Verkauf befindet sich direkt an der SS 494 Milano-Vigevano, kurz vor Ozzero.

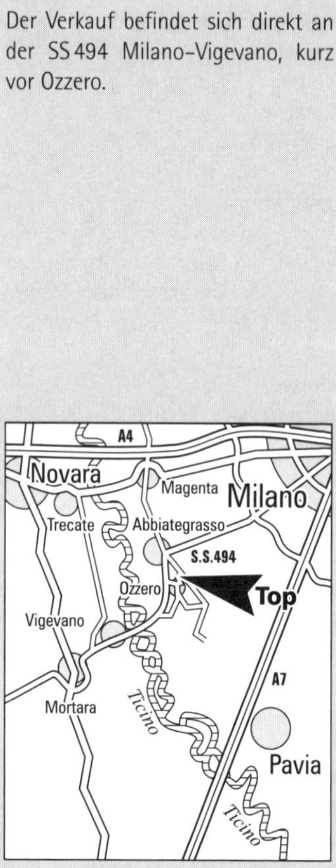

Lampen und Leuchten für Haus und Garten in mittlerer bis gehobener Preislage, vom modernsten Design bis zu klassischen Modellen in den unterschiedlichsten Materialien wie Kunststoff, Glas und Metall.

Da geht jedem ein Licht auf

Warenangebot

Große Auswahl an Beleuchtungen aller Art. Kronleuchter (mit integriertem Ventilator), Hängelampen, Schreibtischlampen, Wandleuchten, Gartenleuchten, Halogenlampen, Deckenfluter und Nachttischlampen.

Ersparnis

10 bis 30 %.

Ambiente

Wenn die Pforte geschlossen ist, klingeln. Zu dem Verkaufsraum geht es am Pförtner vorbei in das erste Stockwerk hinauf. Dort finden Sie einen sehr großen, sauberen, gut geordneten Verkaufsraum mit einer sehr netten Verkäuferin.

Adresse

Pogliani Lampadari S.r.l., Via Pietro Nenni, 5/7 - 20037 Paderno-Dugnano (MI), Telefon: 02/9 18 10 25 und 9 18 45 65, Fax: 99 04 01 24, E-Mail: pogliani@poglianilampadari.com, Internet: www.poglianilampadari.com.

Öffnungszeiten

Montag bis Samstag 8.00 bis 12.00 und 14.00 bis 19.00 Uhr.

Anreise

A4 Nordtangente Milano, Ausfahrt Cormano. Auf der SS35, die von Milano Richtung Meda führt, bis zur Ausfahrt Paderno-Dugnano. Auf der Hauptstraße weiter Richtung Innenstadt, am Kreisverkehr geradeaus, auf der Via Leonardo da Vinci bis zur Via Reali. Dort links und die nächste Straße wieder links in die Via Pietro Nenni. Blau-gelbe Schilder weisen auf den Verkauf hin.

DONATELLO

le firme di stock

UOMO - DONNA

Hier lassen sich echte Designerstücke finden. Donatello verkauft Musterkollektionen, Restposten, Überproduktionen und Last-Season-Artikel. Es gibt darunter so bedeutende Designernamen wie Gucci, Dolce & Gabbana, Moschino, Byblos, Ralph Lauren, Emporio Armani, Cavalli, Blue Marine u.v.a.

Echte Designerstücke

Warenangebot

Damen- und Herrenbekleidung: Mäntel, Kostüme oder Hosenanzüge, Röcke, Pullis, Hosen, Anzüge, Herrenhemden und eine kleine Auswahl an Schuhen. Vereinzelt gibt es auch Cocktail- und Abendmode. Zusätzlich wurde auch ein „Mercatino“ (kleiner Markt) eröffnet.

Ersparnis

30 bis 50 %.

Ambiente

Geräumige Boutique am Rande der Innenstadt.

Adresse

Donatello, capi firmati a prezzo di Stock, Via Martiri della Libertà, 15 - 35100 Padova (PD), Telefon und Fax: 049/ 8753836.

Öffnungszeiten

Montag 15.30 bis 19.30, Dienstag bis Samstag 9.30 bis 12.30 und 15.30 bis 19.30 Uhr.

Anreise

Von der A4 Milano-Venezia, Ausfahrt Padova Ovest gelangt man in den Norden der Stadt. Über den Corso del Popolo/Corso Garibaldi Richtung Centro. Am besten hier eine Parkmöglichkeit suchen. Zu Fuß dann bei der Piazza Garibaldi rechts. Über die Via Emanuele Filiberto di Savoia zur Piazza Insurrezione und von hier in die Via Martiri della Libertà.

RJ Outlet mit seinem innovativen Einkaufskonzept gibt jedem die Möglichkeit, „Alta Moda" berühmter Modedesigner wie Fendi, Gucci, Moschino, Valentino, Versace u.v.a. preiswert einzukaufen. Die angenehme und entspannte Atmosphäre bietet den passenden Rahmen für einen ausgiebigen Einkaufsbummel.

Vom Traum zur Wirklichkeit

Warenangebot
Damen- und Herrenbekleidung von berühmten Modeschöpfern wie Armani, Prada, Dolce & Gabbana, Miu Miu, Church's, Levi's, Morgan u.v.a. Es gibt auch hochwertige Bekleidung aus der eigenen Produktion unter dem Namen RJ und ein vielseitiges Angebot an Accessoires. Eine Änderungsschneiderei nimmt kleine Änderungen vor.

Ersparnis
30 bis 70 %.

Ambiente
Großzügiges, modernes Factory Outlet mit durch Glas abgetrennten Abteilungen. Musik und Video Clips auf über 30 Monitoren. Die Ware ist übersichtlich und sehr gut sortiert. Man hat die Möglichkeit, die eleganten Stücke anzuprobieren. Wenn gewünscht, hilft eine freundliche Verkäuferin.

Adresse
RJ Outlet, Via Po, 58 - 35135 Padova (PD), Telefon: 049/61 94 81.

Öffnungszeiten
Montag 14.00 bis 19.30 Uhr, Dienstag bis Freitag 10.00 bis 13.00 und 15.00 bis 19.00 Uhr, Samstag 10.00 bis 19.30 Uhr.

Anreise
A4 Vicenza-Venezia, Ausfahrt Padova Ovest und von dort aus weiter Richtung Padova Centro/Fiera. Auf der Via Po weiter der Beschilderung zum RJ Outlet über die Via Fausto Coppi und die Via Due Palazzi hinweg folgen.

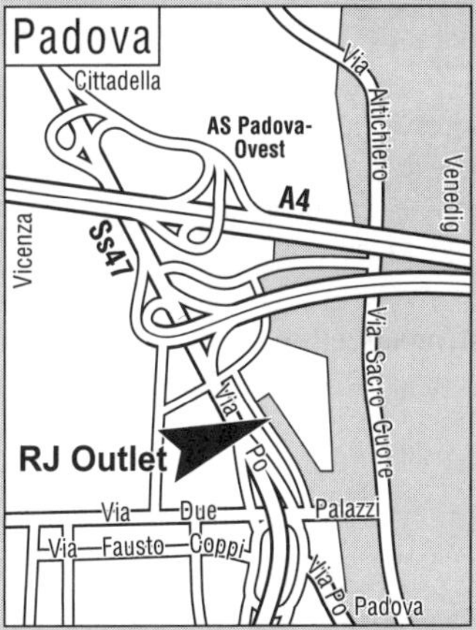

FRATELLI **ROSSETTI**

Eine gute Verbindung von Form und Funktion. Sie können mit Schuhen aus der Schuhfabrik Rossetti dem Tag in der City oder im Büro gelassen entgegen sehen, denn sie haben den bekannt guten italienischen Tragekomfort, sind modisch und von hoher Qualität.

Schuh-Couture – made in Italy

Warenangebot
Große Auswahl an Damen- und Herrenschuhen in modisch aktueller und klassischer Ausführung. Es gibt sogar - was in Italien selten ist - für Damen in Größe 41 eine relativ gute und in Größe 42 immerhin noch eine eingeschränkte Auswahl. Außerdem gibt es Lederbekleidung und Accessoires.

Ersparnis
30 bis 50 %.

Ambiente
Neuer, großer, einzelhandelsähnlicher Verkauf mit Selbstbedienung direkt bei der Fabrik.

Adresse
Fratelli Rossetti S.p.A., Via Cantù, 24 - 20015 Parabiago (MI), Telefon: 03 31/ 49 52 17.

Öffnungszeiten
Montag bis Samstag 9.30 bis 19.00 Uhr.

Anreise
Von der SS 33 Milano-Legnano nach Parabiago abzweigen. Über die Via de Gasperi/Via Marconi links in die Via Maria, dann rechts in die Via Cantù abbiegen. Am Ende der Via Cantù befindet sich die Schuhfabrik Fratelli Rossetti. Oder: A8 Como-Milano, Ausfahrt Lainate und dem Wegweiser Fratelli Rossetti folgen.

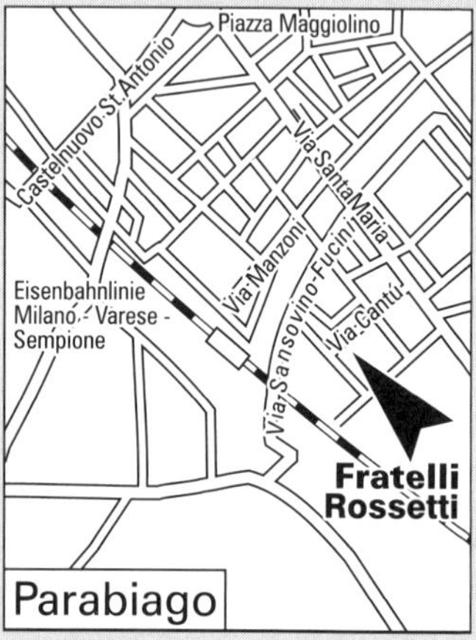

thierry rabotin

In Sacchetto-Machart gefertigte, samtweiche und federleichte Schuhe aus hochwertigen Lederqualitäten, deren perfekte Passform in modisch raffinierte Optik verpackt ist. Die Schuhfabrik Parabiago Collezioni bietet in ihrem Factory Outlet aber nicht nur Schuhe der Designer-Marke Thierry Rabotin an, sondern auch Modelle aus der Linie Parabiago Collezioni.

Schuhe für Modemutige

Warenangebot
Große Auswahl an Damen- und Herrenschuhen in allen erdenklichen Moderichtungen: Pumps, Ballerinas, Sandalen, Pantoletten, Trotteurs, Mokassins, Loafers, Schnürschuhe, Kurz- und Langschaftstiefel.

Ersparnis
50 bis 80 %.

Ambiente
Vielfältiges, übersichtlich präsentiertes Angebot. Verkauf wie in einem Einzelhandelsgeschäft. Fachkundiges Personal.

Adresse
Parabiago Collezioni S.r.l., Via Caldara, 4 - 20015 Parabiago (MI), Telefon: 03 31/ 49 50 07, E-mail: info@thierryrabotin.com, Internet: www.thierryrabotin.com.

Öffnungszeiten
Montag bis Freitag 9.00 bis 12.00 und 15.00 bis 19.00 Uhr, Samstag 9.00 bis 19.00 Uhr.

Anreise
Von der SS 33 Milano–Legnano, der Via Sempione, fahren Sie in San Lorenzo di Parabiago an der Ampel Richtung Parabiago auf die Via Goffredo Mameli. Nach zwei Kreisverkehren befinden Sie sich auf der Viale Guglielmo Marconi. An der 1. Ampel rechts in die Via Vittorio Alfieri. Von hier 1. Straße links in die Via Buccari und gleich wieder rechts in die Via Emilio Caldara.

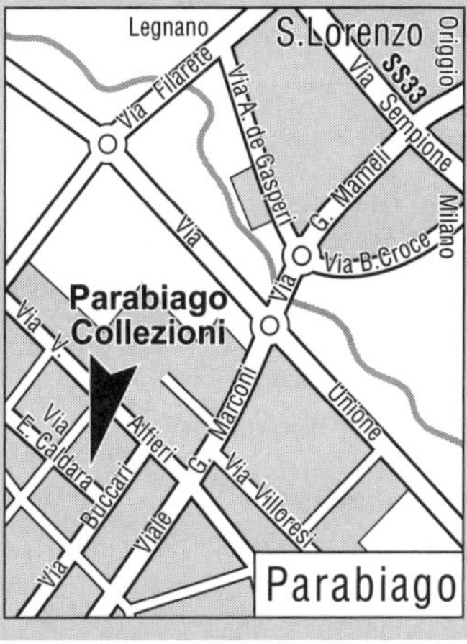

RICCARDO BANFI
PARABIAGO
Lavorazione a mano

Seit vier Generationen werden hier Schuhe fast vollständig von Hand gefertigt. Qualität ist die Norm – eine Wohltat für die Füße und gute Begleiter nicht nur für eine Saison. Die Schuhe der Firma Riccardo Banfi findet man außerhalb des Fabrikverkaufs nur in den renommiertesten Schuhgeschäften im In- und Ausland.

Wohltat für die Füße

Warenangebot
Qualitativ sehr gute, klassische Damen- und Herrenschuhe sowie Handtaschen. Das Angebot an Damenschuhen ist deutlich größer als bei Herrenschuhen. Zusätzlich wird auch Sport-Casual angeboten. Außer den eigenen Riccardo Banfi-Produkten, umfasst das Angebot auch Waren der Firmen Bluemarine und Byblos. Von klassisch bis modisch.

Ersparnis
35 bis 45 %.

Ambiente
Neuer, großer Verkaufsraum, umfangreiches Warenangebot.

Adresse
Calzaturificio Riccardo Banfi, Laboratorio Artigiano, Via Mons. Pogliani, 2 - 20015 Parabiago (MI), Telefon: 03 31/ 55 13 35, Fax: 55 67 65, E-Mail: riccardobanfi@tin.it.

Öffnungszeiten
Montag bis Freitag 9.00 bis 12.00 und 14.30 bis 19.00 Uhr, Samstag 9.00 bis 19.00 Uhr.

Anreise
Von der SS 33 Milano–Legnano kommend, über die Via Filarete, die dann zur Via Principe Amedeo wird, links in die Via Mons. Pogliani, wo ein brauner Wegweiser zur Firma Riccardo Banfi weist. Das Firmengebäude befindet sich fast am Ende der Straße auf der linken Seite.

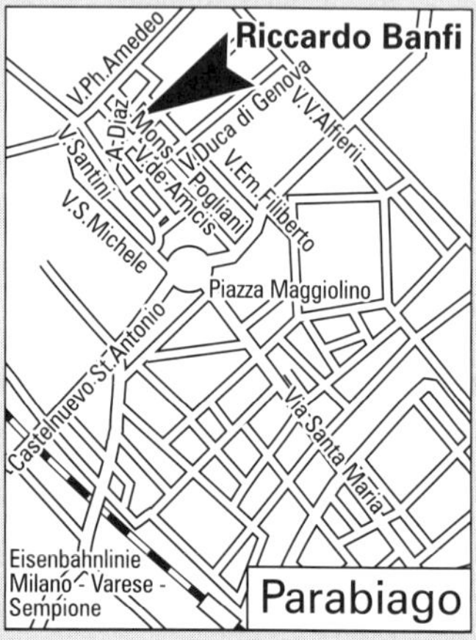

UGO ROSSETTI

Parabiago scheint die Stadt der Schuhe zu sein. Doch während in den anderen Fabrikverkäufen meist klassisch-elegante Schuhe zu finden sind, gibt es hier die gewagteren Modelle. Vor allem die Einzelpaare an Damenschuhen sind eine Fundgrube für modemutige Leute, die auch mal auffallen wollen.

Auch gewagte Modelle

Warenangebot
Alle Arten von Damenschuhen, Sandalen, Pumps etc., wenige Stiefel, sowohl klassische als auch etwas ausgeflipptere, bunte Schuhe. Überwiegend klassische Herrenschuhe guter Qualität und Accessoires aus Leder.

Ersparnis
30 %.

Ambiente
Geräumiger, ordentlicher Verkaufsraum, die Schuhkartons sind in Regalen geordnet.

Adresse
Ugo Rossetti s.a.s., Viale Marconi, 57 - 20015 Parabiago (MI), Telefon und Fax: 03 31/49 45 22.

Öffnungszeiten
Montag bis Freitag 9.30 bis 12.00 und 15.00 bis 19.00 Uhr, Samstag 9.30 bis 19.00 Uhr.

Anreise
Von der SS33, der Via Sempione, fahren Sie in San Lorenzo die Parabiago an der Ampel Richtung Parabiago auf die Via Goffredo Mameli. Nach zwei Kreisverkehren befinden Sie sich auf der Viale Guglielmo Marconi.

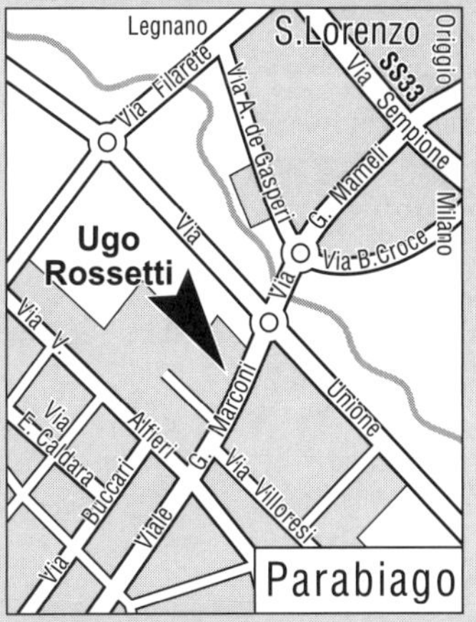

OLIP

Die Schuhfabrik Olip bietet in Ihrem Factory Outlet nicht nur Schuhe aus eigener Herstellung an, sondern auch Schuhe von Superga, Timberland, Lumberjack und vielen anderen. Qualität und Form liegen durchweg im mittleren bis guten Bereich.

Andiamo a piedi

Warenangebot
Schuhe für Damen, Herren und Kinder von modisch bis sportlich, von fein bis rustikal. Es gibt Sportschuhe, Pumps, Wanderschuhe, Sommerschuhe, Winterschuhe, kurz: eine große Auswahl an allen erdenklichen Schuhen sowie Handtaschen.

Ersparnis
25 bis 50 %.

Ambiente
Verkauf in einer großen Lagerhalle. Es gibt Personal, das bei Bedarf behilflich ist.

Adresse
Olip Calzaturificio S.p.A., Via Venezia, 37 - 37019 Peschiera (VR), Telefon: 045/ 6401665.

Öffnungszeiten
Montag bis Sonntag 9.00 bis 12.30 und 15.00 bis 19.30 Uhr.

Anreise
A4 Brescia–Verona, Ausfahrt Peschiera. Weiter auf der SR249, der Via Valeggio Richtung Innenstadt. Am Kreisverkehr rechts in die Via Venezia. Der Verkauf befindet sich nach ca. 400 m auf der linken Seite.

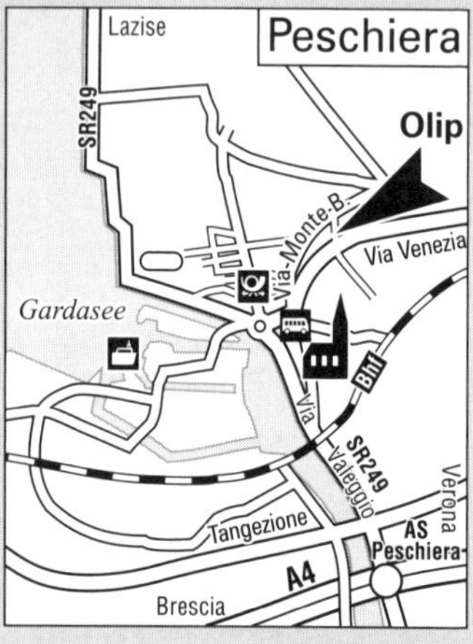

GRUPPO BARTOLI

Die in diesem Verkauf angebotene Mode ist ausgesprochen preiswert. Qualitativ gehört sie sicher nicht zur gehobenen Kategorie, aber sie ist praktisch und tragbar.

Ausgesprochen preiswert

Warenangebot
Vorwiegend sportliche Kleidung für Damen und Herren, Outdoor-Jacken, Skibekleidung, Hosen, Röcke, Kostüme, Kleider, Strickwaren und Herrenhemden.

Ersparnis
50 %.

Ambiente
Große Lagerhalle, Ware übersichtlich angeordnet.

Adresse
Gruppo Bartoli S.r.l., Spaccio Abbigliamento, Via Nazionale, 2 - 24060 Pianico (BG), Telefon: 0 35/98 12 10.

Öffnungszeiten
Montag, Donnerstag, Freitag und Samstag 9.00 bis 12.30 und 15.30 bis 19.00 Uhr.

Anreise
Der Verkauf befindet sich direkt an der SS 42 Bergamo–Lovere in Pianico (BG), kurz vor Lovere.

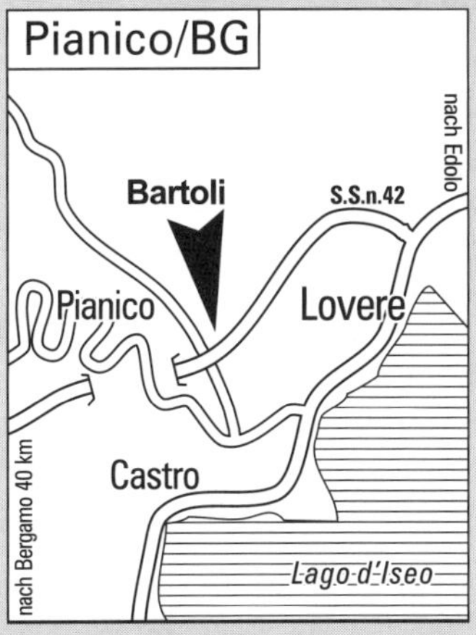

Noch ein Fabrikverkauf der renommierten Marke Pompea, bekannt für die Herstellung von Unterwäsche, Strümpfen und Bademoden. Die Stärke des Unternehmens liegt in der guten Qualität der Produkte und in dem guten Service.

Streicheleinheiten für die Haut

Warenangebot
Für Damen, Herren und Kinder: Unterwäsche, Slips, Boxershorts, Strümpfe, Socken, Sportsocken, Badehosen, Badeanzüge, Fitnessdresses der Marken Pompea, AC, Roberta, Glamour, Pompea Gym, Atelier, Barbie.

Ersparnis
20 bis 40 %.

Ambiente
Übersichtliche Warenpräsentation in Regalen und Behältern. Freundliches, kompetentes Personal. Parkplätze vorhanden.

Adresse
Spaccio Aziendale Pompea, Via Nazionale Adriatica km 425 - 64025 Pineto (TE), Telefon und Fax: 0 85/9 49 37 21, E-Mail: Outletatri@virgilio.it, Internet: www.pompea.it.

Öffnungszeiten
Dienstag bis Samstag 9.30 bis 13.00 und 15.00 bis 19.30 Uhr.

Anreise
A14 Ancona-Pescara, Ausfahrt Pineto. Dann rechts zum Ortszentrum von Pineto. Am Ende der Straße links auf die SS16 abbiegen und ca. 1km Richtung Roseto degli Abruzzi fahren. Der Verkauf befindet sich direkt an der Straße auf der linken Seite.

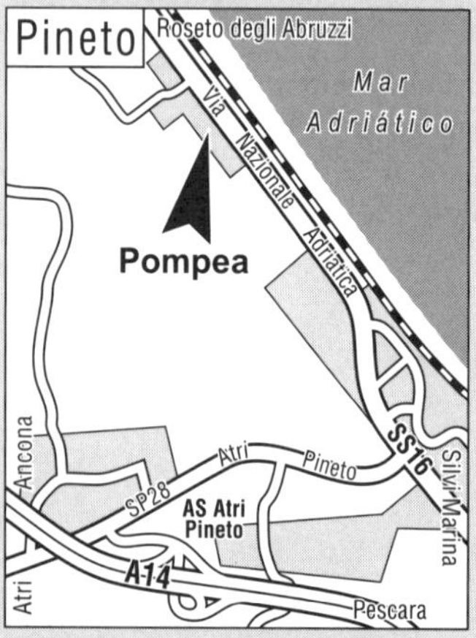

LACHESI

Eine kleine Strickerei, die qualitativ hochwertige und modische Strickwaren herstellt und auch für bekannte italienische Designer wie Moschino arbeitet. Keine Adresse, an der Sie billig einkaufen können. Aber, wenn man Qualität und Design betrachtet, sind die Angebote günstig.

Ganz verliebt in edlen Strick

Warenangebot
Pullis, Jacken, Strickpolos, Strickwesten für Damen und Herren. Das Angebot ist nicht groß, aber edel. 2. Wahl gibt es kaum, jedoch verschiedene Sonderangebote. Vereinzelt gibt es auch Blusen und Herrenhemden.

Ersparnis
25 bis 50%.

Ambiente
Sie klingeln an der Strickerei und es geht jemand mit Ihnen zum Verkaufsraum. Dieser ist klein, aber übersichtlich. Stöbern ist nicht möglich, Sie werden bedient.

Adresse
Maglificio Lachesi, Piazza Marconi, 40 - 36050 Poianella (VI), Telefon und Fax: 04 44/66 05 46.

Öffnungszeiten
Montag bis Freitag 8.30 bis 12.00 und 14.30 bis 18.30 Uhr, Samstag 8.30 bis 12.00 Uhr.

Anreise
Von Bolzano nach Sandrigo/Marostica fahren, im Ortszentrum von Poianella, 50 m vor der Kirche, dem Wegweiser Lachesi nach links folgen.

anny

Hier erwartet Sie ein Angebot an gepflegter Damenbekleidung - auf Wunsch auch nach Maß - in guter Qualität, in den Größen, die in den meisten Boutiquen nicht zu finden sind.

Nicht nur für Mannequin-Figur

Warenangebot
Gute Auswahl an Damenkleidern, Blusen, Kostümen, Hosenanzügen, Röcken, Hosen, Blazern, Jacken und Mänteln - alles auch in großen Größen und in verschiedenen Materialien wie Wolle, Seide und auch Cashmere.

Ersparnis
30 bis 40 %.

Ambiente
Mittelgroßer, übersichtlicher Verkaufsraum, im Gang und Vorraum Sonderangebote.

Adresse
Anny Confezioni, Abbigliamento, Haus Nr. 94 - 28077 Prato Sesia (NO), Telefon: 01 63/85 02 18.

Öffnungszeiten
Montag bis Samstag 9.00 bis 12.00 und 14.00 bis 18.00 Uhr.

Anreise
A26 Novara-Lago Maggiore, Ausfahrt Romagnano. Weiter auf der SS 299 durch Romagnano Richtung Borgosesia. Zwischen Prato Sesia und Ca' Bianca befindet sich rechts ein allein stehendes Gebäude. Großes Hinweisschild, Einfahrt in den Feldweg, nach ca. 300 m erreicht man Verkauf und Produktion.

bassetti

Bassetti garantiert Wohnlichkeit rund um Tisch, Bett und Bad. Außerdem bietet Bassetti einen waschbaren Teppich aus 100 % Baumwolle in einer großen Auswahl an Designs für jeden Geschmack an.

Baden und Entspannen

Warenangebot
Tischdecken, Handtücher, Badetücher, Baumwollteppiche, Bettwäsche und Haushaltsstoffe.

Ersparnis
30 %.

Ambiente
Großer Fabrikverkauf auf dem Firmengelände.

Adresse
Bassetti S.p.A., Via Legnano, 24 - 20027 Rescaldina (MI), Telefon: 03 31/44 85 12.

Öffnungszeiten
Montag 14.30 bis 18.30 Uhr, Dienstag bis Freitag 9.30 bis 18.30 Uhr, Samstag 9.00 bis 12.30 und 14.30 bis 19.00 Uhr.

Weitere Verkaufsstellen
- 20059 **Vimercate (MI)**, Via Bolzano, 3, Telefon: 0 39/66 86 34.
- 20135 **Milano (MI)**, Via C. Botta, 7A, Telefon: 02/55 18 31 91.
- 20154 **Milano (MI)**, Via Procaccini, 32, Telefon: 02/3 45 01 25.
- 21030 **Cuveglio (VA)**, Via Provinciale, 5, Telefon: 03 32/62 41 54.
- 28066 **Galliate (NO)**, Via Mazzini, 1/A, Telefon: 03 21/86 52 85.

Anreise
A8 Milano-Varese, Ausfahrt Castellanza, hier nach rechts Richtung Rescaldina/Saronno und an der 1. Ampel links in die Via Legnano.

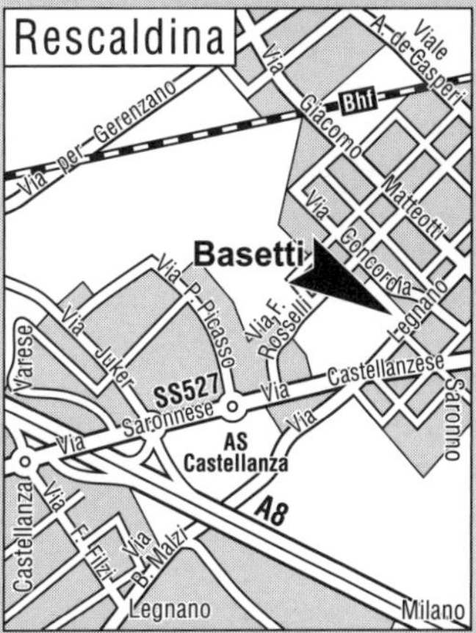

Tobaldi SALOTTI

Eigene Herstellung von Sesseln und Sofas in modisch ansprechendem Design. Was im Ausstellungsraum gefällt, kann sofort mitgenommen werden. Wenn ein Modell angefertigt werden muss, beträgt die Lieferzeit 20 Tage.

Komfort mit Stil

Warenangebot
Sessel und Sofas in verschiedenen Ausführungen, mit und ohne Relaxvorrichtung. Es gibt nur wenige Ausstellungsstücke, die Modelle werden anhand von Katalogen und Stoffproben ausgesucht.

Ersparnis
Kann nicht in Prozent beziffert werden. Ein Sofa in edlem Baumwoll-Chintz kostet als Dreisitzer ca. 1400,- Euro, als Zweisitzer ca. 1200,- Euro und als Relax-Sessel ca. 1400,- Euro.

Ambiente
Ausstellungsraum eines Handwerksbetriebs.

Adresse
Tobaldi Raffaele & C. s.n.c., Via S. Nazzaro, 37 - 38066 Riva del Garda (TN), Telefon: 04 64/52 11 60, Fax: 55 31 80, Internet: www.tobaldisalotti.com.

Öffnungszeiten
Montag 15.00 bis 19.00 Uhr, Dienstag bis Samstag 8.30 bis 12.00 und 15.00 bis 19.00 Uhr.

Anreise
An der SS45bis Trento-Arco erreicht man kurz vor dem Centro commerciale rechts gegenüber die Firma Tobaldi.

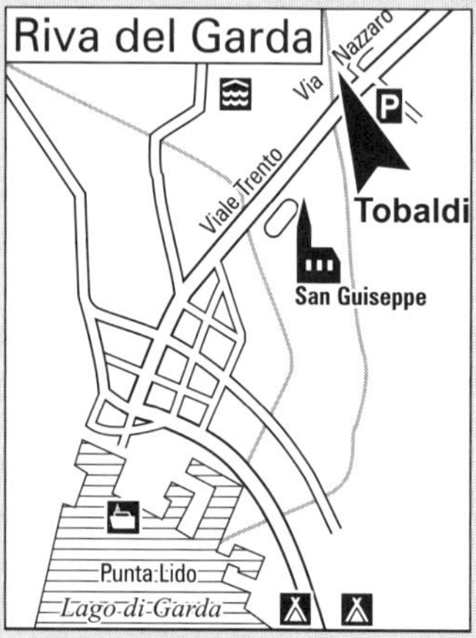

FRANCIACORTA
OUTLET VILLAGE

In der Nähe von Brescia liegt das lombardische Weinanbaugebiet Franciacorta. Hier steht, neben einem alten Bauernhaus, das Franciacorta Outlet Village, erbaut in der für die Gegend typischen Architektur. In diesem „Village" gibt es verschiedene Geschäfte, die Produkte von bekannten Herstellern wie z.B. Versace, Pancaldi, Parah, Asics, Gusella, Pompea, Levi's Dockers, Frette, Pupa, Bottega Verde, Pinko, Mila Schön u.v.a. anbieten.

Einkaufen mit Köpfchen

Warenangebot
Damen- Herren- und Kinderbekleidung, Wäsche, Schuhe, Lederwaren, Kosmetik, Sportartikel, Haushaltswaren, Geschenke.

Ersparnis
30 bis 70 %.

Ambiente
In dem Outlet Village sind zur Zeit ca. 60 Geschäfte auf ca. 170.000 m^2 integriert. Mit dabei sind eine Schneiderei, ein Fitnesscenter, eine Bank, eine Snackbar, eine Eisdiele, McDonald's und ein Restaurant. Kulturelle Veranstaltungen finden statt. 2500 Kundenparkplätze.

Adresse
Franciacorta Outlet Village, Piazza Cascina Moie, 1 - 25050 Rodengo-Saiano (BS), Telefon: 030/6810364, Fax: 6810424, Internet: www.franciacortaoutlet.it.

Öffnungszeiten
Im Winter (1. Oktober bis 30. März): Sonntag bis Donnerstag 10.00 bis 19.00 Uhr, Freitag und Samstag 10.00 bis 20.00 Uhr. Im Sommer (1. April bis 30. September): Sonntag bis Donnerstag 10.00 bis 20.00 Uhr, Freitag und Samstag 10.00 bis 21.00 Uhr.

Anreise
A4 Bergamo–Brescia, Ausfahrt Ospitaletto, am Kreisverkehr geradeaus auf die SP19 Richtung Rodengo-Saiano. An der 2. Ausfahrt auf die SS510 Richtung Brescia wechseln. Nach ca. 2,5 km erreicht man die Ausfahrt zum Franciacorta Outlet Village.

DARITEX

Das Unternehmer stellt bequeme, modische und lässige Freizeitbekleidung her. Für die Produktion werden unter anderem aktuelle Gewebe wie Stretch, Mikrofaser und Tencell verwendet. Die Firma Daritex produziert für verschiedene Firmen im Inland aber auch für den Export ins Ausland.

Locker, lässig

Warenangebot

Vielseitiges Angebot an Freizeitbekleidung für Damen, Herren und Kinder der Marken Sinful, SWS und Evita. Jacken, Hosen, Jeans, Hemden, Westen beidseitig tragbar, Steppmäntel und Jacken aus Mikrofaser mit Daunenfüllung. Außerdem auch Wäsche. Das Warenangebot bietet ein zufriedenstellenden Preis-Leistungs-Verhältnis.

Ersparnis

30 bis 60 %.

Ambiente

Einfacher, mittelgroßer Verkaufsraum. Gute Parkmöglichkeit direkt vor dem Eingang.

Adresse

Spaccio Daritex, Via Vittorio Veneto, 20 - 24060 Rogno (BG), Telefon: 035/ 967104, Fax: 967536, Internet: www.Daritex.it.

Öffnungszeiten

Montag 15.00 bis 19.00 Uhr, Dienstag bis Samstag 10.00 bis 12.00 und 15.00 bis 19.00 Uhr. Im Dezember auch Sonntag 15.00 bis 19.00 Uhr geöffnet.

Weitere Verkaufsstellen

- 23030 **Bianzone (SO)**, Via Nazionale, Telefon: 0342/795606, Fax: 795606.
- 23031 **Aprica (SO)**, Via Nazionale, 545, Telefon: 0342/745166.
- 25050 **Niardo (BS)**, Via Brendibusio, 26, Telefon: 0346/330586.

Anreise

A4 Milano-Venezia, Ausfahrt Bergamo, danach auf der SS42 Tonale-Mendola bis Rogna. Der Verkauf befindet sich direkt an der Hauptstraße links.

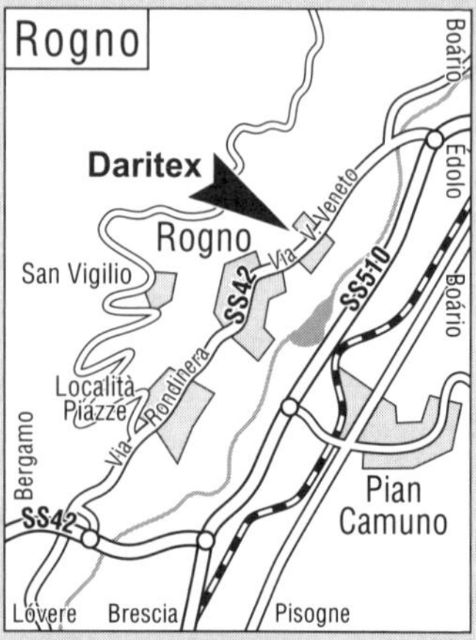

ALTEX

Industria maglieria abbigliamento

Die Firma fertigt Strickwaren im klassisch eleganten Stil. Für die Herstellung wird nur bestes Material wie Cashmere, Cashmere mit Seide, reine Seide, Schurwolle Super Geelong verwendet. Durch den Direktkauf seiner Ware, kann der Hersteller Altex seinen Kunden erstklassige Qualitätsware zu erschwinglichen Preisen anbieten, denn der Zwischenhandel entfällt.

Weich, weicher, Wolle

Warenangebot
Qualitativ hochwertige Strickwaren, zeitlos in Stil und Eleganz für Damen und Herren. Pullover, Strickjacken, Westen, Schals. Auslaufmodelle, Restposten und 2.-Wahl-Ware.

Ersparnis
30 bis 40 %.

Ambiente
Verkaufsraum mit übersichtlicher Warenpräsentation. Freundliches und fachkundiges Personal. Beratung auf Wunsch. Kundenparkplätze vorhanden.

Adresse
Altex, Via dell'Acqua Traversa, 226-230 - 00135 Roma (RM), Telefon und Fax: 06/3 31 18 87, E-Mail: altexsrl@virgilio.it, Internet: www.altex.it.

Öffnungszeiten
Montag bis Samstag 9.00 bis 13.00 und 15.00 bis 19.00 Uhr.

Anreise
Von der Ponte Milvio (Tevere) geradeaus bis zur Piazzale di Ponte Milvio, dann rechts in die Via Cassia und nochmals rechts auf die Piazza die Giuochi Delfici. Danach links in die Via Cassia, links in die Via Val Gardena, links in die Via Taormina, nochmals links in die Via dell'Acqua Traversa. Auf der rechten Seite befindet sich Altex.

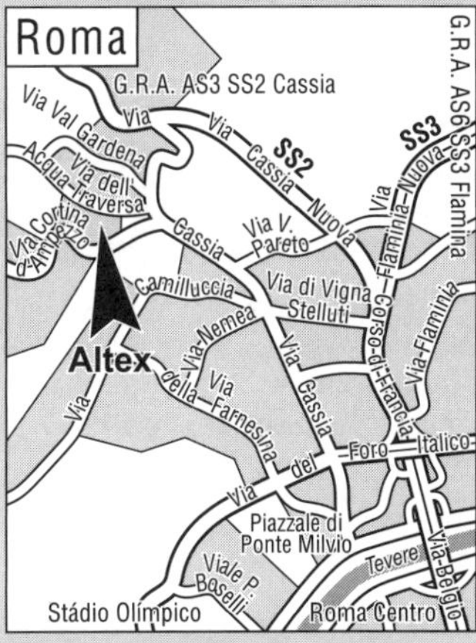

Seit Jahrzehnten kaufen die Römerinnen ihre Stoffe am Largo Argentina. Die Geschäfte dort sind dafür bekannt, Ware in guter Qualität und zu günstigen Preisen zu verkaufen. Die Firma ist eine Großhandelsfirma und beliefert hauptsächlich die Modemacher mit Stoffen. Aber auch für Privatkunden ist der Laden geöffnet. Das Geschäft ist nicht weit von der Piazza Venezia entfernt.

Eldorado für Stoffliebhaber

Warenangebot
Stoffe für Bekleidung, Wäsche, Inneneinrichtung, Vorhänge, Dekoration. Stoffe aus Restposten.

Ersparnis
Sehr gutes Preis-Leistungs-Verhältnis, Großhandelspreise.

Ambiente
Großzügige Geschäftsräume auf zwei Etagen. Auf der Ladenseite in Richtung der römischen Ausgrabungen am Largo Argentina sind acht Schaufenster zu bestaunen.

Adresse
Azienda Tessile Romana, Via S. Nicola de' Cesarini, 6/13 - 00185 Roma (RM), Telefon: 06/68 80 51 92, Fax: 68 80 51 91, E-Mail: tessilroma@mail.nexus.it.

Öffnungszeiten
Montag bis Samstag 9.30 bis 13.30 und 16.00 bis 20.00 Uhr.

Anreise
Zu Fuß von der Piazza Venezia über die Via del Plebiscito und den Corso Vittorio Emanuele II links in Richtung Vatikan. Direkt am Largo di Torre Argentina geht es links in die Via S. Nicola de' Cesarini.

BLUNAUTA®

In einer Villa in der Via Appia Antica wurde im Jahre 1975 die Marke Balloon, später Blunauta, geboren und bereits im Jahr 2001 bei der Modenschau „Milano Donne Moda" gezeigt. Die Marke Blunauta ist ein Garant für schlichte Eleganz, edle Materialien und exzellente Verarbeitung bis ins Detail.

Persönlichkeit durch Stil

Warenangebot
Vielseitiges Angebot für Damen: Röcke, Blusen, Shirts, Pullover, Kleider, Jacken, Mäntel, Hosen. Für Herren: Sakkos Hosen, Hemden, Pullis. Wäsche für Sie und Ihn.

Ersparnis
30 bis 50 %.

Ambiente
Große, helle und gepflegte Verkaufsräume, gute Warenpräsentation. Freundliche Beratung, wenn gewünscht. Damenbekleidung im Erdgeschoss, Herrenbekleidung im Untergeschoss .

Besonderheiten
Das Geschäft befindet sich in unmittelbarer Nähe der Musei Vaticani, fast auf der Piazza Risorgimento und am Beginn einer bekannten Einkaufsstraße, der Via Cola di Rienzo.

Adresse
Blunauta, Via Cola di Rienzo, 303/309 - 00192 Roma (RM), Telefon: 06/39 73 73 36, Internet: www.blunauta.com.

Öffnungszeiten
Montag 15.30 bis 19.30 Uhr, Dienstag bis Samstag 9.30 bis 19.30 Uhr.

Anreise
Vor dem Petersdom gehen Sie rechts durch den Säulengang in die Via di Porta Angelica zur Piazza del Risorgimento. Die 3. Straße rechts ist di Via Cola di Rienzo. Am Anfang dieser Straße befindet sich Blunauta.

BVLGARI

In einer der bekanntesten Einkaufsstraßen Roms, der Via Condotti, nahe der Piazza di Spagna, findet man den vornehmen und eleganten Laden der Nobelfirma Bulgari. Beim Betrachten des wertvollen Schmucks in den Schaufenstern träumen viele Frauen davon, einmal einen solch kostbaren Schmuck zu besitzen. Der Traum kann Wirklichkeit werden. Bulgari besitzt in der Nähe von Rom ein Outlet.

Mythos und Prestige

Warenangebot
Uhren, Schmuck, Silberwaren, Parfums, Taschen, Krawatten, Sonnenbrillen und Lederaccessoires. Alles aus eigener Herstellung. Es sind Waren aus der vergangenen Produktion und Musterware.

Ersparnis
40 % vom Ladenpreis in der Via Condotti.

Ambiente
Auf 200 m^2 gibt es glitzernde und funkelnde Kostbarkeiten, angeboten in einer stilvoll gestalteten Präsentation. Freundliches und kompetentes Personal steht zur Verfügung. Großer Parkplatz.

Adresse
Bulgari Outlet, Via Aurelia, 1052 - 00166 Roma (RM), Telefon: 06/6 61 70 71, Fax: 66 17 07 77, Internet: www.bulgari.com.

Öffnungszeiten
Montag bis Freitag 10.00 bis 18.00 Uhr. Im August geschlossen.

Weitere Verkaufsstelle
● 15069 **Serravalle Scrivia (AL)**, Mc ArthurGlen Outlet, Via della Moda, 1, Telefon: 01 43/60 90 00, Fax: 60 90 19. Montag bis Freitag 10.30 bis 19.00 Uhr, Samstag und Sonntag 10.00 bis 19.00 Uhr.

Anreise
Von Rom aus A90/G.R.A. (Grande Raccordo Anulare), Ausfahrt 1, SS1 Via Aurelia Richtung Civitavecchia, gleich rechts sieht man ein Schild mit der Aufschrift Citroën. Neben Citroën befindet sich der Eingang zum Outlet Bulgari. Bitte klingeln.

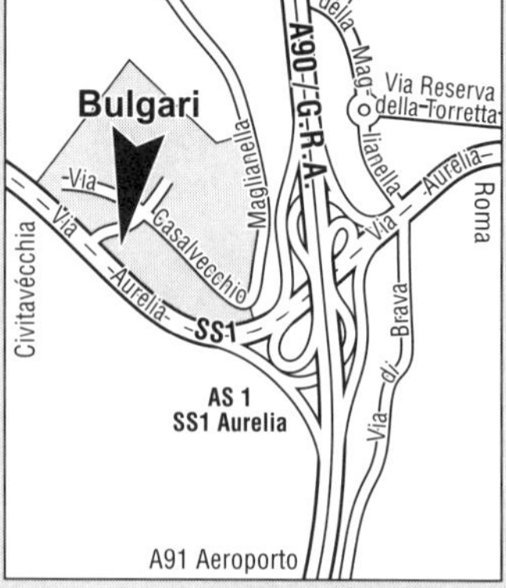

CAFILAN

Die Firma Cafilan ist in Rom eine der ersten Adressen unter den Strickwaren-Zulieferern. Das Geschäft ist eines der besten Handarbeitsgeschäfte in Rom. Daher herrscht in dem Laden immer reger Kundenverkehr. Ungeübten und Anfängern auf dem Gebiet der Handarbeit wird hier mit Kompetenz, Rat und Tat geholfen.

Bunt gemischt

Warenangebot
Cafilan hat eine breite Auswahl an Garnen für Handarbeiten mit Strickmaschine, Strick- und Häkelnadeln und Stickereien. Garne aus Wolle und Baumwolle der Marken DMC, Filatura di Crosa, Mondial, Sesia, Patons, Freccia, Grignasco, Zegna Baruffa. Viele bunte Farben.

Ersparnis
20 bis 30 %.

Ambiente
Typischer Laden für Handarbeitsmaterial, Garne und Zubehör. Großer Kundenandrang. Fachlich fundierte Kundenberatung.

Adresse
Cafilan S.r.l., Via Umberto Brancamano, 7 - 00185 Roma (RM), Telefon: 06/ 7000503, Fax: 70494801, E-Mail: cafilan@virgilio.it, Internet: www.cafi lan.it.

Öffnungszeiten
Im Winter: Montag bis Freitag 9.00 bis 19.00 Uhr, Samstag 9.00 bis 13.00 Uhr. Im Sommer: Montag bis Freitag 9.00 bis 13.00 und 15.30 bis 19.30 Uhr, Samstag geschlossen.

Anreise
Von der Stazione Termini mit der Metro Linea A Richtung Anagnina, Haltestelle S. Giovanni (die 3. Haltestelle nach Stazione Termini). Von der Metro in die Via Emanuele Filiberto. 2. Querstraße rechts ist die Via U. Brancamano. Von der Haltestelle sind es ca. 100 m bis zu Cafilan.

FOCARELLO

Die Weinhandlung wurde 1952 von Ivo Focarello und seiner Frau eröffnet. Nach dem Tod seines Vaters übernahm Sohn Carlo die Weinhandlung. Mit Eifer und Einsatzfreude führt Carlo das Erbe seines Vaters fort. Seine Philosophie ist es, jeden Wunsch seiner Kunden mit Sorgfalt und Fachkompetenz zu erfüllen.

Fundgrube für Kenner

Warenangebot
Vielseitiges Angebot (darunter namhafte Hersteller) an Weinen, außerdem Grappe, Liköre, Schaumweine und Champagner. Alles bis unter die Decke gestapelt.

Ersparnis
5 %. Die Preise sind gerechtfertigt, vor allem, wenn man sie mit den Preisen in Deutschland vergleicht.

Ambiente
In dem kleinen Laden herrscht eine angenehme Atmosphäre. Man wird freundlich und sehr fachkundig beraten. Mit erstaunlicher Geschicklichkeit holt Signor Carlo Flaschen, die knapp unter der Decke stehen, ohne dabei eine Leiter zu verwenden, herunter. Er benutzt dazu einen langen Stab mit kleinen Greifern. Die Flaschen werden einfach am Hals gepackt und sicher nach unten befördert. Prost!

Adresse
Enoteca Focarello Ivo di Carlo Focarello, Via Scandriglia, 5|Angolo Viale Libia, 00185 Roma (RM), Telefon und Fax: 06/ 86 20 42 13, E-Mail: dulcinea@email.it.

Öffnungszeiten
Montag bis Samstag 9.00 bis 13.00 und 16.30 bis 20.00 Uhr.

Anreise
Am besten ist es, mit öffentlichen Verkehrsmitteln anzureisen. Von der Stazione Termini Bus 38 bis Haltestelle Piazza Gimma, dann zu Fuß weiter auf der Viale Libia bis zur nächsten Querstraße auf der linken Seite. Das ist die Via Scandriglia.

GO - IN

Bei der Stazione Termini (Hauptbahnhof), Ausgang Via Giolitti, befindet sich das Stockhouse Go-In Calzature. Das Geschäft ist vollgestopft mit Schuhen, die in großen Mengen direkt von verschiedenen Schuhfabriken bezogen werden.

Günstiger geht nicht

Warenangebot

Umfangreiches Sortiment an Schuhen für Sie und Ihn. Klassische Schuhe und Freizeitschuhe aus Auslaufserien und vorangegangenen Kollektionen. Auch einzelne Paare bekannter Marken und ein begrenztes Angebot an Kinderschuhen der Marke Chicco.

Ersparnis

50 %.

Ambiente

Einfaches, mittelgroßes Geschäft. Die Schuhe sind in den Schachteln nach Größe gestapelt. Wenig Bewegungsraum für die Kunden, großer Andrang. Ziemlich chaotisch, aber es lohnt sich, dort zu stöbern.

Adresse

Go-In Calzature, Via G. Giolitti, 75 - 00185 Roma (RM), Telefon: 06/48 38 40.

Öffnungszeiten

Montag 15.30 bis 19.30 Uhr, Dienstag bis Samstag 9.30 bis 13.00 und 15.30 bis 19.30 Uhr.

Weitere Verkaufsstelle

● 00192 **Roma (RM)**, Via Giulio Cesare, 82/84, Telefon: 06/37 51 67 88.

Anreise

Von der Stazione Termini, Ausgang links Via Giolitti. Auf der gegenüber liegenden Straßenseite befindet sich das Geschäft.

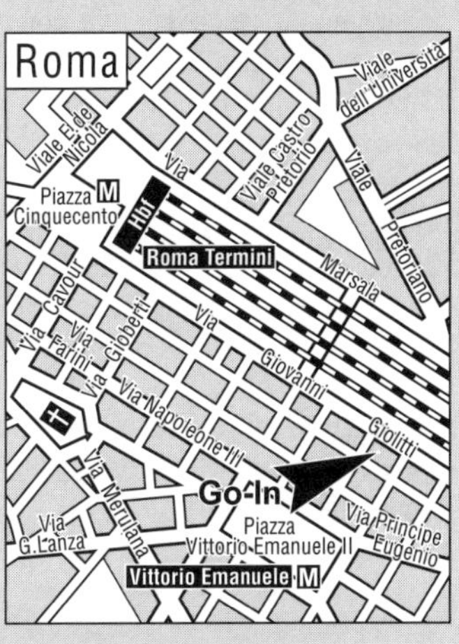

IL DISCOUNT
DELLE FIRME

Das Geschäft liegt ganz zentral in der Nähe der Piazza Barberini und der Piazza Colonna, in einer Querstraße der Via del Tritone. Es bietet das ganze Jahr über Exportware zu Großhandelspreisen.

Die Welt der Alta Moda

Warenangebot
Vielseitiges Angebot an Damen- und Herrenbekleidung berühmter Designer wie Armani, Ferré, Valentino, Versace. Vereinzelt auch Accessoires. Mit etwas Glück findet man die richtige Größe.

Ersparnis
Bis 50%. Die Ware ist mit dem regulären Preis ausgezeichnet, die Reduzierung erfolgt an der Kasse. Im Oktober und April weitere Preisnachlässe.

Ambiente
Mittelgroßes Geschäft, die Waren sind zweckmäßig präsentiert und geordnet. Am Nachmittag liegen dann die anprobierten Kleidungsstücke auf großen Tischen durcheinander. Ein Laden zum Stöbern.

Adresse
Il Discount delle Firme, Via dei Serviti, 27 - 00187 Roma (RM), Telefon: 06/4 82 77 90.

Öffnungszeiten
Montag bis Samstag 9.30 bis 13.00 und 15.30 bis 19.30 Uhr.

Anreise
Von der Piazza Barberini in die Via del Tritone. Die 2. Querstraße links ist die Via dei Serviti. Das Geschäft finden Sie nach wenigen Metern auf der linken Seite.

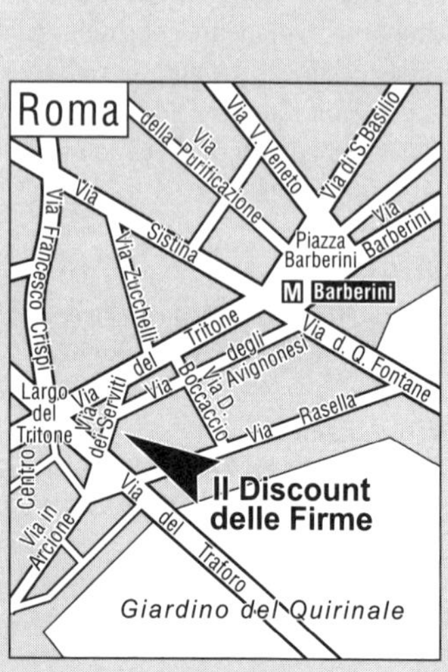

JONNY STOCKINO

Ein paar Schritte von der Città del Vaticano entfernt, findet man das kleine Stockhouse mit dem italo-amerikanisch klingenden Namen Jonny Stockino. Fast übersieht man den kleinen Laden zwischen den vielen Geschäften der Via Ottaviano. Die angebotene Ware stammt aus Überschüssen des Großhandels.

Nichts für Hektiker

Warenangebot
Anzüge, Hosen, Jacken, Hemden, Pullover, Blousons, sowie Krawatten und Ledergürtel.

Ersparnis
15 bis 30 %.

Ambiente
Schlichtes, aber freundliches Ambiente. Die Ware ist teilweise in Schachteln verpackt und mit Preisetiketten versehen. Alles akribisch bis unter die hohe Decke gestapelt. Eine sehr freundliche Verkäuferin, die sich viel Zeit für die Beratung ihrer Kunden nimmt, zeigt die gewünschte Ware, die bei Bedarf auf einem Tisch ausgelegt werden kann. Sollte vor Ihnen ein anderer Kunde bedient werden, lohnt es sich, geduldig zu warten. Die Freundlichkeit und die gute Beratung der Verkäuferin, sowie die günstigen Preise, lassen die Wartezeit vergessen. Zum Anprobieren steht eine Umkleidekabine zur Verfügung.

Adresse
Jonny Stockino, Via Ottaviano, 67 - 00100 Roma (RM), Telefon: 06/39 72 32 81, Fax: 39 74 03 24.

Öffnungszeiten
Montag bis Samstag 9.30 bis 13.00 und 15.30 bis 19.30 Uhr.

Anreise
Vor der Peterskirche rechts durch den Säulengang in die Via di Porta Angelica, geradeaus bis zur Piazza del Risorgimento. Gegenüber ist die Via Ottaviano. In der Mitte der Via Ottaviana auf der linken Seite befindet sich Jonny Stockino, ca. 500 m von der Piazza San Pietro entfernt.

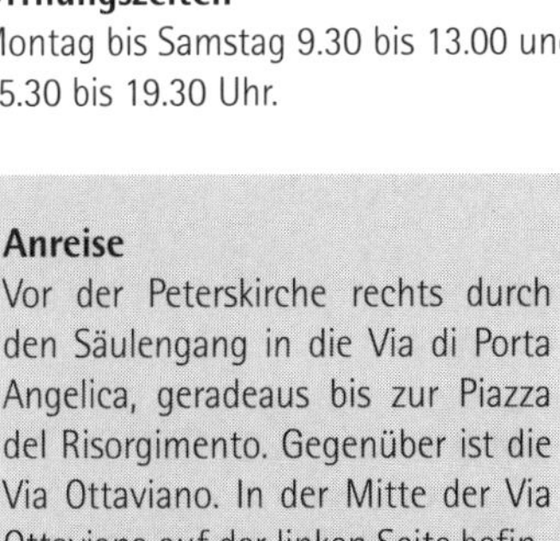

Quadrifoglio Outlet

Im historischen Zentrum von Rom, in der Nähe des Pantheon, findet man diese kleine, schnuckelige Boutique. Kleider, echt „Made in Italy", für Kinder zwischen 0 und 10 Jahren werden hier angeboten. Im klassischen Stil, aus bestem Material und in hervorragender Verarbeitung.

Kinderglück

Warenangebot
Babykleidung, Kleidchen, Hemdchen mit handgefertigten Stickereien, alles aus 100% naturreiner Wolle oder Baumwolle. Die Waren werden fast alle in Handarbeit hergestellt.

Ersparnis
30 bis 50%.

Ambiente
In diesem kleinen Outlet wird man von der sehr freundlichen und charmanten Ladenbesitzerin beraten und bedient. Die Inneneinrichtung ist aus Holz und sehr dekorativ. Kreditkarten werden akzeptiert.

Besonderheiten
In einer kleinen Seitenstraße beim Pantheon sollten Sie Tazza d'Oro besuchen, das Paradies für Kaffeegenießer. Schon der Duft ist überwältigend. Sie finden Köstlichkeiten wie Caffè, Cappuccino, Granita di Caffè con Panna, Gelato, usw. Dazu nach alter Tradition frisch gemahlenen Kaffee der Marke Tazza d'Oro.

Adresse
Quadrifoglio Outlet, Via delle Colonnelle, 10 - 00186 Roma (RM), Telefon: 06/ 6 78 49 17, Fax: 6 78 49 17.

Öffnungszeiten
Montag 15.00 bis 19.30 Uhr, Dienstag bis Samstag 10.00 bis 19.30 Uhr.

Anreise
Vom Pantheon bis zur Piazza della Maddalena und in die 1. Seitenstraße, die Via delle Colonnelle, auf der rechten Seite einbiegen. Der Verkauf befindet sich zwischen Piazza della Maddalena und Piazza Capranica. Das Schaufenster mit den Babykleidern ist nicht zu übersehen.

Vestistock

Ganz in der Nähe der Piazza del Risorgimento befindet sich Vestistock, eines der vier Outlets der Firma Stock-Group. Man kann dort Designermode vieler bekannter Namen wie Moschino, Max Mara, Les Copains, Byblos oder Versace ergattern.

Ein Geheimtipp

Warenangebot
Damen und Herren können sich hier einkleiden mit Jacken, Hosen, Kleidern, Röcken, Anzügen, Krawatten, Hemden. Dazu Accessoires und manch ausgefallenes Einzelstück. Auch Bekleidung in größeren Größen.

Ersparnis
50 %.

Ambiente
Einfacher Verkaufsraum im Untergeschoss, vollgestopft mit Waren. Übersichtlich geordnete Warenpräsentation. Großer Publikumsandrang.

Adresse
Vestistock, Via Germanico, 170/A - 00192 Roma (RM), Telefon: 06/3 22 43 91.

Öffnungszeiten
Montag 15.30 bis 19.30 Uhr, Dienstag bis Samstag 9.30 bis 13.00 und 15.30 bis 19.30 Uhr.

Weitere Verkaufsstellen
- 00187 **Roma (RM)**, Via delle Carrozze, 18, Telefon: 06/69 29 93 71.
- 00192 **Roma (RM)**, Via dei Gracchi, 83/85, Telefon: 06/32 50 24 48.
- 00181 **Roma (RM)**, Via Appia Nuova, 391, Telefon: 06/78 66 76.

Anreise
Von der Piazza del Risorgimento gehen Sie in die Via Cola di Rienzo, Richtung Tiber. Links in die Via Fabio Massimo. Von dort links in die Via Germanico.

Dieser Hersteller produziert stilvolle, bequeme, federleichte Klassiker für Damen und Herren, bestechend in Design, Farbe und Material.

Keine Eintagsfliegen

Warenangebot
Damen- und Herrenstrickwaren, Mäntel, sportliche Jacken, Damenkostüme, Herrenanzüge, Hosen, Röcke, Hemden, Schals, Mantillen, Plaids, Decken, Hausschuhe und die typischen „Scoffoni Valsesiani" aus reinem Cashmere und Edelfasern, außerdem Hüte und Taschen.

Ersparnis
30 %.

Ambiente
1000 m² großer Verkaufsraum in gepflegtem Ambiente. Parkplatz vorhanden.

Adresse
Lanificio Luigi Colombo S.p.A., „Il Cashmere", Via Novara, 263 - 28078 Romagnano Sesia (NO), Telefon: 01 63/83 23 73.

Öffnungszeiten
Montag 15.00 bis 19.00 Uhr, Dienstag bis Donnerstag 10.00 bis 19.00 Uhr, Freitag bis Sonntag 9.30 bis 19.30 Uhr. Im August geöffnet, keine Betriebsferien!

Weitere Verkaufsstellen
- 20035 **Lissone (MI)**, Via Mahatma Gandhi, Telefon: 0 39/46 47 05.
- 25086 **Rezzato (BS)**, SS 11, Ecke Via Ungaretti, 3, Telefon: 0 30/2 59 46 95.
- 28074 **Ghemme (NO)**, Regione Pralini, 5, Telefon: 01 63/84 20 17.

Anreise
A26 Novara–Lago Maggiore, Ausfahrt Romagnano. Links weiter auf der SS 299, der Via Novara, Richtung Romagnano Sesia. Der Verkauf befindet sich nach ca. 300 m rechts direkt an der Hauptstraße.

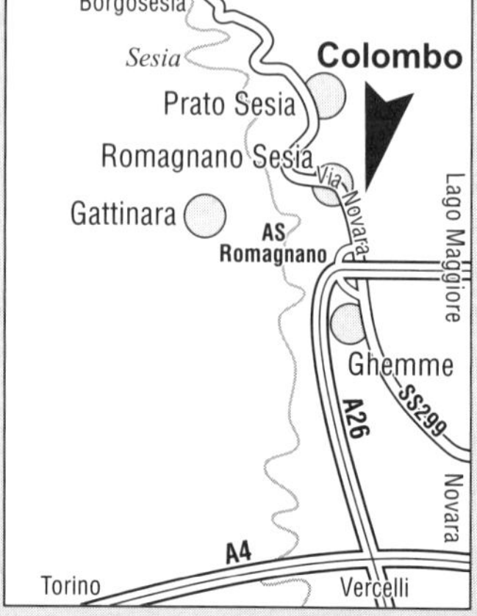

Castello di Roncade

Das Schloss Roncade liegt 12 km von Treviso, 20 km von Venedig und 30 km vom Meer entfernt. Es war über vier Jahrhunderte der Sitz einer venezianischen Adelsfamilie. Das Schloss ist von einem weiten Park umgeben und von einer stattlichen Mauer umrandet. In das Innere des Schlosses gelangt man durch ein Tor, das sich auf der Straßenseite befindet. Man darf mit dem Auto in den Schlosspark einfahren.

Willkommen im Schloss!

Warenangebot
Der Boden hier bietet die besten Voraussetzungen für bouquetreiche Weiß- und vollmundige Rotweine. Bei den Weißweinen ist besonders der Chardonnay „Barone Claudio" Barrique hervorzuheben. Im Angebot befinden sich auch Rotweine wie: Merlot, Cabernet, usw. Ein besonders edler Rotwein ist der Villa Giustinian Cuveé 1999. Freunde des Prosecco sollten sich den Prosecco Brut nicht entgehen lassen.

Ersparnis
Günstig im Vergleich zu den Preisen in Deutschland.

Ambiente
Das Schloss, die Kapelle, der Park, die alte Kellerei vermitteln einen bleibenden Eindruck venezianischer Traditionen. Im zentralen Teil der Villa stehen Zimmer und Wohnungen zur Verfügung, die angemietet werden können.

Adresse
Azienda Agricola „Castello di Roncade", Via Roma, 141 - 31056 Roncade (TV), Telefon: 0422/708736, Fax: 840964, E-Mail: vcianib@tin.it, Internet: www.castellodironcade.com.

Öffnungszeiten
Um telefonische Voranmeldung wird gebeten.

Anreise
A27 Venezia-Belluno, Ausfahrt Treviso Sud, danach Richtung Roncade. Das Schloss befindet sich 5 km von der Autobahnausfahrt entfernt.

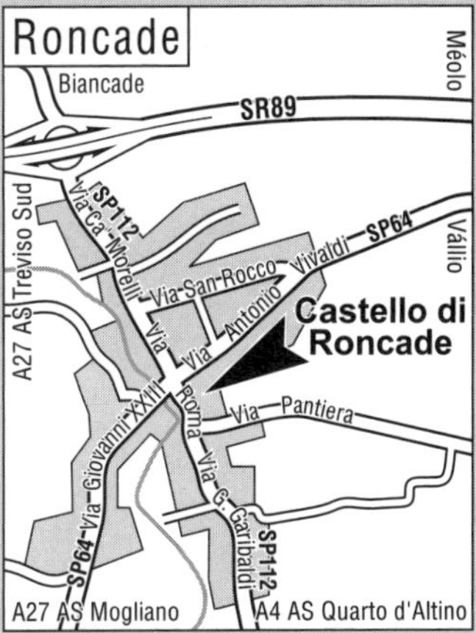

FREEPORT

Eine breite Modepalette an trendstarken Fabrikaten wie Timberland ist hier zu finden, überwiegend Damen-, Herren- und Kinderbekleidung von Ralph Lauren und anderen bekannten Marken.

Very British

Warenangebot
Gute Auswahl an Blazern, Röcken, Pullis, Hosen, Anzügen, Hemden und Strickjacken, Kindersteppjacken sowie Damen- und Herrenschuhen. Vereinzelt auch Hand- und Reisetaschen, Gürtel und Mäntel.

Ersparnis
25 bis 50 %, viele Sonderangebote.

Ambiente
Großes, boutiqueähnliches Verkaufshaus auf zwei Etagen, unten überwiegend Schuhe und Lederartikel, oben Bekleidung. Mehrere Verkäuferinnen, obere Etage zeitweise wegen großem Kundenandrang abgesperrt. Parkplatz vor dem Verkauf und in der Seitenstraße, jedoch oft stark überfüllt.

Adresse
Freeport S.r.l., Via Albani, 2a, b - 40017 San Giovanni in Persiceto (BO), Telefon: 0 51/82 41 56.

Öffnungszeiten
Dienstag bis Samstag 10.00 bis 13.00 und 15.30 bis 19.30 Uhr.

Anreise
Der Verkauf befindet sich an der SS 568 Bologna-Crevalcore-Verona, der Umgehungsstraße sozusagen. San Giovanni in Persiceto ist vor einer starker Linkskurve, der Verkauf rechter Hand, nicht zu übersehen.

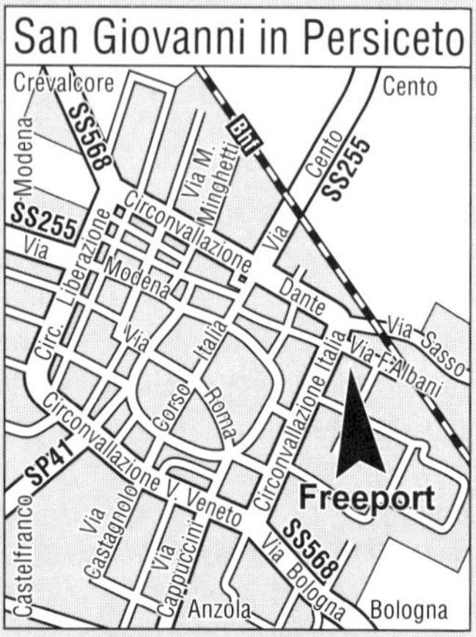

FERRAMENTA VENETA

Ferramenta Veneta gehört zu Gruppo Ferramenta Europa (GF Europa). Die Groß- und Einzelhandelsfirma hat sich mit dem Verkauf von Eisenwaren einen Namen gemacht. Durch die gegenseitigen Belieferungen innerhalb der Firmengruppe kann ein breites Angebot an Eisenwaren, Werkzeug und Zubehör für Handwerker und Heimwerker garantiert werden.

Nägel mit Köpfen machen

Warenangebot
Große Auswahl an Tür- und Fensterzubehör, Schlösser, Jalousien, Rollläden, Moskitonetze, Werkzeuge, Antriebsmotoren für Tore u.v.m.

Ersparnis
20 % auf Werkzeuge.

Ambiente
Auf dem Industriegelände wird in zwei riesigen Verkaufshallen (5000 m²) die Ware für den Verkauf gelagert. Das Personal ist freundlich und hilfsbereit und steht den Kunden mit Erfahrung und Fachkompetenz zur Seite. Die Firma ist bekannt für guten Handwerkerservice, Zuverlässigkeit und Qualität.

Adresse
Ferramenta Veneta S.p.A., Via Monte Amiata - 37057 San Giovanni Lupatoto (VR), Telefon: 045/8266555, Fax: 8266550, E-Mail: info@ferramentaveneta.com, Internet: www.ferramentaveneta.com.

Öffnungszeiten
Montag bis Freitag 8.00 bis 12.00 und 14.30 bis 18.30 Uhr.

Anreise
A4 Brescia–Vicenza, Ausfahrt Verona (Sud oder Est). Weiter auf der Tangenziale Sud, die parallel an der Autobahn entlang führt. Auf die SS434 Richtung Legnago bis zur 1. Ausfahrt San Giovanni Lupatoto Z.A.I. Am Kreisverkehr Richtung San Giovanni Lupatoto bis zur Via Monte Pastello, die links ins Industriegebiet (Z.A.I.) führt. Dieser Straße bis zur Via Monte Amiata folgen, hier links abbiegen. Am Kreisel geradeaus.

gruppo90

Die Firma Gruppo90 ist Hersteller hochwertiger Strickwaren, spezialisiert auf Cashmere-Produkte. Höchste Qualität der Garne und der Verarbeitung, riesiges Angebot an Modellen (immer um die 300). Der Slogan für die Cashmere-Produkte lautet: „Ein warmer Schatten auf der Haut".

„Warmer Schatten ..."

Warenangebot

Große Auswahl an Strickwaren zu Fabrikpreisen. So gut wie alles in Cashmere. Pullover, Jacken, Westen, Twinsets, aber auch Kostüme, Kleider, Mäntel, Capes, Mützen, Schals, Handschuhe sowie eine kleine Auswahl an sehr exklusiven Handtaschen. Cashmerepullis und -Bettdecken werden nach Maß in jeder Größe hergestellt. Eigene Abteilung für Überproduktion und Auslaufmodelle (auch aus Mischgarnen).

Ersparnis

50 % Rabatt auf Überproduktion, Auslaufmodelle und Restposten.

Ambiente

Separater Eingang „Centro Polifunzionale" (Nr. 4), auf der Hinterhofseite führt zum Verkauf. Gut sortiertes Angebot, kompetente Beratung, auch auf Deutsch.

Adresse

Gruppo90 s.a.s., Via San Giacomo, 42/4 - 33098 San Martino al Tagliamento (PN), Telefon: 04 34/89 96 30, Fax: 89 97 42, E-Mail: info@gruppo90.it, Internet: www.gruppo90.it.

Öffnungszeiten

Montag bis Freitag 8.00 bis 18.00 Uhr, Samstag 9.00 bis 12.30 Uhr. Juli/August Samstag nach telef. Vereinbarung.

Anreise

A4 Venezia–Trieste bis Portogruaro, A28 Richtung Pordenone, Ausfahrt Cimpello. SS13 nach Udine bis Casarsa. Links auf die SP1 nach Spilimbergo. In Valvasone links auf die SP27, dann rechts in die Via del Mattino Richtung San Martino, diese geht über in die Via San Giacomo.

San Martino al Tagliamento

Der Hersteller mit Direktverkauf Zulian ist führend in der Verarbeitung von hochwertigen Pelzen und der Herstellung niveauvoller Abendkleider. Die richtige Adresse für festliche Garderobe zu besonderen Anlässen, für Damen und Herren. Alles in höchster Qualität und perfekter Verarbeitung. Schicke Teile findet man auch bei den wunderschönen Accessoires.

Kleider machen Leute

Warenangebot

Pelzmäntel und-jacken, Damen- und Herrenbekleidung, auch aus Leder, mit Pelzfutter oder -verzierungen. Accessoires wie Gürtel, Schuhe und Taschen.

Ersparnis

20 bis 50 %, nur von Januar bis März.

Ambiente

Edle Atmosphäre im weitläufigen, sehr schicken Verkaufsraum (800 m²). Riesiges Warenangebot, freundliches, kompetentes Personal. Umkleidekabinen, Spiegel sowie Sitzecke vorhanden. Es gibt ein Reparatur-, Reinigungs- und Änderungs-Atelier. Sehr gute Parkmöglichkeiten auf dem Fabrikgelände.

Besonderheiten

Das nahe gelegene, mittelalterliche Festungsstädtchen Cittadella und Castelfranco Veneto (Geburtsort von Giorgione) sind eine Besichtigung wert.

Adresse

Zulian Pellice Total Look, Via Monte Grappa, 7 - 35018 San Martino di Lupari (PD), Telefon: 0 49/5 95 20 02, Fax: 5 95 32 22.

Öffnungszeiten

Montag 15.00 bis 19.30 Uhr, Dienstag bis Samstag 8.30 bis 12.30 und 15.00 bis 19.30 Uhr, Oktober bis Januar auch am Sonntag geöffnet.

Anreise

SS 53 Treviso-Vicenza, zwischen Castelfranco und Cittadella. Von der SS 53 führt die Via Monte Grappa zur Ortsmitte von San Martino. Kurz vor der Eisenbahnbrücke rechts befindet sich der Verkauf von Zulian.

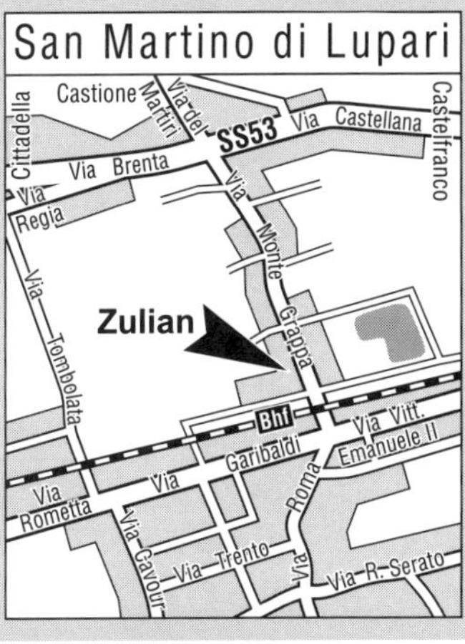

BALDININI

Eine Edelmarke für höchste Ansprüche. Sie geraten ganz schön ins Schwitzen, wenn Sie direkt unter dem Dach zwischen den vielen Kartons die richtige Größe suchen, anprobieren und die Auswahl treffen.

Hier geht was

Warenangebot
Gute Auswahl an Damen- und Herrenschuhen. Sie finden Modelle aus der laufenden Kollektion und reduzierte Schuhe aus der vorangegangenen Saison.

Ersparnis
30 bis 40 %.

Ambiente
Durch das Fabriktor und links am Gebäude vorbei gelangen Sie durch ein Rolltor in einen Raum mit großen Kartons, Sie gehen nach rechts die Treppe hoch und kommen auf den Dachboden. Hier ist der Verkauf.

Adresse
Baldinini S.r.l., Via Rio Salto, 1° - 47030 San Mauro Pascoli (FO), Telefon: 0541/932898, Fax: 932960, Internet: www.baldinini.it.

Öffnungszeiten
Montag bis Freitag 8.30 bis 12.30 und 14.00 bis 19.00 Uhr, Samstag 8.30 bis 12.30 und 15.00 bis 19.00 Uhr.

Anreise
A14 Bologna–Rimini, Ausfahrt Rimini Nord. Weiter auf der SS9 Richtung Cesena und dann dem Wegweiser San Mauro Pascoli nach rechts folgen. Sie kommen vor dem Ortseingang an eine Kreuzung mit einer Heiligensäule, hier befindet sich links der Fabrikkomplex.

Simona Confezioni srl

Dessous und Homewear namhafter Wäschemarken wie La Perla, Grigio Perla, Malizia, Occhi Verdi, Marvel, Oceano, Annaclub u.a. gibt es hier zu Direktverkaufspreisen.

Wohlbehagen Tag und Nacht

Warenangebot
Viele Morgenmäntel, Negligés, Unterkleider, Nachtwäsche und Bodys aus Seide, Samt, Viskose und Baumwolle. Begrenztes Angebot an Bademoden und Dessous. Vereinzelt Kinder- und Herrenhemden, T-Shirts, Abendkleider, Blusen und Boxershorts. Viele Sonderangebote.

Ersparnis
Bis zu 50 %, bei Auslaufmodellen mehr.

Ambiente
Großer Verkaufsraum mit Hallencharakter. Freundliches Verkaufspersonal. Parkplätze vor dem Verkauf.

Adresse
Confezioni Simona S.r.l., Via del Molino, 18 - 47026 San Piero in Bagno (FO), Telefon: 05 43/90 08 41, Fax: 90 08 16.

Öffnungszeiten
Dienstag bis Samstag 9.00 bis 19.00 Uhr.

Anreise
Von Ravenna auf der SS 71/E 45 in Richtung Perugia-Roma, Ausfahrt San Piero in Bagno. Gleich am Ortsbeginn, am Friedhof links, befindet sich Simona, kleines weißes Hinweisschild mit roter Schrift beachten.

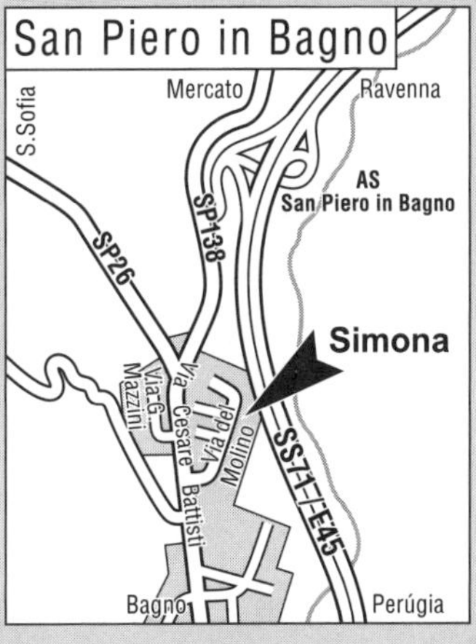

DUEFFE

Hier verkauft der Hemden- und Blusenhersteller Dueffe die modischen Erzeugnisse der Marke Cottonfield.

Mr. Cotton

Warenangebot
Hemden und Blusen der gehobenen Klasse, modische Farben und Formen.

Ersparnis
50 %.

Ambiente
Großer Raum auf einer Etage.

Adresse
Dueffe camicie, SS Postumia, Via Marconi, 23 - 35010 San Pietro in Gù (PD), Telefon: 0 49/9 45 53 55, Fax: 9 45 52 56.

Öffnungszeiten
Dienstag bis Samstag 9.00 bis 12.30 und 15.00 bis 19.00 Uhr.

Anreise
An der SS 53 Vicenza–Cittadella reiht sich ein Ort an den anderen. Der Verkauf befindet sich von Vicenza her kommend auf der linken Seite, wenige Kilometer vor Cittadella. Kurz vor dem Fabrikverkauf gibt es eine Esso-Tankstelle. Kommt man aus Richtung Cittadella, steht auf der rechten Seite groß ein „Dancing", direkt danach kommt der Hemden- und Blusenverkauf.

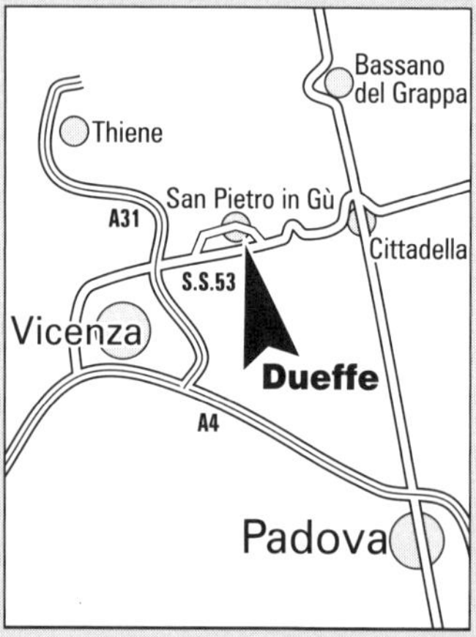

Ermenegildo Zegna

Anzüge von Ermenegildo Zegna finden Sie in vielen italienischen Factory Outlets, aber in dem Verkauf in Sandigliano ist das Angebot komplett. Von der gehobenen Freizeitbekleidung bis zur Businesskleidung – also Anzug, Schuhe und Accessoires – findet der modisch orientierte Mann hier alles, was er braucht.

Für Büro und Freizeit

Warenangebot
Freizeit- und klassische Anzughemden, Pullover, Sakkos, Anzüge, Krawatten, Hosen, Jeans, Unterwäsche und Damenbekleidung von Agnona.

Ersparnis
30 bis 50 %.

Ambiente
Riesige Auswahl, alle Farben, alle Formen und alle Größen.

Adresse
Zegna Outlet Store, Strada Trossi, Via Cesare Battisti, 99 - 13876 Sandigliano (BI), Telefon: 015/2496199, Fax: 2497559.

Öffnungszeiten
Montag 15.00 bis 19.00 Uhr, Dienstag bis Samstag 9.30 bis 19.00 Uhr.

Anreise
A4 Torino–Milano, Ausfahrt Carisio, auf der SS230 Richtung Biella, 200 m vor der Eisenbahnunterführung links abbiegen und dem Hinweisschild folgen.

Banfi ist einer der größten Weinproduzenten Italiens, der neben seinem Piemonteser Weingut hier auf seinem sehenswerten Schloss Spitzenweine im Direktverkauf anbietet.

Ja, ja der Chianti-Wein

Warenangebot
Edle Rotweine, allen voran der meist rasch ausverkaufte Brunello di Montalcino, Rosso di Montalcino, hervorragender Chianti Classico und Chianti Classico Riserva um nur einige wenige zu nennen. Außerdem gibt es Weißweine, Grappe, Olivenöl und Geschenkarrangements.

Ersparnis
10 % bei der Abnahme in üblichen 6-Flaschen-Kartons (außer Brunello, SummuS, ExelsuS, Poggio all'Oro, Poggio alle Mura).

Ambiente
Weitläufiger, heller Verkaufsraum, mehrsprachiges, freundliches Personal.

Besonderheiten
Empfehlenswert ist die Besichtigung des Gläser- und Weinmuseums der Besitzerfamilie Mariani im Westflügel des Schlosses, das weltweit eine der größten Sammlungen antiker Gläser zeigt und auch das Restaurant (Reservierung empfohlen) lohnt einen Besuch.

Adresse
Castello Banfi, Castello di Poggio alle Mura, 53024 Sant'Angelo Scalo, Montalcino (SI), Telefon: 05 77/84 01 11, E-Mail: banfi@banfi.it, Internet: www.castellobanfi.com.

Öffnungszeiten
Montag bis Sonntag 10.00 bis 19.00 Uhr.

Anreise
A1 von Firenze bis Ausbauende in Siena Nord. Weiter auf der SS 674 nach Siena. Nach 9 km auf die SS 223, immer Richtung Grosseto, Ausfahrt Pagánico. Im Ort links nach Montenero. Nach 16 km links nach Sant'Angelo Scalo/Montalciono. Nach 2,5 km rechts zum Castello.

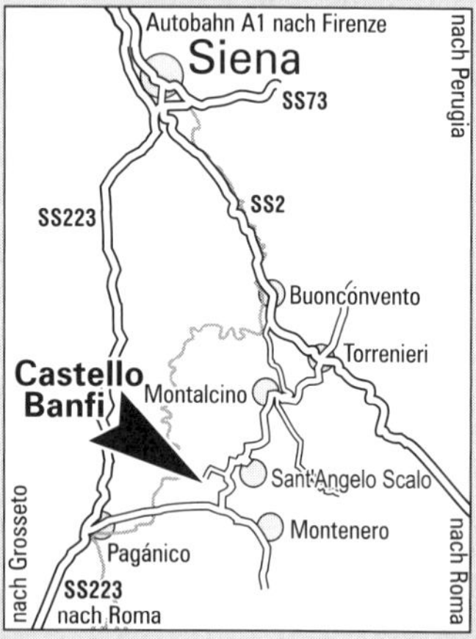

SEVENTY

Produkte mit dem Markennamen Seventy stammen aus dem Hause Seventy. Das Unternehmen möchte in dieser Moderichtung Freiheit und Persönlichkeit ausdrücken. Der Fabrikverkauf ist saisonbedingt und findet nur zweimal im Jahr statt.

Modern, tragbar und schick

Warenangebot
Jacken, Hosen, Röcke, Hemden, Blusen, Pullover, Bademoden für Damen, Herren und Kinder, Accessoires. Bei den angebotenen Artikeln handelt es sich um Musterteile und 2.-Wahl-Ware aus der aktuellen Kollektion. Die Kollektion der Marke 1970 gibt es nur für junge Damen.

Ersparnis
Durchschnittlich 40 bis 50 %.

Ambiente
Die Ware wird in einer Werkhalle verkauft und ist übersichtlich präsentiert. Umkleidekabinen und Parkmöglichkeit sind vorhanden.

Adresse
Spaccio Seventy, Via Venezia, 146 - 30037 Scorzè (VE), Telefon: 0 41/ 5 89 95 39, Fax: 44 52 19, E-Mail: info@cadamosto.it, Internet: www.seventy.it.

Öffnungszeiten
Nur zweimal im Jahr geöffnet: April, Mai bis 10. Juni und Oktober, November bis 10. Dezember. In dieser Zeit: Montag bis Samstag 9.30 bis 12.30 und 15.00 bis 19.30 Uhr. Am besten vorher anrufen.

Anreise
Von Venezia auf der SS 245, der Via Castellana, Richtung Castelfranco Veneto. Nach ca. 18 km, noch vor dem Wohngebiet von Scorzè, erreicht man den Fabrikverkauf „Seventy-Ca'da Mosto". Er ist gut ausgeschildert.

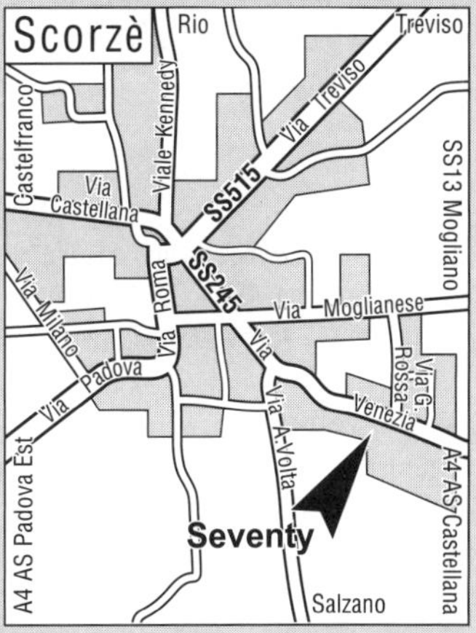

Maglificio Pratesi Gianfranco e Figlie

Seano liegt nur wenige Kilometer von der Kultur- und Tourismusmetropole Florenz entfernt, doch hier ist von der Großstadthektik nichts zu spüren. Auch touristisch ist diese Ecke praktisch unerschlossen. Hier ist noch Urlaub im „echten" Italien möglich.

Maschenverbund

Warenangebot
Strickwaren für Damen und Herren. Von den uni-farbigen Basics bis zu modischen Mustern und Schnitten. Viele Pullover ähneln auffallend aktuellen Benetton-Modellen. Verarbeitet wird überwiegend Schaf- und Merino-Wolle.

Ersparnis
30 bis 50 %.

Ambiente
Der Eingang ist eher versteckt neben der Pforte, schon halb im Warenlager; deshalb am besten an der Pforte erkundigen. In dem Laden, der etwas unübersichtlich wirkt, wird einem jedoch, auch bei Verständigungsproblemen, geduldig geholfen.

Adresse
Maglificio Pratesi Gianfranco e Figlie S.r.l., Via Baccheretana, 483 - 59011 Seano (FI), Telefon: 0 55/8 70 54 67, Fax: 8 70 53 47.

Öffnungszeiten
Montag bis Freitag 9.00 bis 13.00 und 15.00 bis 19.00 Uhr, Samstag nur nach telefonischer Vereinbarung.

Anreise
A11, Ausfahrt Prato Est. Weiter durch Campo Bisenzio immer in Richtung Signa. Nach ca. 5,5 km an der SS 66 rechts Richtung Pistoia abbiegen. Nach weiteren 8 km links ins Zentrum von Seano. Fahren Sie immer Richtung Bacchereto, am Ortsende von Seano befindet sich der Verkauf an der linken Straßenseite.

SUPERGA®

Die renommierte Marke Superga ist bekannt durch ihre Sport- und Freizeitschuhe für Erwachsene und Kinder. Das Sortiment im Outlet Superga ist so umfangreich, dass der Kunde die Qual der Wahl hat.

Für Sport und Freizeit

Warenangebot
Sehr umfangreiches Angebot an Sport- und Freizeitschuhen für Damen, Herren und Kinder für Sommer und Winter. Ware aus Überproduktion und Restposten. Dazu Damen- und Herrenbekleidung der Marken Superga, Freddy, Juvicta, Ande, Bademoden von Speedo, Uhren der Marke Sector.

Ersparnis
30 bis 50 %.

Ambiente
Übersichtliche Warenpräsentation auf ca. 350 m² Verkaufsfläche. Das Personal ist hilfsbereit und gut gelaunt. Gute Parkmöglichkeiten vorhanden.

Adresse
Matre Sport S.r.l., Outlet Superga, Via Olgia, 18 - 20090 Segrate (MI), Telefon: 02/2 13 33 78, Fax: 2 13 36 69, E-Mail: FrancescaManeri@tiscali.it, Internet: www.superga.it.

Öffnungszeiten
Montag 14.30 bis 19.00 Uhr, Dienstag bis Samstag 10.00 bis 19.00 Uhr.

Anreise
Von Milano aus auf dem Autobahnring Tangenziale Est Richtung Linate, Ausfahrt Lambrate. Weiter auf der SP103 Richtung Segrate. Die 2. Straße links ist die Via Olgia.

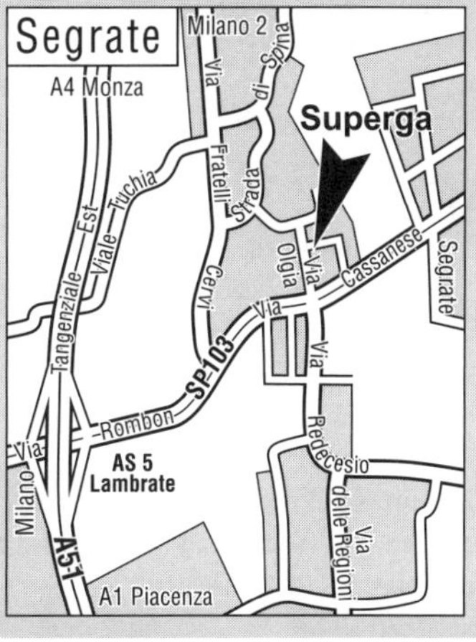

CENTRI PELLETTERIA
MENINI
www.menini.com

Weltbekannte Namen wie Delsey, Samsonite, Mandarina Duck, The Bridge, E. Coveri, Cerruti, Ferré, Benetton, Calvin Klein, Freeway u.a. unter einem Dach. Wer kennt sie nicht, die unverwüstlichen, zweckmäßigen und flotten Reise- und Sportbegleiter.

Einmal um die ganze Welt

Warenangebot
Große Auswahl an Koffern, Kosmetikkoffern, Sporttaschen, Handtaschen, Börsen und Mappen in modischer und zweckmäßiger Ausführung aus Leder oder Kunststoff. Taschen für Alltag, Sport, Abend und Reise.

Ersparnis
10 bis 20%, jedoch nicht auf bereits reduzierte Ware.

Ambiente
Verkaufsräume auf zwei Etagen mit sehr großer Auswahl an Koffern und Sporttaschen (die stark reduzierte Ware ist im Kellergeschoss erhältlich), hilfsbereites Fachpersonal, kein hauseigener Parkplatz, Parken an der Straße möglich.

Adresse
Centro Pelletteria Menini S.r.l., Via Cadore, 141 - 20038 Seregno (MI), Telefon: 03 62/23 70 58 und 7 06 52, Fax: 34 04 10, E-Mail: meimex@menini.com, Internet: www.menini.com.

Öffnungszeiten
Montag 15.00 bis 19.30 Uhr, Dienstag bis Samstag 9.00 bis 12.30 und 15.00 bis 19.30 Uhr.

Anreise
Der Verkauf befindet sich an der Durchfahrtsstraße von Seregno nach Meda, kurz vor dem Ortsbeginn von Meda linker Hand und ist gut gekennzeichnet.

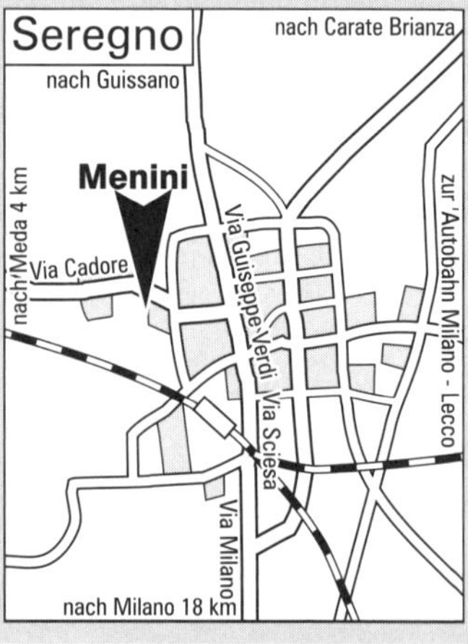

Im Factory Outlet Center von McArthurGlen verkaufen, wie in einer kleinen „Einkaufsstadt", 150 zum Teil international bekannte Hersteller und Direktverkäufer quasi unter einem Dach. Vielseitige Angebote und hochwertige Qualitätsware zu günstigen Preisen, freundliche Beratung sowie eine angenehme Einkaufsatmosphäre.

Eine „Stadt" zum Staunen

Warenangebot
Bekannte Marken der Damen-, Herren- und Kinderbekleidung, Sportbekleidung, Kosmetikartikel, Haushaltswaren, Accessoires und Spielwaren. Der Kunde hat die Möglichkeit, in zur Zeit 150 Geschäften einzukaufen. Die Ware ist meist aus der vergangenen Saison, es wurden aber auch sehr aktuelle Teile gesichtet.

Ersparnis
30 bis 70 %.

Ambiente
Angelegt wie ein richtiges Städtchen mit Plätzen, Straßen und Bogengängen wurde das Factory Outlet Center im malerischen Weinbaugebiet Gavi gebaut. Genügend Parkmöglichkeiten vorhanden, für das leibliche Wohl wird in Snack-Bars oder im Restaurant gesorgt, Spielmöglichkeiten für Kinder.

Adresse
Factory Outlet Center McArthurGlen, Via della Moda, 1 - 15069 Serravalle Scrivia (AL), Telefon: 01 43/60 90 00, Fax: 60 90 19, E-Mail: marketing@b-m-g.it, Internet: www.mcarthurglen.it.

Öffnungszeiten
Montag bis Freitag 10.30 bis 19.00 Uhr, Samstag und Sonntag 10.00 bis 19.00 Uhr.

Anreise
A7 Milano-Genova, Ausfahrt Serravalle Scrivia. Am folgenden Kreisverkehr die 2. Ausfahrt auf die SS35 Richtung Novi Ligure. Nach ca. 900 m am Kreisverkehr rechts finden Sie das Outlet in der Via della Moda.

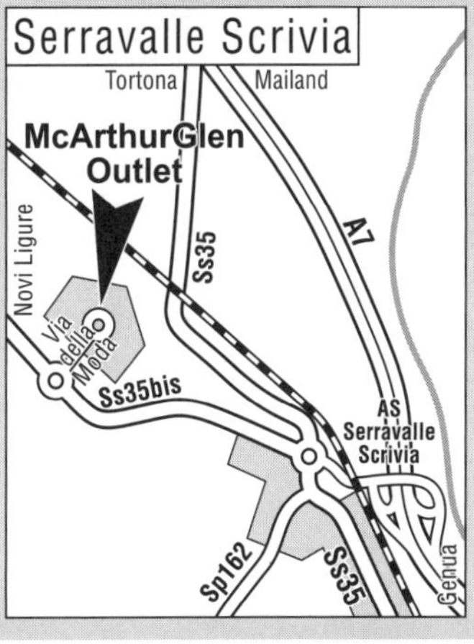

RICHARD-GINORI

Renommierter Hersteller edelster Porzellanwaren in der Nachfolge der berühmten Porzellanmanufaktur Doccia. Porzellan von Ginori ziert seit 1735 die Tafeln des europäischen Adels.

Vom Feinsten

Warenangebot
Edle Kaffee-, Tee- und Tafelservice in klassischem Weiß oder mit farbigem Dekor. Ofenfeste Formen, Fischservice, Sammlerfiguren, Geschenkartikel.

Ersparnis
50 %, bei 2. Wahl 60 % und mehr.

Ambiente
Sehr gepflegter Verkaufsraum.

Adresse
Richard-Ginori „La Botteguccia", Via Giulio Cesare, 19 - 50019 Sesto Fiorentino (FI), Telefon: 0 55/4 21 04 72.

Öffnungszeiten
Dienstag bis Samstag 9.30 bis 13.00 und 15.00 bis 19.00 Uhr. Das angeschlossene Porzellanmuseum hat folgende Öffnungszeiten: Dienstag bis Samstag 9.30 bis 13.00 und 15.00 bis 18.00 Uhr.

Anreise
A1 Bologna–Roma, Ausfahrt Prato/Calenzano, der Ausschilderung Sesto Fiorentino folgen. Auf der Viale Pratese, bis diese rechts in die Viale G. Cesare abbiegt. Nach 100 m sind das Firmenschild und der beige farbene Verwaltungsbau auf der linken Straßenseite zu sehen.

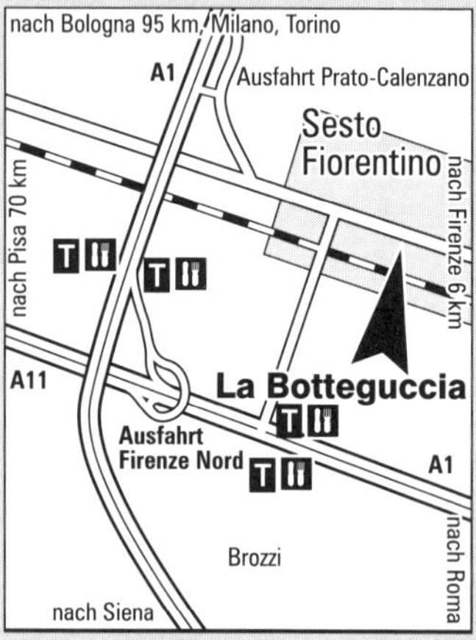

CANTINA DI SOAVE

Die Italiener haben es verstanden, aus ihren Weinen Kultgetränke des modernen Zeitgeistes zu machen. Von den einfachen Tafelweinen bis hin zum Edelgewächs werden sie in geschmackvollen Flaschen dargeboten.

Für italienische Momente

Warenangebot
Weine der Region Veneto vom Tafel- bis zum Qualitätswein: Pinot Grigio, Soave, Chardonnay, Bardolino, Valpolicella, Grappe und Spumante.

Ersparnis
30 %, bei Abnahme von Kartons noch etwas günstiger.

Ambiente
Der Wein ist in Kartons in einem zweckmäßig eingerichteten Verkaufsraum gestapelt. Aber das ist sicher das, was die Preise, die gut ausgezeichnet sind, so interessant macht.

Adresse
Cantina di Soave, Via Covergnino, 7 - 37038 Soave (VR), Telefon: 045/ 6 13 98 45.

Öffnungszeiten
Montag bis Freitag 8.30 bis 12.30 und 14.30 bis 19.00 Uhr, Samstag 8.30 bis 12.30 Uhr, Sonntag 10.00 bis 12.00 und 15.00 bis 18.30 Uhr.

Anreise
A4 Verona–Venezia, Ausfahrt Soave, Richtung Soave Zentrum. Vor der Burgmauer rechts fahren. Nach dem Kreisverkehr ganz links fahren, nach 200 m sehen Sie rechts den neuen Weinverkauf.

ANCAP

Hier wird Porzellan in jeder Preisklasse und Geschmacksrichtung hergestellt. Die Qualität reicht vom Alltags- bis zum Festtagsgeschirr, also für jeden Anlass das Richtige.

Service international

Warenangebot
Vom schlichten, billigen, weißen Teller bis zum aufwändigen, kunstvollen Dekor eines chinesischen Services. Großes Angebot an Espresso- und Cappuccinotassen mit Künstlerdekoren.

Ersparnis
40 bis 60 %.

Ambiente
Typischer Fabrikverkauf, nicht sehr groß, aber prall voll. Die Ware ist in Regalen ausgestellt und mit Preisen versehen. Sonderangebote stehen an der Kasse oder sind zum Teil auf dem Boden gestapelt. Das Verkaufspersonal steht für Fragen freundlich zur Verfügung.

Adresse
Ancap Porcellana, Via Libia, 1 - 37066 Sommacampagna (VR), Telefon: 045/ 8293088.

Öffnungszeiten
Montag 14.00 bis 19.00 Uhr, Dienstag bis Samstag 9.00 bis 12.30 und 14.00 bis 19.00 Uhr.

Anreise
A4 Verona–Milano, Ausfahrt Sommacampagna. Links weiter Richtung Bussolengo. Nach 1 km erreicht man das Ortsende von Sommacampagna. Noch 1 km weiter fahren, dann vor der Eisenbahnbrücke links. Von hier ist es nochmals ca. 1 km bis zur Porzellanfabrik.

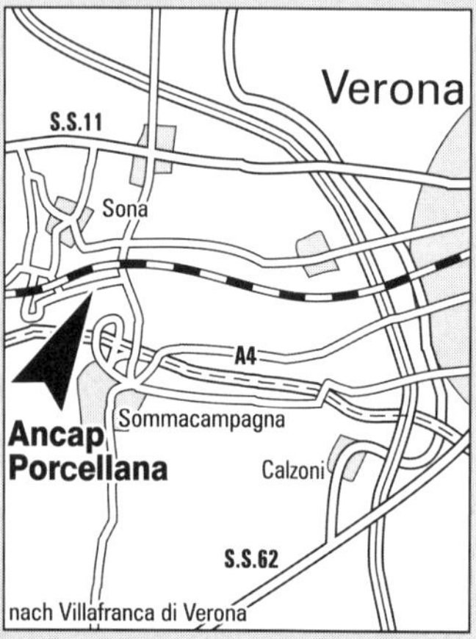

DALMA

Die Hemdenfabrik Dalma liegt mit ihrem Angebot, was Mode und Qualität angeht, im guten Mittel. Angeboten werden neben Hemden aber auch andere Artikel an Damen- und Herrenbekleidung.

Hemdenparade

Warenangebot
Ware der Marken Dalma, Eva Rinaldi, Valentino Romani. Hemden, Blusen, Strickwaren, Röcke, Damen- und Herrenhosen sowie Sakkos.

Ersparnis
25 bis 50 %.

Ambiente
Schöner, großer Verkaufsraum mit Umkleidekabinen und hilfsbereitem Verkaufspersonal.

Adresse
Spaccio Dalma Camiceria, Via Verga, 39 - 36073 Spagnago di Cornedo (VI), Telefon und Fax: 04 45/95 22 12.

Öffnungszeiten
Montag 15.30 bis 19.30 Uhr, Dienstag bis Samstag 9.00 bis 12.30 und 15.30 bis 19.30 Uhr.

Anreise
Der Verkauf befindet sich an der SS246 Montecchio Maggiore-Valdagno in Spagnago di Cornedo am Ortsende links.

Timberland®

Outdoor-Bekleidung und Schuhe von Timberland haben das Flair von Reisen und Abenteuern. Hochwertige Qualität und hervorragende Verarbeitung unterstreichen die Beliebtheit der Marke.

Seit fast 100 Jahren

Warenangebot
Fast die gesamte Produktpalette von Timberland ist hier zu finden. Günstiger als im normalen Ladengeschäft kann man hier Bekleidung, Schuhe und Accessoires für Damen, Herren und Kinder einkaufen.

Ersparnis
20 bis 80 % auf aktuelle Ware und Restposten.

Ambiente
Das Timberland Factory Outlet ist ins City Center Einkaufszentrum integriert. Sehr gute Parkmöglichkeiten.

Adresse
Timberland Factory Outlet, Brennerstraße, City Center, 46 - 39040 Sterzing-Pfitsch (BZ), Telefon und Fax: 04 72/ 76 76 70.

Öffnungszeiten
Montag bis Mittwoch und Freitag 9.00 bis 12.00 und 14.30 bis 18.45 Uhr, Donnerstag 9.00 bis 12.00 Uhr, Samstag 9.00 bis 13.00 und 14.30 bis 18.30 Uhr.

Anreise
Nach dem Brenner Autobahnausfahrt Sterzing, rechts abbiegen, dann geradeaus bis zur nächsten Kreuzung, dort links abbiegen, geradeaus an der Ampel vorbei, links zum Einkaufszentrum City Center. Hier befindet sich ein großer Parkplatz. Im Erdgeschoss ist das Timberland Factory Outlet.

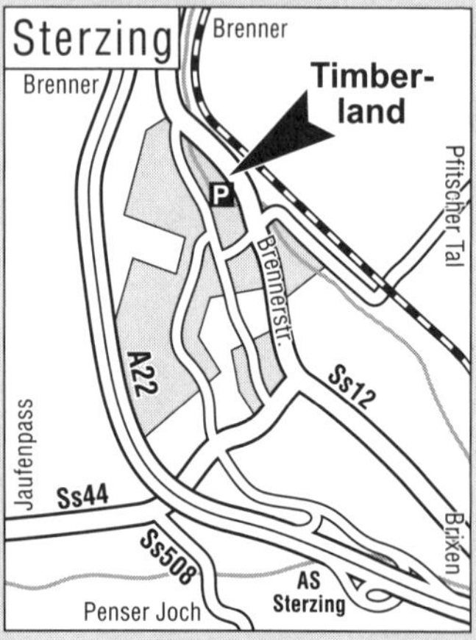

PERLETTI
OMBRELLI PER PASSIONE

Der Verkauf ist eigentlich als Showroom für Großeinkäufer gedacht, aber auch Otto Normalverbraucher kann hier seinen Regenschirm kaufen. Vom Klassiker in englischem Karo über Kreationen von Laura Biagiotti bis zum Donald-Duck-Vierfarb-Druck. Hier liegt der Sinn eines Schirms nicht nur im Trockenhalten des jeweiligen Besitzers.

Hoffen auf Regen

Warenangebot
Regenschirme und einige Handtaschen, Strandtaschen und Seidentücher.

Ersparnis
50 %.

Ambiente
Ein großer Raum, der mit Schirmen voll ist bis unters Dach.

Adresse
Perletti, Via Gaetano Scirea, 5/7 - 24060 Telgate (BG), Telefon: 035/83 10 01.

Öffnungszeiten
Montag bis Freitag 8.00 bis 12.00 und 13.30 bis 17.30 Uhr.

Anreise
A4 Bergamo–Brescia Ausfahrt Grumello-Telgate. Am Kreisverkehr die 2. Möglichkeit rechts in die Viale Papa Giovanni XXIII abbiegen. Weiter in die Via Crocefisso, an der Via San Rocco kurz rechts und gleich wieder links in die Via Noli Marenzi. Die 3. Straße links ist die Via Gaetano Scirea. Perletti befindet sich in dem großen gelben Fabrikgebäude.

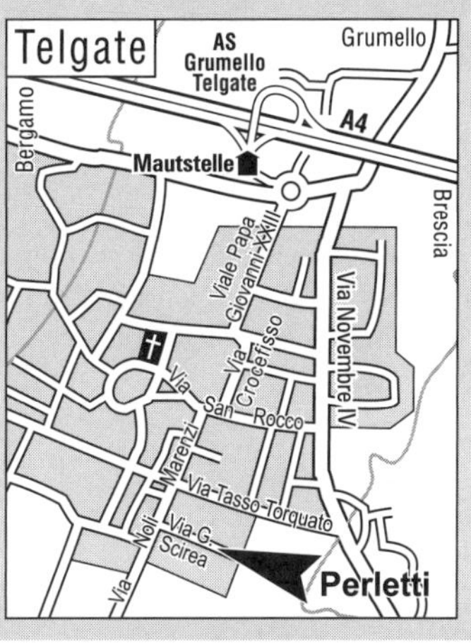

Bei diesem Hersteller kann man sehen, dass sich italienische Kinderliebe auch in Kinderbekleidung ausdrücken will. Hier wird seit Jahren auch für einige der bekanntesten Kindermarken produziert: Versace Young, Lengo Rosso, Moessmer, La Rinascente und Old England.

Bambini

Warenangebot
Das Angebot zeigt, dass es bei Kinderbekleidung viel mehr Mode gibt, als man bei uns glaubt. Bei Dal Lago gibt es alles zu sehen.

Ersparnis
Durchschnittlich 50 %.

Ambiente
Übersichtliche Warenpräsentation, freundliche Atmosphäre und sachkundige Beratung, wenn diese gewünscht wird.

Adresse
Dal Lago S.r.l., Via San Sebastiano, 27 - 36016 Thiene (VI), Telefon: 04 45/38 05 80, Internet: www.dallago1958.com.

Öffnungszeiten
Montag bis Freitag 9.00 bis 12.00 und 14.00 bis 18.00 Uhr, Samstag 10.00 bis 12.00 und 15.00 bis 19.00 Uhr.

Anreise
Von der A4 bei Vicenza auf die A31, Ausfahrt Thiene-Schio. Danach an der querenden Via dell'Autostrada rechts abbiegen. An den beiden folgenden Kreisverkehren weiter Richtung Innenstadt fahren. Am Kreisel nach der Bahnbrücke geradeaus. Beim 4. Kreisverkehr links in die Viale Europa und dann rechts in die Via San Sebastiano.

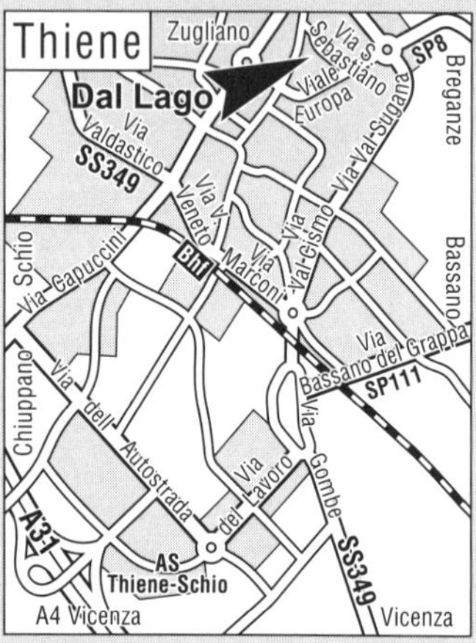

major

CONFEZIONI

Die Firma Major stellt qualitativ gute Sport- und Freizeitbekleidung her. Die Marke ist jedoch relativ unbekannt.

Sportliche Verbindungen

Warenangebot

Gute Auswahl an Sommer- und Winteranoraks, Skibekleidung, Pullis, Sweatshirts, Poloshirts, Fleecejacken, Sportanzügen in kurz oder lang – alles für Damen, Herren und Kinder, außerdem einige Mädchenkleider.

Ersparnis

25 bis 50 %.

Ambiente

Lagerverkauf mit freundlichem Verkaufspersonal. Parkmöglichkeiten vorhanden.

Adresse

Confezioni Major s.n.c., Via San G. Bosco, 92 - 36016 Thiene (VI), Telefon: 04 45/ 38 60 31, Fax: 38 60 75.

Öffnungszeiten

Montag 15.00 bis 19.00 Uhr, Dienstag bis Samstag 9.00 bis 12.00 und 15.00 bis 19.00 Uhr.

Anreise

Von der A4 bei Vicenza auf die A31, Ausfahrt Thiene-Schio. Danach an der querenden Via dell'Autostrada rechts abbiegen. Am Kreisverkehr in die Via del Lavoro und an deren Ende links auf die SS349, Via Gombe. Die nächste Straße rechts auf die SP111, Via Bassano, und die nächste Straße links in die Via San G. Bosco (Kiesweg) Nach ca. 30 m erreicht man den Verkauf.

PETER HADLEY

Peter Hadley Factory Outlet bietet in gepflegtem Ambiente die in Jeansgeschäften üblichen Jeansvariationen in gehobener Qualität.

Jeans haben immer Saison

Warenangebot
Jeans, Hemden, Pullis, Sweatshirts, Kleider, Bermudas, Blusen und Jacken.

Ersparnis
25 %.

Ambiente
Gepflegte Jeansboutique.

Adresse
Peter Hadley Factory Outlet Uomo S.r.l., Via Marconi, 62/64 - 36016 Thiene (VI), Telefon: 04 45/86 91 66, Fax: 86 91 08.

Öffnungszeiten
Montag 15.30 bis 19.30 Uhr, Dienstag bis Samstag 9.00 bis 12.30 und 15.30 bis 19.30 Uhr.

Anreise
Von der A4 bei Vicenza auf die A31, Ausfahrt Thiene-Schio. Danach an der querenden Via dell'Autostrada links abbiegen. An deren Ende rechts in die Via Cappuccini. An der großen Kreuzung nach der Bahnlinie rechts in die Via Vittorio Veneto, die nach dem Bahnhof in die Via Marconi übergeht. Dort befindet sich nach ca. 500 m rechts das Peter Hadley Factory Outlet.

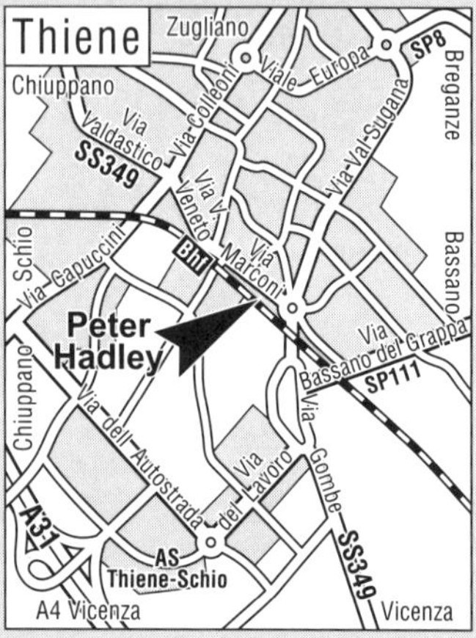

Schon Generationen von Frauen benutzten für ihre Handarbeit Wolle von Lana Gatto. Der traditionsreiche Garn- und Stoffhersteller Gruppo Tollegno ist seit über 100 Jahren ein Synonym für Qualität. Die Firma ist bekannt für erstklassige Verarbeitung von hochwertigen Rohstoffen.

Magie der Wolle

Warenangebot

Stoffe, Strickgarne, Strickzubehör, Damen- und Herrenstrickwaren, Bekleidung, Wäsche, Schlafanzüge für Sie und Ihn. Alles Markenprodukte von Lana Gatto und Ragno.

Ersparnis

20 % auf die gesamte Ware. Zusätzlich im Januar WSV und im Juli SSV.

Ambiente

Auf einer Fläche von 500 m^2 findet der Fabrikverkauf auf zwei Ebenen statt. Aktuelle Kollektionen, Auslaufserien, Musterware, Sonderposten und 2.-Wahl-Ware.

Adresse

Centro Vendita Lana Gatto, Via Roma, 15 - 13818 Tollegno (BI), Telefon: 0 15/2 42 92 28, Fax: 2 42 92 85, E-Mail: tollegno@tollegno1900.it, Internet: www.tollegno1900.it.

Öffnungszeiten

Dienstag bis Samstag 9.00 bis 12.00 und 14.00 bis 19.00 Uhr. Im August in der Ferragosto-Woche geschlossen.

Anreise

A4 Torino-Milano, Ausfahrt Carisio. Weiter Richtung Biella. Dort am Bahnhof (Stazione) vorbei und weiter Richtung Tollegno. In Tollegno am Ende der SP 507, der Via Garibaldi, rechts ab in die Via Roma.

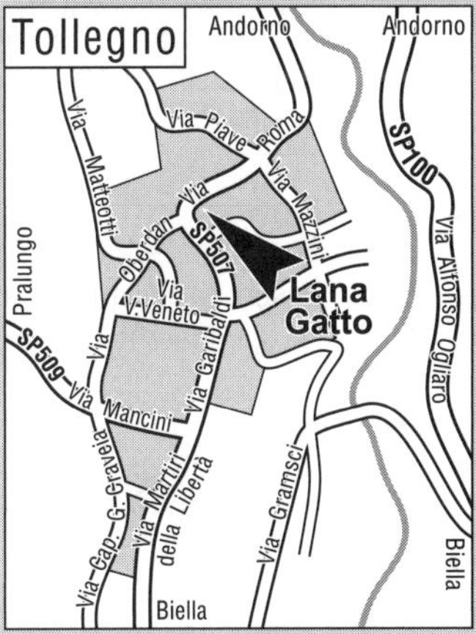

il grifone S.R.L.

Nachdem das Werk des bekannten Autoherstellers Fiat in Schwierigkeiten gekommen war, sanken in Turin allgemein die Preise. Das Stockhouse „Il Grifone" ist eine interessante Adresse für diejenigen, die Designermode und Markenartikel zum günstigen Preis suchen. Il Grifone ist in zwei Geschäfte (50 Meter voneinander entfernt) aufgeteilt. Eines für Bekleidung und eines für Schuhe.

Greif zu!

Warenangebot
Kostüme, Kleider, Röcke, Anzüge, Sakkos, Jacken, Hemden, Pullover und Schuhe für Damen und Herren, Auslaufmodelle, Restposten, Musterstücke, Kollektionen aus der vorigen Saison. Jede Woche kommt Neues dazu.

Ersparnis
50 bis 75 %.

Ambiente
Zwei Läden zum Stöbern auf insgesamt 450 m², nicht weit vom Bahnhof Porta Nuova entfernt. Viele Einzel-, Musterstücke und Restposten. Nicht immer alle Größen vorhanden.

Adresse
Il Grifone, Corso Turati, 15H/I - 10100 Torino (TO), Telefon: 0 11/59 61 27, Fax: 50 32 80, E-Mail: ilgrifone@tin.it.

Öffnungszeiten
Montag bis Donnerstag und Samstag 9.30 bis 12.30 und 15.30 bis 19.30 Uhr, Freitag 9.30 bis 19.30 Uhr.

Anreise
In Torino von der Porta Nuova (Stazione Centrale) Richtung Via Sacchi. Der Corso Turati ist die Fortführung der Via Sacchi. Il Grifone befindet sich ca. 500 m vom Bahnhof (Stazione Centrale) entfernt.

Calzaturificio

BRUNATE®

Im April 2004 hat der traditionsreiche Schuhhersteller Brunate die Tore zu einem neuen Direktverkauf in Tradate geöffnet. Qualität, handwerkliches Können, ständiges Suchen nach Perfektion und Kreativität bilden die Grundlagen zur Herstellung dieser Schuhe. Seit 1926 stellt die Firma Brunate Schuhe her.

Eleganz, Stil und Perfektion

Warenangebot
Damen-, Herren- und Kinderschuhe in hervorragender Qualität. Vereinzelt gibt es Handtaschen, Brieftaschen, Geldbörsen aus Leder oder weichem, waschbarem Kunstleder, Gürtel und auch Hausschuhe von Giesswein.

Ersparnis
Um 40 %, 2. Wahl ist noch günstiger.

Ambiente
350 m² große Verkaufsfläche auf einer Ebene. Die Schuhe sind übersichtlich in Regalen geordnet. Fachkundiges, freundliches und hilfsbereites Personal. Großer Kundenparkplatz.

Adresse
Calzaturificio Brunate S.p.A., Via Monte Nero, 44 - 21049 Tradate (VA), Telefon: 03 31/81 04 63, E-Mail: info@brunate.it.

Öffnungszeiten
Dienstag bis Samstag 9.30 bis 12.30 und 14.30 bis 19.00 Uhr. Im Dezember bis Weihnachten: Sonntag 14.00 bis 18.00 Uhr geöffnet. Im August nur die 1. Woche geöffnet.

Anreise
A9 Milano–Como, Ausfahrt Saronno, links auf die SS 233 Varesina Richtung Varese, ca. 10 km geradeaus. Am Ortseingang von Tradate an der 1. Ampel geradeaus weiterfahren, dann die 2. Straße rechts in die Via Monte Nero.

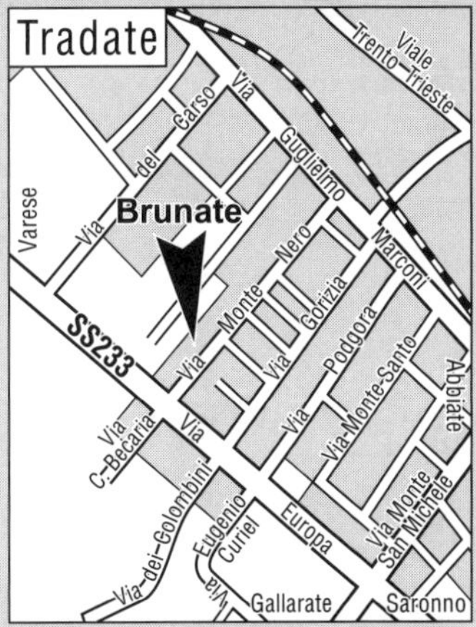

PEPPER INDUSTRIES

Pepper Industries kleidet die Familie mit praktischer, sportlicher Mode für jede Gelegenheit ein. Genau dem Fabrikgebäude gegenüber hat Pepper Industries einen großen, stark frequentierten Fabrikverkauf, in dem 2. Wahl und Überproduktionen zu Schleuderpreisen verkauft werden.

Für alle Fälle

Warenangebot
Hemden und Blousons, Jeans, Sport- und Freizeitbekleidung, Kleidung für Beruf und Schule, Jacken, Mäntel.

Ersparnis
50 %.

Ambiente
Großer, kaufhausähnlicher Verkauf im EG. Parkplätze sind vorhanden.

Adresse
Pepper Industries Outlet S.p.A., Via Marco Polo, 1° - 35010 Trebaseleghe (PD), Telefon: 0 49/9 38 72 26, Fax: 9 38 87 07.

Öffnungszeiten
Montag 15.30 bis 19.30, Dienstag bis Samstag 9.30 bis 12.30 und 15.30 bis 19.30 Uhr.

Anreise
Trebaseleghe befindet sich an der SS 245 Mestre-Scorzè-Castelfranco. Pepper Industries ist an der Ortsdurchfahrt nicht zu übersehen.

FERRARI
F.lli Lunelli

Zu Beginn des Jahrhunderts hat Giulio Ferrari mit der Herstellung des Spumante begonnen, der ihn berühmt gemacht hat. Im Jahr 1952 hat die Unternehmensgruppe Lunelli – bekannt durch ihre Weine – die Sektkellerei Ferrari und deren Namen übernommen, 1982 wurde das Unternehmen noch um die Segnana-Destillerie erweitert.

Italien vom Feinsten

Warenangebot
Ferrari-Spumante von Brut bis Perle und Maximum brut bis Demi sec, Segnana-Grappa di Chardonnay, di Pinot Nero, di Müller-Thurgau u.v.a. sowie die Lunelli-Weine Villa Gentilotti und Margon.

Ersparnis
20 %.

Ambiente
Sie melden sich an der Pforte, in der großen, gepflegten Empfangshalle der modernen Kellerei. Es wird jemand gerufen, der Sie zum Verkaufsraum begleitet.

Adresse
Ferrari F.lli Lunelli S.p.A., Via Ponte di Ravina, 15 - 38040 Trento-Ravina (TN), Telefon: 04 61/97 23 11.

Öffnungszeiten
Montag bis Freitag 9.00 bis 13.00 und 14.30 bis 18.15 Uhr.

Anreise
A22 Brenner–Modena, Ausfahrt Trento Centro. Vom Zentrum rechts über die Etsch (Ponte S. Lorenzo) und zwischen Etsch und Autobahn immer Richtung Ravina fahren. Gleich am Anfang von Ravina sehen Sie groß die Aufschrift Ferrari an einer großen Kellerei. Folgen Sie dann dem Wegweiser Cantina, Sie können vor dem Ufficio parken.

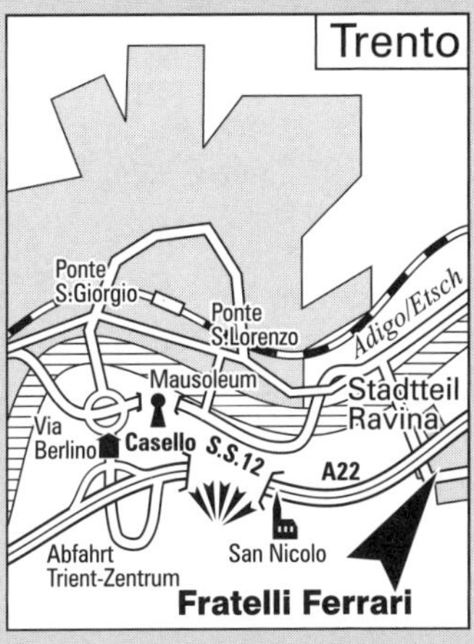

UMBERTO POGNA

Umberto Pogna fertigt Brillen, die im Direktverkauf angeboten werden. Wer hier Brillen bekannter Marken kaufen möchte, ist an der falschen Adresse. Hier gibt es nur Brillen der Marke Umberto Pogna.

Besser sehen

Warenangebot
Korrektur- und Sonnenbrillen für Damen, Herren und Kinder. Über 800 Modelle, dazu alle gängigen Gläser. Die umfangreiche Kollektion wird ständig aktualisiert.

Ersparnis
40 bis 50 %.

Ambiente
In einer hübschen Villa befinden sich Produktion und Verkauf. Der Verkaufsraum hat eine Größe von ca. 50 m².
Gut sortiertes Angebot, umfangreiches Sortiment an Brillen.

Adresse
Umberto Pogna Laboratorio Occhiali, Via Goldoni, 27 - 20090 Trezzano sul Naviglio (MI), Telefon: 02/48 40 06 40, Fax: 48 40 06 24.

Öffnungszeiten
Dienstag bis Samstag 10.00 bis 19.00 Uhr.

Anreise
Von Mailand A50 (Tangenziale Ovest), Ausfahrt SS494 Nuova Vigevanese. Dort Richtung Vigévano. An der 1. Ampel von der SS494 Viale Cristoforo Colombo rechts in die Via Carlo Goldoni. Der Verkauf befindet sich an der Rückseite von Compibel.

PRINCIPATO DI LUCEDIO

Mitten in dem unendlich großen Reisanbaugebiet nahe Vercelli befinden sich auf einer Fläche von 500 Hektar die Abtei und der landwirtschaftliche Betrieb Principato di Lucedio. Hier werden nur die hochwertigsten und ausgewähltesten Reissorten biologisch und umweltschonend angebaut. Der Reis wird so verpackt, dass Frische und Nährstoffe erhalten bleiben.

Ohne Fleiß kein Reis

Warenangebot

Hochwertige Reissorten wie Carnaroli, Vialone Nano, Arborio, Baldo, sowie außergewöhnliche Sorten wie Riso Nero Venere, Rosso und Selvatico. Dazu bekommt man ein Blatt mit Kochanleitungen. Zusätzlich fertige Reisgerichte im Glas, Kuchen und Kekse aus Reis, diverse Mehlsorten, Hülsenfrüchte und Eingemachtes in Öl.

Ersparnis

Im KaDeWe in Berlin kostet der Reis von Lucedio das Doppelte.

Ambiente

Innerhalb der Mauern der Abtei, befindet sich der Verkaufsraum. Die Ware ist übersichtlich sortiert und geordnet. Der Reis ist in Säckchen verpackt.

Adresse

Principato di Lucedio, Frazione Lucedio, 8 - 13039 Trino (VC), Telefon und Fax: 01 61/8 15 19, E-Mail: info@principatodilucedio.it, Internet: www.principatodilucedio.com.

Öffnungszeiten

Montag bis Sonntag 8.00 bis 12.00 und 14.00 bis 19.00 Uhr. Es wird empfohlen, sich telefonisch anzumelden.

Anreise

A4 Milano–Torino, in Biandrate auf die A26 Richtung Alessandria/Genova. Nach 25 km auf die Straße Richtung Santhià bis zur Ausfahrt Vercelli Ovest. Im Kreisverkehr Richtung Centrale ENEL/Crescentino/Torino. Nach 12,6 km kommt ein Schild Lucedio links (a sinistra), von dort noch 3,2 km bis zum Landgut.

Ermenegildo Zegna

Die Strada della Lana endet in Trivero, einer malerischen Region auf dem Weg in die Alpi Pennine. Hier hat Ermenegildo Zegna, das erfolgreichste italienische Textilimperium, seinen Firmensitz. Sein Name hat Weltruf und Mann weiß, dass seine Kreationen von höchster Qualität und modischem Anspruch sind.

On the top

Warenangebot
Anzüge, Sakkos, Mäntel, Jacken, Hosen, Hemden, Krawatten, Schals, Strickwaren, Schuhe und einige Plaids von Agnona, einem Unternehmen, das ebenfalls zu dieser Firmengruppe gehört.

Ersparnis
25 bis 40%. Nach Auskunft des sehr freundlichen Personals sind die Preise in der Metropole Milano doppelt so hoch. Sie können Ihren Anzug auch nach Maß anfertigen lassen, es kostet etwa 100,- Euro mehr, die Lieferung erfolgt binnen eines Monats.

Ambiente
Gepflegter, vornehmer Herrenausstatter.

Adresse
Ermenegildo Zegna, Via Marconi, 44 - 13835 Trivero (BI), Telefon und Fax: 015/ 756539, E-Mail: trivero@ermenegildo zegna.it.

Öffnungszeiten
Montag 14.30 bis 19.00 Uhr, Dienstag bis Samstag 9.00 bis 12.30 und 14.30 bis 19.00 Uhr.

Anreise
A4 Milano-Torino, Ausfahrt Carisio. Weiter nach Biella. Dort auf der SS142 Biella-Gattinara bis Cossato. Auf der Strada della Lana über Vallemosso nach Trivero, immer dem Wegweiser Panoramica Zegna folgen. In Trivero dann zum Centro Zegna, hier liegt der Direktverkauf. Oder: A26 Gravellona Toce-Novara, Ausfahrt Romagnano Sesia, auf der SS299 vor Borgosesia links nach Trivero.

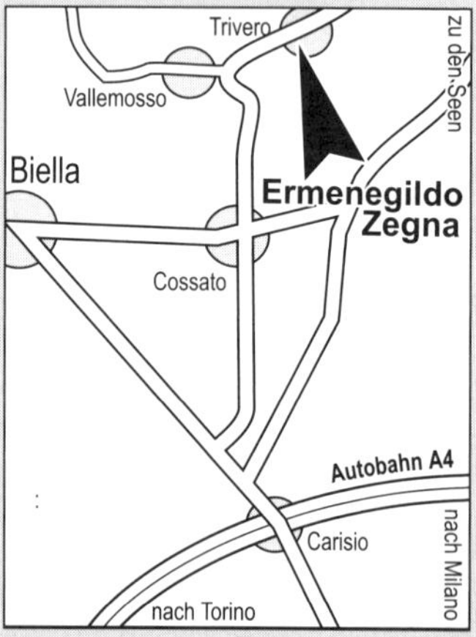

SpacciOcchiali®

Die Spacci für Brillen der Firmenkette Spacciocchiali sind in der ganzen Region bekannt. Es gibt Brillen von Eclissé, Dolce & Gabbana, Carrera, Alpina, Cavalli, Police, Sting, Oliver, Calvin Klein, Donna Karan, Nike, Diesel. Alle aus der neuesten Kollektion. Brillen aus eigener Herstellung gibt es ebenfalls.

Tuning für die Augen

Warenangebot
Korrekturbrillen, Kontaktlinsen, Sonnenbrillen in bester Qualität und schönem Design, für Damen, Herren und Kinder.

Ersparnis
30 bis 40%.

Ambiente
Einfacher, gut aufgeteilter Verkaufsraum. Abteilungen für Korrektur-, Sonnen-, Kinderbrillen. Reparaturservice, kostenlose Sehtests. Das Team ist fachkundig und freundlich. Bester Service.

Adresse
Spacciocchiali, Viale Tricesimo, 206 - 33100 Udine (UD), Telefon: 04 32/54 62 73, E-Mail: info@spacciocchiali.it, Internet: www. spacciocchiali.it.

Öffnungszeiten
Montag 15.30 bis 19.30 Uhr, Dienstag bis Samstag 9.00 bis 12.30 und 15.30 bis 19.30 Uhr.

Weitere Verkaufsstellen
- 30016 **Jesolo (VE)**, Via Bafile, 446, Telefon: 04 21/97 17 20.
- 31022 **Preganziol (TV)**, Via Tintoretto, 12, Telefon: 04 22/33 18 27.
- 35011 **Campodarsego (PD)**, Via Antoniana, 103, Telefon und Fax: 0 49/ 9 20 16 43.
- 35035 **Mestrino (PD)**, Via Ugo Foscolo, 2/A, Telefon und Fax: 0 49/9 00 36 29.

Anreise
Von der A4 Venezia-Trieste auf die A23 Richtung Udine, Ausfahrt Udine Nord. Viale Venezia Richtung Tricesimo. An der SS13 rechts Richtung Udine. Über die Via Nazionale auf die Viale Tricesimo. Der Verkauf ist in einer Seitenstraße rechts.

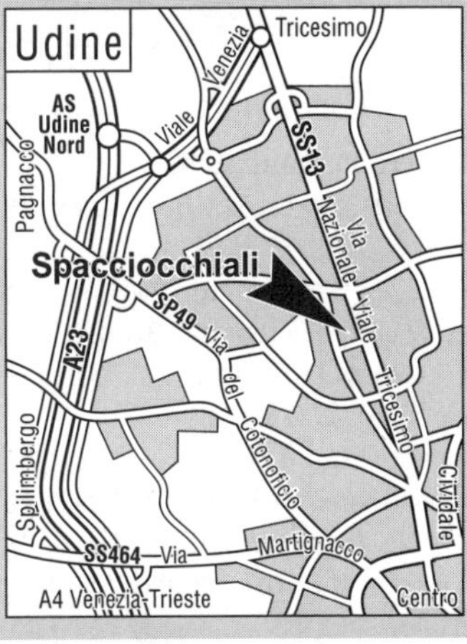

ZUCCHI

Gut zu gebrauchen ist eigentlich alles, was in diesem Verkauf angeboten wird. Designhighlights sind aber die Tischdecken und Handtücher von Valentino. Alle Waren sind von sehr guter Qualität.

Schöner Wohnen

Warenangebot
Tischdecken, Hand-, Badetücher, Sesselüberzüge, Bademoden, Hemden.

Ersparnis
30 %.

Ambiente
Verkauf auf dem Firmengelände, sehr gute Auswahl.

Adresse
Zucchi, Strada Statale, 11 - 25030 Urago d'Oglio (BS), Telefon: 0 30/7 07 03 95.

Öffnungszeiten
Montag 14.00 bis 19.00 Uhr, Dienstag bis Samstag 9.30 bis 12.30 und 14.00 bis 19.00 Uhr.

Weitere Verkaufsstellen
- 20010 **Casorezzo (MI)**, Via Ossona, 22, Telefon: 02/90 25 55 03.
- 20024 **Garbagnate (MI)**, Via per Cesate, 120, Telefon: 02/99 06 80 36.
- 20125 **Milano (MI)**, Viale Sarca, 86, Telefon: 02/6 43 92 73.
- 21059 **Viggiù (VA)**, Viale Barese, 113, frazione Baraggia, Telefon: 03 32/48 62 62.
- 64024 **Notaresco (TE)**, SS 150 del Vomano, km 11, 300, Telefon: 0 85/89 88 82.

Anreise
SS 11 Milano–Brescia. Der Verkauf befindet sich zwischen Chiari und Antegnate. Aus Richtung Mailand her kommend findet man die Firma auf der linken Straßenseite. Sie ist nicht zu übersehen.

LUIGI BOTTO

Der Hersteller-Direktverkauf von Luigi Botto bietet auf zwei Etagen nicht nur Damen- und Herrenbekleidung – qualitativ im mittleren Bereich angesiedelt – sondern auch eine große Auswahl an Wolle zum Stricken.

Mal wieder Stricken?

Warenangebot
Für Herren: Blazer, Polohemden, Anzüge, Hemden, Hosen. Für Damen: Kostüme, Hosen, Blusen und Kleider. Strickwaren für Sie und Ihn, Accessoires. Reichhaltige Auswahl an Baumwolle, Wolle, Mohair, Bouclé, Angora, Chenille, Beistrick- und Bändchengarnen mit Strickanleitungen (in Italienisch).

Ersparnis
30 bis 40 %, bei Auslaufmodellen weitere 20 %.

Ambiente
Verkaufsräume auf zwei Etagen. Im UG Bekleidung und im EG Garne und Wolle. Parkplätze vor dem Gebäude.

Adresse
Luigi Botto Store, Via Quintino Sella, 9 - 13855 Valdengo (BI), Telefon: 015/ 88 19 76.

Öffnungszeiten
Im Sommer: Dienstag und Sonntag 15.00 bis 19.00 Uhr, Mittwoch bis Samstag 10.00 bis 19.00 Uhr. Im Winter: Dienstag 15.00 bis 19.00 Uhr, Mittwoch bis Samstag 10.00 bis 19.00 Uhr, Sonntag 15.00 bis 19.00 Uhr. Im Dezember: auch Dienstag 10. bis 19.00 Uhr.

Anreise
A4 Torino–Milano, Ausfahrt Carisio. An der Hauptstraße rechts und in Carisio links auf die SS 230 Richtung Biella. Nach ca. 3 km rechts auf die SS 232 nach Cossato. Erst im Ort links zur SP 300 Richtung Vigilano. Der Verkauf befindet sich nach ca. 3 km direkt an der Hauptstraße.

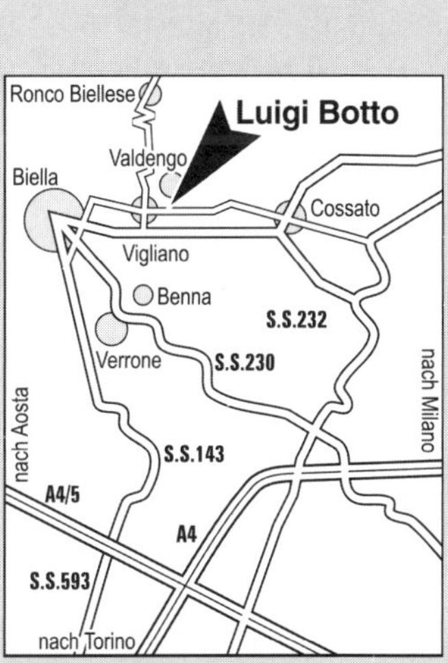

REDA

Schon die Auffahrt und der Parkplatz zeugen von Adel. Wie bei einem italienischen Grafen fahren Sie durch das stilvolle Tor in einen gepflegten Garten und finden hier ein ruhig gelegenes, sehr gepflegtes Geschäft. Mit den reinen Wollstoffen von Reda lässt sich jede Gardarobe veredeln.

Der fürstliche Einkauf

Warenangebot
Hochwertige Auswahl an Stoffen für Herrenbekleidung. Hier wird nur nach Maß bearbeitet.

Ersparnis
30 bis 50 %.

Ambiente
Gepflegtes Ambiente mit sehr zuvorkommendem, fachkundigem Personal.

Adresse
Reda, Via Robiolio, 25 - 13825 Vallemosso (BI), Telefon: 015/7049225, Fax: 7049302, E-Mail: centrovendita@reda.it, Internet: www.reda.it.

Öffnungszeiten
Montag bis Freitag 8.30 bis 12.00 und 14.00 bis 18.00 Uhr.

Anreise
SS 142 Gattinara-Biella, in Cossato rechts auf die Strada della Lana/SS232. Nach der Loc. Falcero links in die Via Bacconengo, Richtung Centro und vor der Ortsmitte rechts in die Via Robiolio, Richtung Parco Reda.

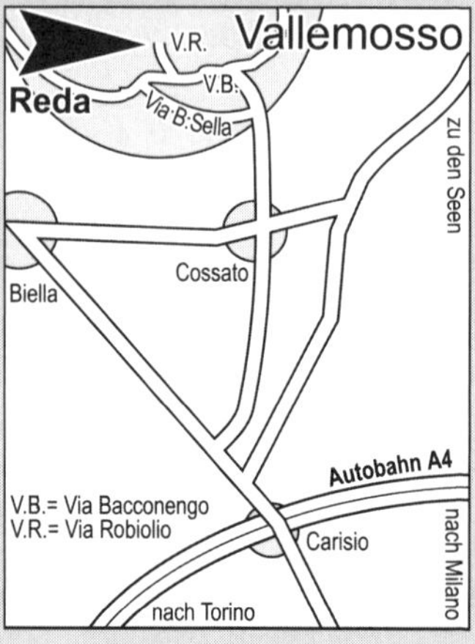

LA FRIULANA

Das Besondere sind hier die Hausschuhe. Diese werden direkt von kleinen Handwerksbetrieben im Hinterland für La Friulana produziert. Diese Art von Schuhen ist aus der Not nach dem Zweiten Weltkrieg, als das Leder knapp war, entstanden. Heutzutage ist das Obermaterial noch immer aus Stoff. Die bekannten Marken Le Friulane, Le Tirolesi, Le Cadorine sind wieder sehr im Trend.

Das Besondere

Warenangebot
Große Auswahl an Schuhen von klassisch bis modisch, Sportschuhe, Badeschuhe und Sandalen für Sie und Ihn. Viele Variationen von original italienischen, handgefertigten Hausschuhen. Das Material besteht aus Samt, Shantung-Seide, Leinen und Baumwolldamast.

Ersparnis
5 %, die Preise sind akzeptabel.

Ambiente
Mitten in Venedig, im Herzen des „Antico Mercato", zwischen vielen kleinen Geschäften, befindet sich La Friulana. Der Laden ist etwas chaotisch, vollgestopft mit Schuhen. Die Ware ist nach Größe sortiert, bis Schuhgröße 46.

Adresse
La Friulana, San Polo, 86-97 (Rialto) - 30135 Venezia (VE), Telefon: 041/ 5 23 98 33.

Öffnungszeiten
Montag bis Samstag 9.00 bis 19.30 Uhr.

Anreise
In Venedig vom Bahnhof (Stazione Ferroviaria) Richtung Rialto Brücke. In der Ruga dei Orsei, die direkt zur Ponte de Rialto führt, befindet sich La Friulana.

J&S

Die Firma J & S ist ein bekannter Hemdenproduzent, dessen Ware im gehobenen Qualitätsbereich angesiedelt ist. Fertigung auch nach Maß möglich. Daneben werden aber auch Krawatten, Blusen, Strickwaren, Wäsche etc. angeboten

Hemden-Connection

Warenangebot
Gute Auswahl an klassischen und sportlichen Herrenhemden, Kinderhemden, Damenblusen, Pyjamas, Krawatten, Einstecktüchern, Boxershorts, Strickwaren und Hemdenstoffen. Alles in gehobener Qualität. Hemden werden auch nach Maß gefertigt. Außerdem gibt es Badehosen, Bademäntel, Kissen und Plaids.

Ersparnis
25 %, bei Sonderangeboten mehr.

Ambiente
Großer, moderner Verkaufsraum.

Adresse
J & S Camicie, SS33 del Sempione, 39 - 21029 Vergiate (VA), Telefon: 03 31/ 96 46 17, Internet: www.jands.it.

Öffnungszeiten
Montag 15.00 bis 19.00 Uhr und Dienstag bis Samstag 10.00 bis 13.30 und 14.30 bis 19.00 Uhr.

Anreise
A8/26 Lago Maggiore-Milano, Ausfahrt Sesto Calende-Vergiate. Weiter auf der SS33 del Sempione, zunächst nach Vergiate, im Ort jedoch dem Straßenverlauf Richtung Somma Lombardo nach rechst folgen. Der Verkauf befindet sich direkt an der SS33, ca. 800 m nach der Autobahnunterführung.

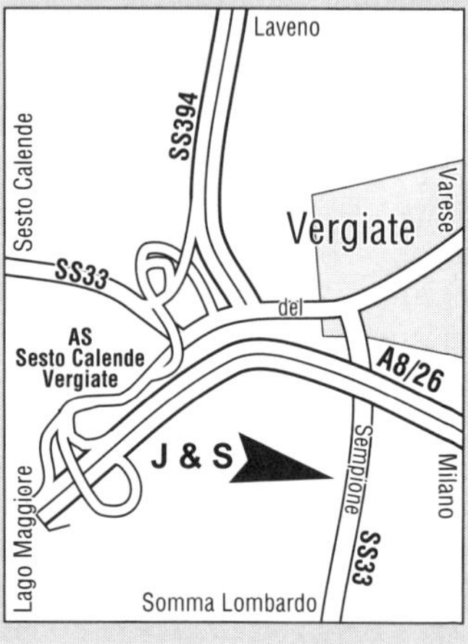

MAVECON

Hier werden Herrenkollektionen verschiedenen Marken, z.B. Altieri, New Hampton, The Golf Club, Rica Lewis u.v.a. angeboten. Vom Faden bis zum fertigen Anzug alles aus eigener Produktion. Mavecon ist ein großer Stoffproduzent – und zwar hauptsächlich für Damenbekleidung (in Deutschland beliefert er z.B. die Firmen Hirsch und Steilmann). Allerdings stellt er selbst weder Damenbekleidung her, noch verkauft er in seinem Fabrikverkauf Stoffe.

Der Herrenausstatter

Warenangebot
Mäntel, Anzüge, Hemden, Sakkos, Hosen, Strickwaren, Lederbekleidung und T-Shirts.

Ersparnis
25 bis 50 %.

Ambiente
Großer Verkauf im 1. Stock, Ambiente wie im Einzelhandel. Parkplatz vorhanden.

Adresse
Mavecon S.p.A. - Divisione Abbigliamento, Via dell' Esperanto, 20 B - 37135 Verona (VR), Telefon: 045/9211611, Fax: 581055.

Öffnungszeiten
Montag 14.30 bis 19.00 Uhr, Dienstag bis Samstag 8.30 bis 12.30 und 14.30 bis 19.00 Uhr.

Anreise
A4 Brescia–Vicenza, Ausfahrt Verona Sud. Sie gelangen direkt zur Piazzale Europa, dort rechts ab in die Via Flavio Gioia Richtung Modena. An der 1. Kreuzung wieder rechts und nach ca. 200 m die 1. Möglichkeit nochmals rechts in die Via dell' Esperanto. Nach 30 m erreichen Sie den Parkplatz von Mavecon.

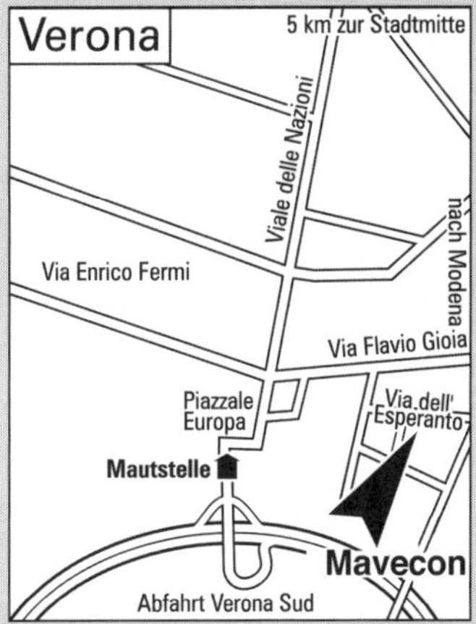

BETA

FRED PERRY

Das ist Freizeitbekleidung von ihrer besten Seite, hochklassig und beinahe für jede Gelegenheit geeignet. Die Erfolgsformel heißt: Qualität und Stil.

At its best

Warenangebot
Halb- und Ganzarmpoloshirts, Freizeithemden, Tennisbekleidung, Strickwaren, Jacken, alles im legeren aber exklusiven Freizeitlook der Marken Fred Perry, Ungaro, Gant. Außerdem Schuhe der Marke Medium.

Ersparnis
30 %.

Ambiente
Kleiner, an die Fabrik angeschlossener Verkauf mit freundlicher Beratung in sehr gediegenem Ambiente.

Adresse
Beta S.p.A., Via antica per Benna, 1/ Angolo Via Trossi, 13871 Verrone (BI), Telefon: 0 15/2 55 64 11, Fax: 5 82 18 48.

Öffnungszeiten
Montag 15.00 bis 18.45 Uhr, Dienstag bis Samstag 9.15 bis 12.30 und 15.00 bis 18.45 Uhr, Sonntag 10.00 bis 12.30 Uhr.

Anreise
A4 Torino–Novara, Ausfahrt Carisio. Dort rechts abbiegen. In Carisio links auf die SS230 Richtung Biella. Der Verkauf befindet sich in Verrone auf der rechten Straßenseite der Hauptstraße. Gegenüber ist das neue Factory Outlet mit Diesel, Levi's, Dockers etc.

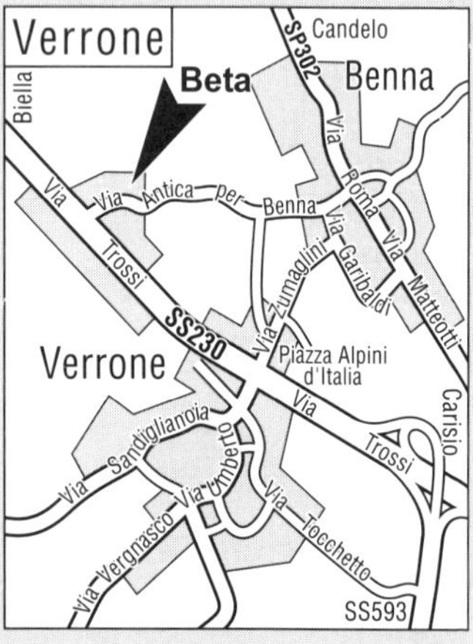

Gleich fünf Shops unter einem Dach sind an der Via Trossi neu entstanden: Dockers, Levi's, C.K. und Cashmere, mit dabei auch der Spitzenreiter der Jeansmode: „Diesel, die alta moda des casual". Auch in 2. Wahl und Restposten ein Renner.

Für alles gerüstet

Warenangebot

Bei Diesel, Levi's, Dockers gibt es das in Jeansgeschäften übliche Angebot. Bei Cashmere wird eine gute Auswahl an schönen Strickwaren angeboten, bei Irge intimo gibt es das Passende für drunter.

Ersparnis

30 bis 50 %.

Ambiente

Fünf neue Geschäfte jeweils im Boutiquestil. Parkmöglichkeiten vorhanden.

Adresse

Factory Outlet, Via Trossi, 10/B - 13871 Verrone (BI), Telefon: 015/2557009, Fax: 2557970.

Öffnungszeiten

Montag 15.30 bis 19.30 Uhr, Dienstag bis Freitag 10.00 bis 12.30 und 15.30 bis 19.30 Uhr, Samstag 10.00 bis 19.30 Uhr.

Anreise

A4 Torino-Novara, Ausfahrt Carisio. Dort rechts abbiegen. In Carisio auf die SS230 Richtung Biella. In Verrone befindet sich das Outlet auf der linken Straßenseite der Hauptstraße.

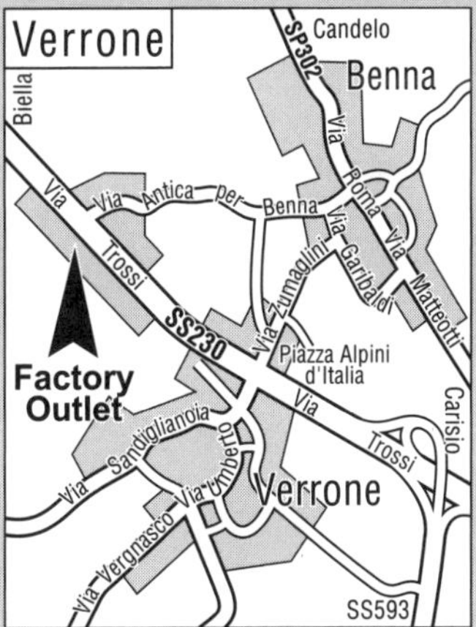

FACTORY STORE FIFTY

Es sind nicht die ganz großen Marken, die hier glänzen, es sind eher die kleinen Preise, die diesen Verkauf attraktiv machen.

Low budget

Warenangebot

Damen-, Herren- und Kinderbekleidung für Sport, Schule, Freizeit, Ferien und nicht zuletzt für die Arbeit. Außerdem gibt es Rucksäcke und Taschen. Die hier geführten Marken sind u.a. Dubin, Conte of Florence, Lemon, Iceberg, Belstaff, Gsus, Custo und viele andere.

Ersparnis

30 bis 50 %.

Ambiente

Neuer, gepflegter, übersichtlicher Lagerverkauf.

Adresse

Fifty Factory Store, Via Trossi, 14 - 13871 Verrone (BI), Telefon: 015/ 2 55 70 57, Fax: 2 55 70 56.

Öffnungszeiten

Montag 15.00 bis 19.30, Dienstag bis Sonntag 10.00 bis 19.30 Uhr.

Anreise

A4 Torino-Novara, Ausfahrt Carisio. Dort rechts abbiegen. In Carisio links auf die SS 230 Richtung Biella. In Verrone befindet sich der Verkauf auf der linken Straßenseite der Hauptstraße.

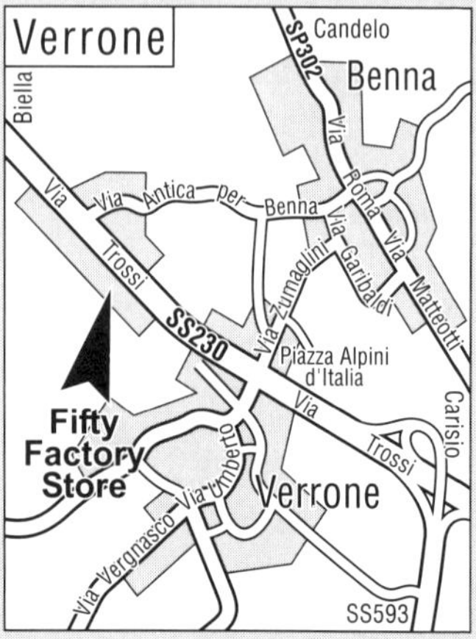

Fila ist nicht erst durch Boris Becker ein Begriff für Tennis- und Sportbekleidung geworden. Die Produktionsstätte befindet sich am Ortsende von Massazza, der Fila-Shop ist ca. 5 km davon entfernt in Verrone.

Lust auf Sport

Warenangebot
Tennisbekleidung, Sporttaschen, Bademoden, Skibekleidung, Freizeitmode und ein relativ gutes Sortiment an Schuhen. Alles für Damen, Herren und Kinder.

Ersparnis
30 %, bei Waren außerhalb der Saison auch mehr.

Ambiente
Nicht allzu großer Verkaufsraum mit mittlerem Angebot. Das Personal hilft auf Wunsch weiter, Umkleidekabinen sind vorhanden.

Adresse
Fila Italia S.r.l. Fila Shop, Via Trossi, 8 - 13871 Verrone (BI), Telefon: 015/ 5821541, Fax: 5821018.

Öffnungszeiten
Montag 15.00 bis 19.30 Uhr, Dienstag bis Freitag 9.30 bis 12.30 und 15.00 bis 19.30 Uhr, Samstag 9.30 bis 19.30 Uhr.

Weitere Verkaufsstelle
● 13051 **Biella (BI)**, Viale Cesare Battisti, 28, Öffnungszeiten wie Verrone.

Anreise
A4 Torino–Novara, Ausfahrt Carisio. Dort rechts abbiegen. In Carisio auf die SS230 Richtung Biella. In Verrone befindet sich der Verkauf auf der linken Straßenseite der Hauptstraße.

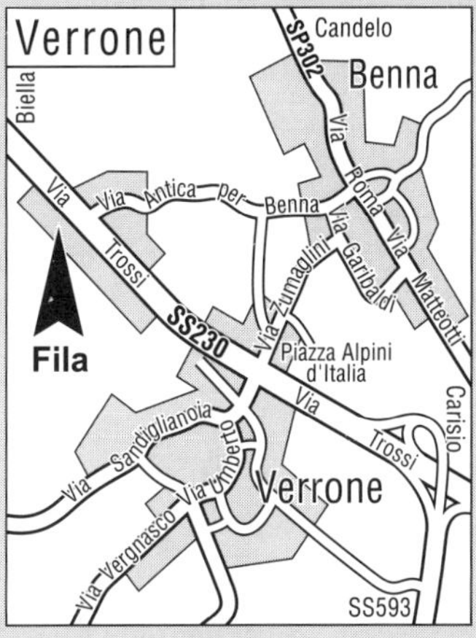

MODESTO BERTOTTO

Modesto Bertotto verkauft Damen- und Herrenmode allerbester Qualität. Die Liste der verwendeten Stoffe liest sich wie das Who is Who der Modewelt, von Cashmere bis Mohair. Beim Design geht das Unternehmen den klassischen Weg: auffallend unauffällig, ohne Experimente.

Edel sei die Klamotte

Warenangebot
Anzüge, Sakkos, Krawatten, Hosen, Hemden sowie Jacken und Mäntel, Damenbekleidung, Strickwaren und Accessoires.

Ersparnis
30 %.

Ambiente
Riesige Auswahl in allen gängigen Größen, sehr kompetentes Personal, das auch mal das Maßband zur Hand nimmt.

Adresse
Modesto Bertotto, Via Trossi, 31 - 13871 Verrone (BI), Telefon: 015/2557094, Fax: 2595070.

Öffnungszeiten
Montag 15.00 bis 19.00 Uhr, Dienstag bis Samstag 10.00 bis 19.00 Uhr, Sonntag 15.00 bis 19.00 Uhr.

Anreise
A4 Torino–Novara, Ausfahrt Carisio. Dort rechts abbiegen. In Carisio auf die SS230 Richtung Biella. Der Verkauf befindet sich in Verrone direkt hinter der Kreuzung auf der rechten Seite der Hauptstraße.

ALBISETTI

Albisetti produziert für so bekannte Designer wie Valentino, Fendi, Ralph Lauren, Calvin Klein u.a. und bietet Resposten und 2. Wahl in seinem Direktverkauf an.

Was darf's denn sein?

Warenangebot
Begrenzte Auswahl an Damen- und Herrenbekleidung. Für Damen: Kleider, Röcke, Kostüme, Taschen, Bademoden und Strickwaren. Für Herren: Anzüge, Poloshirts, Schuhe, Hemden, Hausmäntel und Badehosen.

Ersparnis
Um 40 % und mehr.

Ambiente
Nicht allzu großer, kaufhausähnlicher Verkaufsraum, Ware zum Teil übersichtlich in Regalen, auf Kleiderständern und zum Teil auf großen Wühltischen. Freundliches Verkaufspersonal. Hauseigener Parkplatz vor der Verkaufsstätte.

Adresse
Albisetti S.p.A., Via Nazionale, 3 - 22070 Vertemate (CO), Telefon: 0 31/90 11 90.

Öffnungszeiten
Montag 14.00 bis 19.00 Uhr, Dienstag bis Samstag 9.30 bis 12.30 und 14.00 bis 19.00 Uhr.

Anreise
A9 Milano–Como, Ausfahrt Fino Mornasco. Rechts in den Ort fahren bis zur SS35. Dann wieder rechts Richtung Seveso. Der Verkauf befindet sich in Vertemate rechts, direkt an der Hauptstraße.

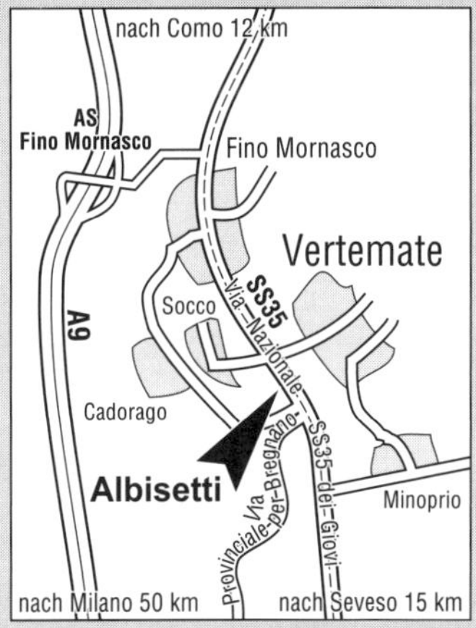

EMPORIO ARMANI

Designermode aus der Lagerhalle, fast direkt vom Laufsteg. Wollten Sie nicht schon immer mal ein Kostüm oder einen Anzug von Armani haben? Leisten Sie sich's einfach. Es ist gar nicht sooo teuer!

Milano, New York, Paris

Warenangebot
Damenkleider, Blusen, Kostüme, Herrenanzüge, Sakkos, Krawatten, Hemden, Gürtel, eben alles, was er oder sie benötigt, um sich richtig schick zu machen. Außerdem gibt es Bademoden, Wäsche, Jeans, Schals, Tücher und Kinderbekleidung.

Ersparnis
50 bis 70 %.

Ambiente
Großes, modernes Gebäude mit großem Parkplatz. Innen ist es freundlich hell, teilweise durch viele kleine Treppen etwas unübersichtlich. So könnte es gut passieren, dass man das Stockwerk mit den Jeans, das über eine kleine Treppe oberhalb der Herrenmode zu erreichen ist, übersieht. Außerdem sind die Umkleidekabinen etwas knapp.

Adresse
Armani Factory Store, Provinciale per Bregnano, 13 - 22070 Vertemate (CO), Telefon: 0 31/88 73 73.

Öffnungszeiten
Dienstag bis Samstag 9.30 bis 19.00 Uhr. Im August andere Öffnungszeiten, am besten vorher anrufen.

Anreise
A9 Milano-Como, Ausfahrt Fino Mornasco. Rechts in den Ort fahren bis zur SS35. Dann wieder rechts Richtung Seveso. Am Ortsende rechts in die Provinciale per Bregnano abbiegen. Der Verkauf befindet sich an dieser Straße auf der linken Seite.

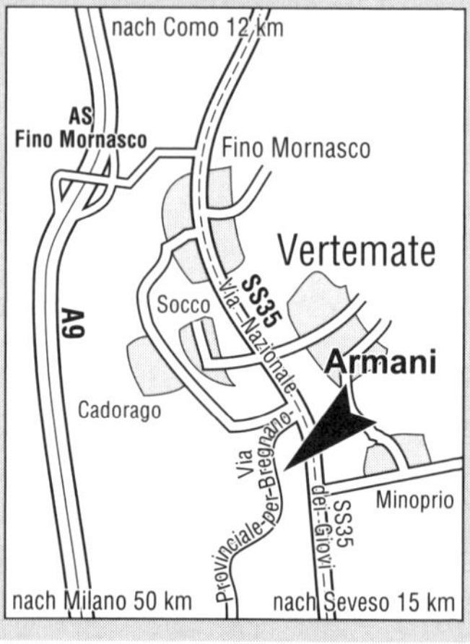

Verwaschen, verblichen, zerrissen: Jeans sind unbesiegbar und in ihrem Dauerhöhenflug nicht zu bremsen. Sie sind deshalb auch in 2. Wahl und als Restposten immer ein cleverer Kauf.

Alte Bekannte

Warenangebot
Jeans, Hemden Jacken, Sweatshirts, Pullis, Docker Khakis, kurz: das in Jeansgeschäften übliche Angebot.

Ersparnis
40 bis 70 %.

Ambiente
Lagerhallenähnlicher Verkauf im rückwärtigen Teil eines großen Geschäftsgebäudes. Parkmöglichkeiten sind vorhanden.

Adresse
Levi's & Dockers Factory Outlet, SS35 dei Giovi, 31 - 22070 Vertemate (CO), Telefon: 0 31/90 15 53, Fax: 88 77 99.

Öffnungszeiten
Dienstag bis Freitag 10.00 bis 13.00 und 14.30 bis 19.00 Uhr, Samstag 10.00 bis 19.00 Uhr.

Anreise
A9 Milano–Como, Ausfahrt Fino Mornasco. Rechts in den Ort fahren bis zur SS35. Dann wieder rechts Richtung Seveso. Der Verkauf befindet sich nach ca. 2,5 km am Ortsende von Vertemate rechts, direkt an der Hauptstraße.

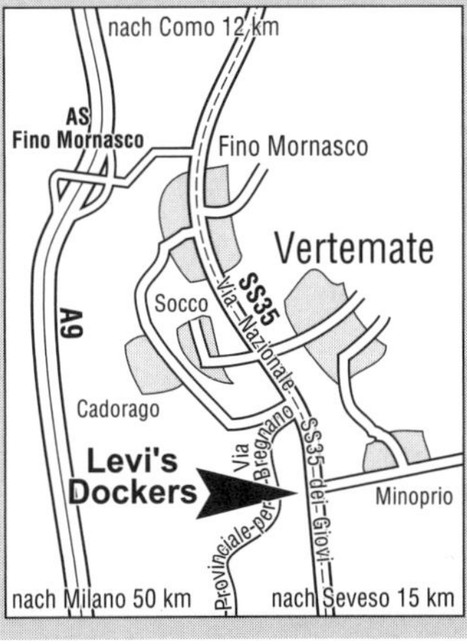

LORENZINI

Seit dem 1. Dezember 2003 befindet sich die 1920 gegründete Firma Lorenzini in Vertemate, im selben Gebäude wie das Factory Outlet Levi's Dockers. Lorenzini ist ein erfolgreicher Hersteller von hochwertigen Hemden und Blusen. Hochwertige Verarbeitung und die Verwendung bester Materialien zeichnen die Produkte der Firma Lorenzini aus.

Spitzenklasse

Warenangebot
Über 2000 Hemden und Blusen. Vielfältiges Angebot an Modellen in diversen Stoffen und Farben, klassisch bis sportlich schick.

Ersparnis
50 bis 80 %. Die Preise liegen hier zwischen 55,- und 95,- Euro.

Ambiente
Im rückwärtigen Teil eines großen Geschäftsgebäudes in der 1. Etage (über dem Outlet Levi's Dockers) befindet sich auf 200 m² der lagerähnliche Verkauf. Parkmöglichkeiten sind vorhanden.

Adresse
Lorenzini Factory Outlet, SS35 dei Giovi, 31 - 22070 Vertemate (CO), Telefon: 031/901553, Fax: 887799, E-Mail: levivertemate@libero.it.

Öffnungszeiten
Dienstag bis Freitag 10.00 bis 13.00 und 14.30 bis 19.00 Uhr, Samstag 10.00 bis 19.00 Uhr.

Anreise
A9 Milano-Como, Ausfahrt Fino Mornasco. Rechts in den Ort fahren bis zur SS35. Dann wieder rechts Richtung Seveso. Der Verkauf befindet sich nach ca. 2,5 km am Ortsende von Vertemate rechts, direkt an der Hauptstraße.

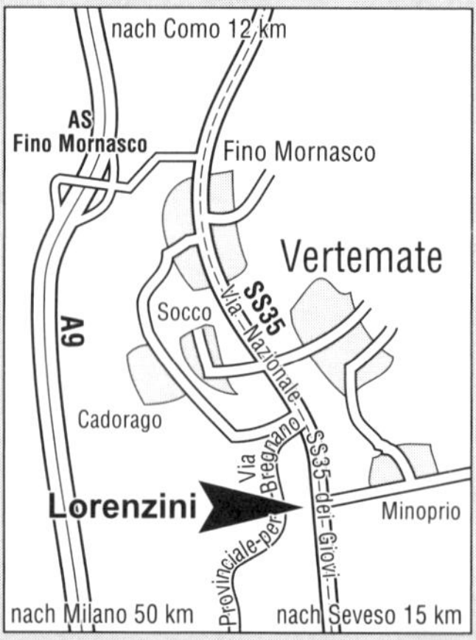

Samsonite

Der weltbekannte Name Samsonite steht für höchste Qualität, Funktionalität, Innovation und modernes Design. In Viggiù geht das Angebot jedoch weit über normales Reisegepäck hinaus.

Der Name spricht für sich

Warenangebot

Nicht nur Reisegepäck wird hier angeboten, sondern auch die „Verpackung" für alles, was man sicher und angemessen transportieren möchte, von der Laptop-Tasche bis zum Kleidersack. Hier findet jeder das richtige Reisegepäck. Darüber hinaus gibt es bequeme und praktische Schuhe und Reisebekleidung.

Ersparnis

40 bis 60 %.

Ambiente

Großer, heller Verkaufsraum in gepflegtem Ambiente mit freundlichem Verkaufspersonal.

Adresse

Samsonite Spaccio, Via Clivio, 43 - 21059 Viggiù (VA), Telefon: 03 32/ 44 02 00, Fax: 44 03 14.

Öffnungszeiten

Montag 15.30 bis 19.30 Uhr, Dienstag bis Samstag 9.00 bis 12.30 und 15.30 bis 19.30 Uhr.

Anreise

A8 bis zum Ausbauende in Varese, weiter auf der SS344 Richtung Porto am Lago die Lugano. In Besuschio auf die SP9 Richtung Viggiù. Dort am Kreisverkehr erst Richtung Ortskern und Saltrio, nach ca. 300 m rechts Richtung Clivio. Der Verkauf ist in der Via Clivio. Oder: Aus der Schweiz/von Como kommend: A2 Lugano–Chiasso, Ausfahrt Mendrisio. Richtung Stabio/italienische Grenze. In Gaggiolo rechts Richtung Viggiù bis zum Kreisverkehr, weiter s.o.

FRATELLI ROSSI

Fratelli Rossi fertigt exquisite Designerschuhe für Yves Saint Laurent, Fendi, Genny, Capriccio, Fendissima u.a. Die Vorsaison-Modelle gelangen hier in den Verkauf.

Für „Tausendfüßler“

Warenangebot
Kaum zu überblickende, gut sortierte Auswahl an sportlichen, klassischen und modischen Damen-, Herren- und Kinderschuhen, überwiegend Vorsaison-Modelle. Sportbekleidung für jede Sportart, evtl. auch mal vergilbt. Sportliche Damen- und Herrenbekleidung wie Pullis, Blazer, Röcke und Sakkos.

Ersparnis
Bis 50 %.

Ambiente
Großes Gebäude mit hallenähnlichem Verkaufsraum, randvoll gepackt. Parkplatz vor dem Haus.

Adresse
Centro Calzature, Fratelli Rossi, Via Venezia, 10 - 35010 Vigonza (PD), Telefon: 0 49/62 50 39.

Öffnungszeiten
Montag 15.15 bis 19.15 Uhr, Dienstag bis Samstag 9.30 bis 12.30 und 15.15 bis 19.15 Uhr.

Anreise
A4 Verona–Venezia, Ausfahrt Padova Est. Auf der SS 11 Richtung Venezia finden Sie rechter Hand, nicht zu übersehen, das Schuhzentrum Rossi (Schaukästen an der Gebäudefront).

MILTON BRANDO

Ein Verkauf von Hemden aus eigener Herstellung, hervorragend in der Qualität, klassisch und schnörkellos, doch nicht ohne das gewisse Etwas.

Einfach klassisch

Warenangebot
Hemden in allen Größen, mit kurzem oder langem Arm sowie Krawatten.

Ersparnis
25 %.

Ambiente
Gepflegter Verkauf direkt bei der Hemdennäherei.

Adresse
Milton Brando S.r.l., Via Manzoni, 119 - 36010 Zanè (Thiene) (VI), Telefon und Fax: 04 45/36 88 53.

Öffnungszeiten
Dienstag bis Samstag 9.00 bis 12.30 und 15.00 bis 19.30 Uhr.

Anreise
A31 Vicenza-Chiuppano, Ausfahrt Thiene-Schio. An der Via dell'Autostrada links, an deren Ende rechts in die Via Capuccini Richtung Thiene. Diese geht über in die Via Santa Maria dell'Olmo. An der 1. Kreuzung links in die Via Valdastico bis zum 1. Hinweis links Richtung Zanè. Der Verkauf befindet sich nach ca. 400 m direkt an dieser Straße.

Warenregister

Firmen- und Markenregister

Postleitzahlenregister

40000

50000

60000

Schweiz

Register nach Provinzen

Allessandria (AL)

Ancona (AN)

Arezzo (AR)

Bergamo (BG)

Biella (BI)

Belluno (BL)

Bologna (BO)

Brescia (BS)

Torino (TO)

Treviso (TV)

Udine (UD)

Varese (VA)

Verbania (VB)

Vercelli (VC)

Venezia (VE)

Vicenza (VI)

Verona (VR)

Schweiz